世界未来基金会
深圳大学新加坡研究中心
顶针智库

新加坡特色的选举制度：
人民行动党
每选必胜的奥秘

［新加坡］林金圣 著

新加坡国家治理体系和治理能力现代化丛书　编委会

总编　刘鹏辉　执行主编　吕元礼
编委（以姓氏笔画为序）
冯仑　吕元礼　刘鹏辉　张万坤　陆波　黄隽青

民主与建设出版社 博集天卷
CS-BOOKY

图书在版编目（CIP）数据

新加坡特色的选举制度：人民行动党每选必胜的奥秘 /（新加坡）
林金圣著.—北京：民主与建设出版社，2015.4
ISBN 978-7-5139-0603-6

Ⅰ.①新…　Ⅱ.①林…　Ⅲ.①选举制度－研究－新加坡
Ⅳ.①D733.924

中国版本图书馆CIP数据核字（2015）第 058624 号

新加坡特色的选举制度：人民行动党每选必胜的奥秘

出 版 人	许久文
著　者	［新加坡］林金圣
责任编辑	王　颂
监　制	于向勇
策划编辑	秦　青
特约编辑	楚　静
营销编辑	刘　健
装帧设计	崔振江
出版发行	民主与建设出版社有限责任公司
电　话	（010）59419778　59417747
社　址	北京市朝阳区阜通东大街融科望京中心B座601室
邮　编	100102
印　刷	北京京都六环印刷厂
开　本	640mm×960mm　1/16
印　张	23.5
字　数	275千字
版　次	2015年5月第1版　2020年1月第2次印刷
书　号	ISBN 978-7-5139-0603-6
定　价	39.80元

注：如有印、装质量问题，请致电监督电话：010-84409925

"新加坡国家治理体系与治理能力现代化丛书"总序

人类已迈入新世纪，中国正经历着以习近平为总书记的党中央领导下的意义久远的深刻变革。这场变革以"人民的福祉"为愿景，以"国家治理体系与治理能力现代化"为总目标，以"制度创新"为主要特征，其深度、广度与难度，均超越中国两千余年封建历史长河中的任何一次改革，其对中华民族乃至世界文明的发展都有着无法估量的价值！

回首往事，在过去的 100 余年里，为建设一个富强、民主、法治、公正与文明的现代化中国，我们的祖国经历了戊戌变法、辛亥革命、五四运动、新中国的创立、"文化大革命"与改革开放；我们的人民进行着一次又一次不屈不挠的艰难的思想探索与体制重塑。自到 20 世纪末叶，中国人民终于找到了适合自己特点的发展道路——有中国特色的社会主义现代化道路。

今天，坚冰已经打破，方向已经明了，摆在我们面前的重要任务，就是通过一个个具体的国家治理体系与治理能力的现代化建构，来铺就通向美好愿景的坚实大道。如果说改革开放初期我们的重任是思想解放的话，时至今日，36 年的改革开放事业，奠定了浓厚的思想解放的氛围与雄厚的经济基础，同时，也要求我们必须将改革引向"深水区"，进行深入而全面的"制度创新"，实现"国家治理体系与治理能力现代化"，这正是十八届三中全会提出的全面深化改革的总目标。早在 2012 年 11 月 17 号的十八届中共中央政治局第一次集体学习中，习近平主席在讲话中就指出"我们要坚持以实践基础上的理论创新推动制度创新，坚持和完善现有制度，从实际出发，及时制定一些新的制度，构建系统完备、科学规范、运行有效的制度体系"。当前我国正在进行的"全面深化改革"的一系列举措，正是顺应了这一历史的必然。

毋庸置疑，中国共产党领导中国人民所进行的改革开放事业，既是一次深刻的思想解放运动，更是一个伟大的制度建设的过程。小平同志早在 20 世纪 70 年代，在系统分析新中国成立以来党和国家工作上的失误的原因时就深刻指出："制度是决定因素。"江泽民同志在党的十四届四中全会上也明确指出："注重制度建设，是这次全会决定的一个重要指导思想，制度建设更带有根本性、全局性、稳定性和长期性。"

自有人类历史以来就有制度的存在，制度文明已成为当今世界各国综合国力竞争的主要内容和标志。

随着党的十八大的召开，特别是三中全会以来，对"依宪治国，依法治国"理念的强调，标志着中国改革开放的历史进程翻开了崭新的一页！世界经济全球化与政治多元化的步伐进一步加快，更加要求我们深入了解和掌握国际社会的各种运行机制，及早具备卓有成效的、具有国际先进水平的现代化的国家治理体系与治理能力，这在很大程度上关系着改革开放事业的成败。

历史证明，一个国家不管历史多么漫长，文明多么悠久，不论在制度建设还是在其他各个领域，单方面依靠自然发展是远远不够的。在自我完善、自我创新的同时，必须借鉴和学习其他民族与国家的优秀经验。制度文明是人类智慧的共同结晶。只要我们本着为我所用的方针，对外国的东西进行认真的鉴别与分析，密切结合中国的特点，切实解决中国的问题，不邯郸学步、失其故步，就是可以做到"洋为中用"。

新加坡承中华文明之血脉，汲西方文化之养分，融现代法治之精神、民主之理念，营建了不同种族、不同文化、不同阶层、人与自然、人与人之间的"新加坡模式"的"和谐社会"。尽管新加坡是个小国，新加坡模式并不是尽善尽美，我们不可照搬照抄，但其结合了长期增长、政治稳定与传统价值的成长经验，是提升中国国家治理体系与能力的重要参考。新加坡经验是中国各级官员高度认可并认真学习的榜样，特别是其执政党人民行动党通过议会制度与政府行政制度，把"为民服务"的宗旨与"以民为本"的理念，有效地落实在执政能力上的经验，尤其值得中国共产党借鉴。

当前，建立一个高效、廉洁、公正的国家治理体系，正是中国共产党实现中华民族伟大复兴面临的艰巨任务。

"国家兴亡，匹夫有责。"正是出于这种对民族与国家的责任感和使命感，"顶针智库"在世界未来发展基金会鼎力襄助下，历时有年，编纂了"新加坡国家治理体系与治理能力现代化丛书"，于2015年初春时节付梓。该丛书的作者有新加坡的前国会议员、行政官员，也有新加坡研究领域的专家与学者。丛书既有作者大量的切身体会与经验，又有专业的理论深度与水平，对我国现阶段的国家治理体系与能力现代化的改革，有着极强的实用性和操作性，希冀本丛书能够为探索我国政治体制改革的对策与方案，提供有益的参考与借鉴。

顶针智库

刘鹏辉　博士

2015 年 4 月 8 日

长期执政靠什么

我去新加坡之前一直有一个疑问：新加坡人民行动党长期一党执政，但是每过五年社会上就有公开的选举，这究竟是一个民主体制还是一个集权体制？带着这样的疑问，我到新加坡访问了人民行动党中央委员会，终于揭开谜底，并找到了以下几个问题的答案：人民行动党是依靠什么长期执政，又是怎样长期执政的？今后是否会永久执政？

一

新加坡有 600 多万人，人口虽然不算很多，但是一党长期执政，毕竟需要大量的执政资源、社会资源。我去之前心里想，这么一个拥有几万党员的执政党的党中央，怎么都得有一座大楼。去了一看只有一座三层小楼，还得从最靠边的门进去，拐好多弯才到了接待的地方。负责接待的老先生告诉我们，这就是人民行动党的党中央，一共有 12 个人，办公面积不到两百平方米，还是租的别人的地儿。这样一个执政 50 年，被外界认为高度有效、集权威权的领袖和政党，怎么就这么点儿人呢？它靠什么执政呢？

老先生是人民行动党的日常接待人员，相当于咱们副秘书长的日常值班。他说，人民行动党不是通过武装暴力夺权，也不是靠宫廷政变，而是通过选举上台的。也就是说，它从第一天获得政权，就是依托民意。李光耀开始就是一名律师，带领一帮律师从事工人运动、工会运动，后来通过参加选举，使自己的政党取得了执政地位。

另外，相比其他政党，人民行动党的创建者如李光耀等人，都是受过良好教育的知识分子。李光耀夫妇都是学法律的，毕业于剑桥大学，其他创始人也大多在新加坡以外的地方受过很好的教育。这与历史上其他高度集权倾向体制国家的领导人非常不同，那些长期执政的领导人大多文化水平不高，从事武装斗争，要么是军人，要么是农民，要么是小知识分子。

新加坡的李光耀取得政权的起点是参加选举，创立的体制类似于英国的君主立宪制，有一个虚君，虚君在新加坡就是总统。在选举中获得多数议席的政党可以组成政府，由政府管理社会，政府内阁所有部长都是由执政党党员担任的。也就是说，你要成为部长，前提是你要被选为议员，而议员必须是执政党党员。

李光耀当总理，包括现在李显龙当总理，都要经过这样的选举程序，所有的部长也都是打过选战的。五年一选，相当于每过五年人民就要对他们进行考试，考试及格了，人民行动党就得到了议会多数议席，那就继续执政。至于连续几届没有限制，可以一直执政。

另外，如果总理让你做部长，只要选举成功你就可以做，如果选不上那你就退休。

有一天晚上，我跟一名在去年的选战中失败的人民行动党前议员交谈。在他那个集选区，人民行动党提出五个人参加竞选，反对党也提出五个人，如果赢了这五个人都当选，输了就都落选。他们去年在那个集选区惨败，没能当选，这在人民行动党内部算是一个重大挫折。之后他就不做部长了，出来到社会上工作。

二

人民行动党人很少，大量选举工作怎么进行呢？

第一，不是靠军队。人民行动党没有军队，因为军队是国家的武装力量，而不是党的武装力量。新加坡军人是不能参加政党的，除非你是国防部长，人民行动党执政了要派你当部长，那么你可以参加政党，而部长以下的次长（就是比副部长更低的事务类公务员）都不能参加政党。这是沿用的英国体制。

第二，也不是靠企业。新加坡的淡马锡是政府的主权基金，相当于国有企业，也是最大的国有投资公司，与GIC（新加坡政府投资公司）是两个最大的政府基金，但它们不属于政党。这两个庞大的企业属于政府，是内阁管理的一部分，它们的部分盈余纳入国家储备金，同时由总统管理，而总统并不一定是人民行动党党员。所以，人民行动党的竞选不是靠企业或者金钱。

人民行动党没有军队，也没有企业，为什么每次选举都能赢呢？

我发现，靠两点，这两点其实在中国经常讲到，新加坡人民行动党做得很好。

第一是密切联系群众。人民行动党内的议员、部长每周四或周五都要在自己的选区接待老百姓，从上午八点开始，有时候会接待到凌晨一点。选区里家长里短、鸡毛蒜皮的事多了，但是这种接待一做就 50 年。我有一个朋友是议员，我去看过他的接待，他真是跟每个人都熟，啥事都知道。每个选区就这么几万人，群众有什么事都找议员说，而议员就在竞选的时候拜托大家选他，靠他替大家办事。

据说李显龙也会来接待，这里有政党的一个小活动室。议员做接待时，大概有三分之一的小事调解调解就可以解决，更多时候需要指导群众循着法律途径去解决，还有一些问题不一定能够解决，那就安慰他们，跟他们沟通，帮他们出主意。新加坡的议员一般在自己的选区有两万到三万人需要接待，每次接待都有八百多人。议员就摆一张桌子来聊，这个问题聊一会儿，那个问题聊一会儿，也靠这个来听取民意。

第二就是全心全意为人民服务。人民行动党办了两件重要的事，第一是办了专门照顾儿童的公益基金，在社区创办低收费的幼儿园。这种基金是大家捐钱办的，与政党的基金没关系，属于公益组织。

另外，人民行动党举办很多工会活动。在新加坡，工会是自由的独立组织。李光耀就是做工会起家的，他曾经对工会承诺：你们要的东西，一旦我执政都可以给你们。在这 50 年里，他践行了承诺，比如帮助工会支持工友充分就业，为工友提供生活保障等，与工会之间的互动一直很有信誉。工会里有一种平价卖场，就像咱们的合作社，那里的粮食、油等都是最便宜的，这也得到了人民行动党的支持。另外，工会还办了保险公司，为工友解决寿险、保险问题。人民行动党为工会办了这么多实事，工会可以让工人们投票给人民行动党，这是一种良性机制。

还有就是凭业绩。就像王石，他在万科没有什么股份，但是他做董事长快三十年了，董事会为什么选他呢？因为他有业绩，不断的业绩累积使人们更信赖他。新加坡人民行动党就是通过组织精英的团队和建立高效的政府，形成有效的制度体系。我们看到，那些竞选议员的人都是精英，当选后才能做部长。同时，新加坡有设计得很好的国家治理制度，人民行动党执政后又不断完善这些制度，这样下次选举时就很容易成功了。新加坡 50 年创造的业绩有：人均GDP 全世界排第三，营商环境全世界排第一，新加坡政府还是全世界最廉洁的政府之一。人民行动党的这张成绩单，在它执政 27 年的时候大家就看到了，所以后来又让它执政 23 年。

所以说，一个政党的长期执政是可以不靠暴力、谎言、威胁和强制的。人民行动党会不会永久执政呢？新加坡的议员和部长说不会，比如最近这次补选，人民行动党又失败了，那就让别人上，作为反对党的工人党就很强势地来了。

人民行动党取得了这么好的成绩，在 2011 年的大选中得到的公众支持率却降到历史最低，所以他们非常有危机感。他们发现，现在的年轻人与执政的议员年龄差距很大，语言系统完全不一样，思维模式也不一样，这是造成现在支持率降低的原因。于是，崔宪来部长等人非常谦卑地去跟年轻人对话，倾听他们的意见，希望在下次选举中赢回年轻人的心。

　　他们不认为自己可以永久执政，而认为应该不断适应挑战，赢得选民的心，只有这样才有可能长期执政。如果有一天人民行动党做得不够好，或者已经做得很好，很难更好了，而人们希望更好的愿望是不变的，有可能想换换口味，那么工人党就上去试试，人民行动党可能就下台了。

三

　　再说说执政党的经费和待遇。党中央这 12 个人花多少钱呢？党中央一年的经费将近 500 万新元，包括房租、人员薪资，还有一笔预算就是接待，比如我们去了，给我们一瓶水喝，这都得纳入预算。那么钱从哪儿来呢？党费只有一点点，更多是靠议员、部长，他们捐出自己三分之一的收入，大概有两三百万新元，加上党费大概 500 万新元。党中央的部长都没有公车，从家到办公室得开自己的车。

　　做部长比一般人有没有更多的经济利益呢？没有。他们应该就是为人民服务。我以前也听说，新加坡部长的薪资是一两百万新元，所谓高薪养廉，但是要知道这是裸薪，以后是没有退休工资的，如果你不当部长了就一分钱都没有，另外也不会管你的用车和看病。这有点像明星拿片酬，片酬之外都靠自己打理。这样算来，部长们的薪资不算高。他们都是名校毕业的精英，比如同是剑桥毕业，在私人公司工作的同学一年拿一百万新元，当部长的话却只有七十万，这就叫机会成本。因为你是为社会大众服务，所以你要减少三分之一，从这个角度来讲，部长真是做奉献。再对比香港的公务员，虽然他们名义工资很低，但是退休以后的二三十年国家都会管。所以按劳动力市场的标准算，当新加坡的部长应该是市价的七折。如果以后不当部长了，他们可以去做公司，相当于咱们国企控股的那种，也可以在私人公司当董事，还可以自己去做生意。因为部长是裸薪，以后还得养活自己。

在新加坡的公务员体系中，部长以上的可以参加政党，而常任秘书（即相当于常务副部长）以下的公务员不参加政党。参照英国的体制，公务员、军人、警察中的事务类人员都不参加政党，只有政务类的部长、副部长参加政党。如果以后工人党竞选成功，可以把部长换成工人党党员。

新加坡人民行动党的入党程序不是多么严格。比如某次选举过后，发现某个年轻人不错，就会说服他参加人民行动党。他入党后就开始接受培养，通过一套很严格的面试体系，包括心理测试，最后一关就是代表人民行动党出来竞选，选上了就当部长，选不上就该干嘛干嘛。一些人年轻时被选中加入人民行动党，但是后来放弃政党，如果后来选上公务员了，可以再做一次审核。专业团队不需要什么倾向，就如公司员工不需要代表各自的股东，否则公司就乱套了；对于一个执行团队，事务类以下的全部是非党，属于职业技术官僚。

偶尔走进新加坡人民行动党的党中央，我发现世界上的华人地区还有这么一个政党，通过选举掌握政权，通过吸纳民意来为人民服务，凭借精英团队和良好业绩长期执政，而且不以永久执政为目的。

在中国，共产党的执政让中国经济有了 30 多年的荣景，也很成功，但是在现在的社会转型中也面临很多挑战，面临未来中国社会如何整合社会政治资源，从而创设更好的国家治理形式的问题。新加坡人民行动党创造的经济和社会发展模式，可以带来很多参考，这也算是我这次旅行的意外收获。

世界未来基金会

冯　仑

2015 年 4 月 8 日

目录
CONTENTS

引言 / 001

第一章 / **一个具有新加坡特色的选举制度 / 001**

新加坡独立迄今，在政治上一直保持了一党独大的特点，这在实行民主选举的国家中，是一种非常罕见的现象。是什么原因使人民行动党能够连续长期执政，并且在国会中一直占有九成以上的议席？

第一节　一个备受争议的选举制度 / 002

第二节　选举是公平与自由的吗？ / 005

第三节　选举是民主的核心指标 / 009

第四节　选举制度的抉择 / 012

第五节　本书所要探讨的问题 / 017

第二章 / **翻开选举的历史，抚今追昔 / 021**

新加坡人民对人民行动党的支持并不是一成不变的，而是会随着政府所推行的政策、大选时的政治与经济形势，以及反对党实力的变化而发生变化。虽然如此，人民行动党的执政地位并不会因此受到影响。我们如何从历届大选的选举制操作与所推行政策的变化中看出其中的端倪？

第一节　政党的兴起与没落 / 022

第二节　多党竞争到一党独大的选举历程 / 035

第三节　1968 年到 1980 年

　　　　——连四届全胜，奠定一党独大 / 048

第四节　反对党进入国会，选战升温却不增席 / 055

第五节　通过比较选举结果，看新加坡政治生态 / 100

第三章 / 人民行动党的选举战略 / 119

　　人民行动党在执政期间先后实行了各种抑制反对党的政策与措施，这些选举战略有效地抑制了反对党的成长与壮大，使其成为一群衰弱乏力的反对党，无法挑战与动摇势力强大的执政党。那么，是哪些选举战略有效地抑制了反对党？

第一节　新加坡一党独大的政治现状 / 121

第二节　执政党对反对党的态度与治理 / 130

第三节　垄断全国精英，"惟楚有材" / 136

第四节　消除"第四权"疑虑，合并所有报章 / 160

第五节　基层组织也是政府机构 / 195

第六节　人民行动党与职工会的共生关系 / 212

第四章 / 选举制度的技术操作 / 221

　　新加坡所实行的相对多数决的选举制是有缺陷的，选举的结果造成席票严重偏差，加上集选区制的实行与执政者握有无限制的选区划分权力，以及各种选举技术的操作与运用，使五年一次的大选成了人民行动党执政地位的确认仪式。选举制度的技术操作是如何有效实行的呢？

第一节　选举规则的缺陷 / 223

第二节　选区划分与它的政治效应 / 233

第三节　选票系列编号与分区计票 / 256

第四节　新加坡特有的制度——集选区制 / 261

第五节　鱼目混珠，满足选民要反对党的愿望 / 280

第六节　住房政治与分享政治 / 302

第七节　比较新加坡选举制度 / 312

第五章 ／ **改革选举制度，让它更公平与民主 / 325**

改革目前的选举制度，使它在席票的比例上更加公平与民主，这对新加坡未来的民主政治发展有利。另一方面，更大的政治开放空间，除了可以回应社会上渐强的制衡权力的要求，也能使执政党得到更大的认知基础与更高的威望。

第一节　改进选举制度缺陷 / 327

第二节　一党独大还能走多远？ / 337

附录一 ／ 345

附录二 ／ 346

附录三 ／ 347

参考文献 ／ 348

引言

　　新加坡是东南亚国家中的一个小国，全国面积约 714 平方公里，人口却有 540 万，其中 74.2% 为华裔，其他少数民族为马来族（13.4%）与印度族（9.2%）。因此，它是一个多元种族、多元文化与多种语言的国家。以土地面积来说，新加坡是亚洲诸国中最小的一个，但在经济上是一个繁荣与先进的国家，人均国民收入在亚洲国家中名列榜首。

　　新加坡在 1959 年以前，还是英国在远东的许多殖民地之一，经济上以转口贸易为主。1959 年，随着殖民主义的崩溃，新加坡取得自治，有了一个民选的立法议会，成立只有五年的人民行动党就以压倒性的胜利当政，成立自治政府。在 1963 年加入由当时马来亚首相东姑·阿都拉曼（Tunku Abdul Rahman）创议的马来西亚联邦计划，成为马来西亚联邦的一州。但在合并两年之后的 1965 年，宣布脱离成为一个独立的国家，因此有人形容它是一个怪胎，因为它缺少许多成为一个国家的基本条件。[1]许多人并不看好它能生存，但令人刮目相看的是它不但生存了下来，还取得了很大的经济成就，成了亚洲的奇迹。

新加坡的政治体制是沿袭英国西敏寺式的议会民主体系的内阁制，由每五年举行一次的大选胜出的政党执政，组织政府与内阁。但自成立自治政府起就由人民行动党控制了整个议会至今，因此，新加坡被人认为是一个变种的议会民主体系，一党独大的威权国家。

新加坡自 1959 年成立自治政府起，就由现在的执政党——人民行动党执政，至今已超过 55 个年头，可以说开创了单一政党民选政府连续执政最长时间的世界纪录。[2]不仅如此，人民行动党还是一个一党独大的政府，曾经在连续四届大选（1968 年至 1980 年）中囊括了所有的国会议席，并在接下来的七次大选中（1984 年至 2011 年）取得 97% 的议席，其他的反对党只能取得一席或最多六席。是什么原因使人民行动党可以场场胜利，如此战无不胜呢？而且胜得如此嚣张！反对党为什么不能有所作为？

人民行动党取得了国会中这么多的议席，但它的得票率并不是那么可观，尤其是自 1984 年的大选以后，得票率成起伏性的升降，并在 2011 年的大选中以 60.14% 的得票率创了新低，但它的平均得席率仍旧保持在 97% 的高位上。反观反对党在过去的七次大选（1984 年至 2011 年）中的平均得票率达 35%，并在 2011 年的大选中达到近 40% 的新高，却只有区区 3% 的得席率。这种得票率与得席率失衡的现象，与新加坡实行的选举制度存在什么关系？

---

① 《联合早报》社论，2013 年 9 月 18 日。

② 马来西亚的联盟党执政超过 56 年，但它不是单一政党，联盟党由巫统、马华公会、民政党、国大党、人民进步党、土保党、沙捞越民族统一机构、沙捞越民主进步党、沙捞越人民党等九个政党。

很多人都以为在一党独大的新加坡，只有执政的人民行动党，却不知道在新加坡注册成立的政党有 28 个之多，难道没有一个有能力来挑战人民行动党，而让它一直一枝独秀与一党独大？为什么这些反对党都无法在一个被认为是公平与自由的选举中，[①]多赢得几个席位？尽管根据民意调查，有 84% 的人都认为在一个实行民主政治的议会中，有反对党来制衡政府是很重要的，而且是非常重要的。[②]尽管这些反对党在大选中赢得了近 40% 的选票。

要回答以上选举的种种奥秘，必须从新加坡所实行的选举制度，以及人民行动党政府在执政后，所采取的选举政治、施政政策与措施中寻找答案！

①根据盖洛普的民意调查，有三分之二的受访者认为新加坡的选举是自由与公正的，Today, 8-9 Dec., 2007.
②根据新加坡政策研究所发表的 2006 年选后调查报告（Post Election Survey, May, 2006），第 5 图表。

新加坡特色
的选举制度

第一章

一个具有新加坡特色的选举制度

　　新加坡独立迄今，在政治上一直保持了一党独大的特点，这在实行民主选举的国家中，是一种非常罕见的现象。是什么原因使人民行动党能够连续长期执政，并且在国会中一直占有九成以上的议席？

新加坡所实行的选举制度，虽然是继承自英国殖民宗主国的遗产，但从 1988 年起，又在原有的多数决制中，增加了新加坡特有的集选区制。同时，为了满足人民希望在国会中有反对党的制衡，让反对党有机会当选，又修改了议会体制，增加非选区议员与官委议员的议席。这使新加坡的选举制度成了一个具有新加坡特色的选举制度，这个具有特色的选举制度，使得新加坡的执政党一直屹立不倒，从 1959 年起执政至今。

第一节
一个备受争议的选举制度

一、选举制度与长期执政的关系

　　人民行动党自新加坡自治以来，能够长期连续执政并在国会中占有 97% 以上的议席，许多政治学者对此都有不同的诠释。

中国台湾地区政治学者顾长永的看法最具有概括性，他认为："主要有两大因素：一是政绩因素，即新加坡在人民行动党的统治之下，无论在政治效能与经济发展上都取得了惊人的成就。另一个是选举的因素，也就是与国会议员选举相关的因素；这包含了选举本身制度上的缺陷，及由人民行动党在执政的过程中所制定与实行的各种能够影响选举结果，对反对党造成障碍的措施与政策。不但让人民行动党控制了所有竞选的资源，并压制了反对党势力的兴起，形成了新加坡只有一群势力非常薄弱的反对党，根本无法与之抗争。"[1]这是一个非常有概括性的看法，为我们点出了选举因素是人民行动党能够长期执政的原因之一。

　　新加坡的选举制度与人民行动党的长期执政之间究竟存在什么关系？研究选举制度的杨丽慧（Yeo Lay Hwee）认为："在政治评论者眼中，新加坡的选举制度是存在缺陷的，这是因为它缺少了选择性与有效能的反对党。"[2]因此，杨丽慧认为，新加坡选举制度下缺少竞争者，也就是说缺少一个可供选民选择的反对党，在别无选择的情况下，只好选择人民行动党。我们不禁要问，在一个拥有28个政党的小国家，新加坡的人民为什么还会缺少选择？难道是正如政府所经常强调的，我们缺少足够的人才，来组成两个最好的团队来管理国家？[3]因此，所有的人才只能集中在一

①陈鸿瑜，《东南亚各国政府与政治》，台北：翰芦图书有限公司，第24页，2006年。
② Yeo Lay Hwee, "Electoral Politics in Singapore", in Aurel Croissant, Gabriele Brun& Aatei John (eds.), Electoral Politics in Southeast and East Asia, Pg.203, 2002.
③李显龙总理于2011年4月5日在新加坡国立大学肯特岗向学生的演讲。
网页：http://newshub.nus.edu.sg/ke/1104/April.pdf，浏览日期：2013年10月1日。

个政党内？不过，当我们回顾新加坡的选举历史时，不难发现在 70 年代时，曾有一支势均力敌的强队与人民行动党做过激烈的政治斗争，这种情况为何在 80 年代后成了绝响？

二、英国宪制体制如何成了南橘北枳？

曾经受过英国殖民统治的新加坡，它的选举制度继承自英国，但英国并不是一个一党独大的国家，相反，它是西方国家引以为傲的选举典范。难道说，英国的选举制度在新加坡就成了"南橘北枳"？新加坡国立大学的 Rai Vasil 教授在评论新加坡的选举制度是继承自英国的选举制时，做出了以下评论，他说："人民行动党选择了英国西敏寺式的政体，但把它局限在能够确保一个稳定的政治秩序上。这样一来，他们就可以在继承殖民政体的同时，达到私己的目的。"[1]

从以上各个学者的评论中我们知道，人民行动党之所以能一直战无不胜，与新加坡所实行的选举制度——一个不断经过修改的制度有着不可分割的关系。不过，单单从选举制度的缺陷方面，不能就新加坡目前的政治状况给出一个完整的诠释！因为许多实行相同制度的国家，并没有出现相同的情况。

---

[1] Raj Vasil, "Governing Singapore", Pg.50-51, 2000.

第二节
选举是公平与自由的吗？

新加坡每隔五年都按期举行选举，平均每次（1968 年除外）大选都有七个左右在新加坡注册的政党参选，人民也可以自由投票。但人民行动党照旧每次都赢得大选，并且每次都赢得超过 97% 的席位，虽然没有同样赢得 97% 的选票。因此有人提出疑问，新加坡的大选是公平与自由的吗？

一、自由与公平，各有不同说法

"民主新加坡人"（Singaporeans for Democracy）是一个主要由反对党人组成的政治团体，在 2010 年向联合国人权理事会提呈报告，指责新加坡的选举有三点不公平：一是没有一个独立处理选举事务的机构，二是实行集选区制，三是不符合国际标准的选举操作。[①]新加坡公开中心（Open Singapore Center）也是一个反对党人的组织，也认为新加坡的选举制度对反对党来说是不自由与不公平的。它们认为在新加坡的政治制度下所形成的种种制度与结构性障碍，造成了一个衰弱的反对党；并使反对党无法在平

[①] 报告详情可参阅网页：http://sfd.sg/content/sfd-submits-report-electoral-Reform-un-universal-periodic-review//attachments，浏览日期：2013 年 10 月 31 日。

等的水平上与人民行动党抗争，形成每次一边倒的选举局面，并以 1997 年的大选作为例子，来说明他们的论点。[①]

新加坡的选举制度与机制，是不是公平与自由的？在 2006 年 7—8 月，国际民调机构盖洛普（Gallup）与 TNS（特恩斯市场研究公司），曾在新加坡进行了一项民意调查，结果显示有三分之二的受访者认为，这是一个自由与公正的选举。[②]这个结果，比民主自由典型的美国还要高出 18%。

政治学者从学术层面则持有不同的意见，研究新加坡选举制度的学者杨丽慧认为："新加坡的选举从公平的角度看存在许多缺陷，这包括偏向于执政党的选区划分与实行集选区制度。此外，还有内部安全法令的实施、对媒体的控制、利用政府的资源来影响选民的决定等措施。新加坡的选举非常具有政治意义，政党之间的互相竞争，给人一种这是一个自由与公正选举的表面印象，让人民行动党的执政地位具有合法性，但反对党一直没有执政的机会。"[③]换句话说，杨丽慧认为人们把新加坡的选举视为自由与公平的看法，只是给人的一种表面印象，实质上它又是一个怎样的制度？

中国政治学者萧功秦把新加坡的政治模式称为"选举权威主义"，他说："人民行动党牢牢控制了选举局、高等法院、传媒机构与国家财政拨款机构，通过这些机构来影响选举投票的方向，

① Open Singapore Center, "Election in Singapore—Are they free and Fair", 2000.
② Today, 8–9 Dec., 2007.
③ Yeo Lay Hwee, "Electoral Politics in Singapore", in Aurel Croissant, Gabriele Burn & Aatei John (eds.), "Electoral Politics in Southeast Asia", Pg.203, 2002.

因此选举并不是公平与公正的。"[①]萧功秦教授认为实行威权统治的人民行动党政府，控制了所有会影响投票的机构，因此，这不是由一个独立机构主持的选举，是不公平和不公正的。

新加坡国立大学的 Raj Vasil 教授则从选举的目的看，他说："人民行动党选择英国西敏寺式的议会政体，但把它局限在能够确保一个稳定的政治秩序上，这样一来，他们就可以在继承殖民地政体的同时，达到私己的目的。"[②]因此，新加坡的选举制度虽然是继承自殖民宗主国的英国，但它的重点是要确保一个稳定的政治秩序，英国制度所含有的民主的精神就成了次要或不重要的因素了。另一方面，英国所实行的单选区相对多数决制的选举制度并非没有缺点，这个制度的特点是"赢者通吃"。虽然这个制度有简单易行的优点，但它的公正性，尤其是席票比例严重失衡及缺少代表性的缺陷，一直受到人们的批评。因此，新加坡不但继承了一个并不完美的制度，还摒弃了它的主要精神，新加坡的选举制度还是公平与自由的吗？

二、自由与公平的衡量标准

评论一个制度是否公平与自由，如果单凭个人的价值观与信念，本身就不是一个公平的做法，那么衡量一个选举制度是否公

---

① 萧功秦，《新加坡的选举权威主义及其启示》，网页：http://news.163.com，浏览日期：2009 年 6 月 29 日。
② Raj Vasil, "Governing Singapore", Pg.50-51, 2000.

平与公正有没有一个公认的标准？一个研究选举制度的国际组织——国际选举制度基金会（International Foundation for Election Systems，IFES），为公正与自由选举列出了以下12种条件，作为衡量的标准。[1]只有符合这些标准的选举，才能被认为是一个公正与自由的选举。这些条件包括：

（1）选举应由一个中立组织主持并定期举行；

（2）选举活动应是有效率与中立的；

（3）选民的登记与投票是公正、依法的，可供检查及方便的；

（4）候选人可自由地进行公平的竞选活动（这包含可以在全国进行，及有一个自由的媒体）；

（5）人民享有结社、言论与信息流通的自由；

（6）选举结果的有效验证；

（7）民主思想的社会教育；

（8）政府与政党的分体；

（9）负责的选举官员经过适当培训，有效率的投票程序与及时的选民名册；

（10）优良的参与选举活动行为；

（11）申诉的有效处理与管理；

（12 对选举权的限制，如国家与社会安全，公共卫生与道德，应依法处理。

新加坡的选举制度与选举政治是不是公平与公正的，我们当然可以用以上条件来进行衡量。

---

[1]国际选举制度基金会是总部设在伦敦的国际组织，目的是促进选举的自由与公平。

第三节
选举是民主的核心指标

一、选举不是代议民主的全部

选举的重要性在于它是衡量一个政体是否为代议民主的核心指标。换句话说，选举是建立一个民主政体的基础。因此，政治理论家认为，没有一个自由的选举就不能称为一个真正的民主政体。但是我们并不能因此就认为，选举就是代议民主的全部。这是因为统治者是经过被统治者投票同意，代表被统治者实施统治。为了确保统治者能充分体现和代表被统治者的利益，除了选举投票外，被统治者还必须具有游行请愿、民意调查、自由结社、言论自由与全民公投等基本人权，来对统治者表达他们的意愿。

虽然选举是民主体制中一个最具体的表现，但要了解选举制度与民主的关系，首先要对选举制度的定义有一个明确的诠释。曾任中国人民大学国际关系学院政治学系教授的景跃进认为："选举制度的定义，可分为广义和狭义的理解。狭义的选举制度，按英国《政治学百科全书》的解释是指向候选人和政党分派公职。而广义的选举制度，还包括选举的政治原则、选民资格的规定、候选人的产生方式、选区划分、竞选活动、投票方法及选举争议的解决等内容。为保证选举的顺利进行，还必须制定选举法及相关规定，以规范选举过程中不同主体的行为。"[①]

台湾铭传大学张世荧教授认为，选举是落实民主政治最重要的制度设计，亦是民主国家的主要特征。因为通过定期选举，方能给人民提供一个制度性的政治参与管道，并让统治者的权力，取得合法性与正当性。[②]

根据政治理论，民主政体里政府的权力是来自被统治的人民的同意，它是通过一个自由与公平的选举方式来表达人民对政府权力的同意，选举是民主政体的基础机制。选举因此被认为是选民表达自己意见的方式，及把这些意见转化成结果的方法。

二、制度设计并不是为了实现民主的制衡

新加坡的选举在体制上是否体现了民主精神？杨丽慧（Yeo Lay Hwee）在介绍新加坡选举制度的论文中说："人民行动党的领导人并不热衷于民主的信仰，虽然他们了解某些合法性委托的重要性，但更相信一个有效率与能为人民解决问题的政府，比一个按民主制度所产生的制衡力量来得更重要。"[③] 因此，在选举制度的设计与功能上，并不是为了实现民主制度的制衡力量，而是以能够让执政党长期执政为目的。

①何俊志，《选举政治学》，上海：复旦大学出版社，第 2 页，2009 年。
②张世荧，《选举研究——制度与行为途径》，第 2 页，2005 年。
③ Yeo Lay Hwee, 'Electoral Politics in Singapore', in Aurel Croissant, Gabriele Burn & Aatei John（eds.）, "Electoral Politics in Southeast Asia", Pg.203, 2002.

　　德国政治学者 Aurel Croissant 教授，用东亚与东南亚国家的选举历程与制度的计票方法，从选举的代表性、政党系统的整合及统治能力等三个方面来做比较，发现新加坡的民主成分显然比其他国家来得逊色。[①]这是否表示新加坡在制度上的不完善，还是有其他原因？新加坡在经济发展与政府的治理上，比其他国家遥遥领先，却在民主成分上相对落后，是制度的原因还是其他因素？

　　要评价一个选举制度是否符合最基本的民主，首先是看它是否符合"一人一票，票票等值"的选举原则，及任何一个政党得百分之多少的选票，是否能得百分之多少的议席。换句话说，国会中的席票比例应成正比。但新加坡所实行的集选区制，"赢者通吃"的选举制度及国会中席票严重失衡的情况，根本无法体现选举的基本原则。

　　随着教育程度的提高与信息传播的普及，新加坡人民对民主的诉求也越来越高，人们对选举的民主性要求也相应地提高了。最近一次大选（2011 年大选）的结果证明了这个说法，这个被誉为"政治分水岭"的结果，也说明了选举制度改革的必要性。新加坡的政治与大选在未来会有什么变化？能从本书的分析中看出它的端倪吗？

① Aurel Croissant, Gabriele Burn & Aatei John (eds.), "Electoral Politics in Southeast Asia", Pg.337-340, 2002.

第四节
选举制度的抉择

　　目前，世界各主要实行民主选举的国家所采用的选举制度，可以说是种类繁多、名称各异。各国由于有着不同的历史背景与政治环境，在选举制度的设计与选择上有很大的差异；即使是同一个国家，也可能由于政治环境的变迁，在不同时期采取不同的选举制度。①

一、评估选举制度的维度

　　政治学者阿伦·李帕特（Arend Lijphart）认为，要对目前在世界各国所实行的不同选举制度进行分类，必须从选举制度的各个不同维度（Dimensions）的角度来进行。他从自己于1945年至1990年间，所选择的27个国家所实行的70个选举制度的分析中，得出以下结论。李帕特认为："在研究选举制度的专家中，都有较为广泛的一致看法，他们一般认为，从选举结果的比例代表性，以及政党制度这两个主要结果来看，选举制度最重要的两个面向

———————
① 王业立，《比较选举制度》，台北：五南图书出版股份有限公司，第8页，2008年。

是选举公式和选区规模。"①

李帕特根据选举规则之间的差异，将选举制度分为以下三种：

（1）相对多数及绝对多数决制（Plurality and Majority Formulas）

（2）半比例代表制（Semi-proportional Representation）

（3）比例代表制（Proportional Representation）②

随着选举制的发展，晚近政治学者诺瑞斯（Pippa Norris）将混合式列入，选举制又分成以下三种：

（1）多数决制（Majoritarian Formulas）

（2）比例代表制（Proportional Formulas）

（3）合并制（Combined Systems）③

除了以选举规则之间的差异来区分外，也有学者以选区规模作为区分的基准，它对选举结果有非常强烈的影响力。因为选区的规模越大，选区应选出的名额就越多，而选举的结果则越接近比例代表性。学者塔格培拉与苏加（Rein Taagepera & Matthew Soberg Shugart）将选区制度分为：

（1）单一选区制（Single-Member Districts）

（2）复数选区制（Multi-Member Districts）④

要区分各种不同的选举类型，除了选举公式与选举的规模外，

①阿伦·李帕特（著），陈崎（译），《民主的模式——36个国家的政府形式和政府绩效》，第10页，2006年。
② Lijphart, Arend, "Democracies: Patterns of Majoritarian and Consensus Government in Twenty-One Countries", Pg.151-156, 1984.
③ Norris, Pippa, "Electoral Engineering: Voting Rules and Political Behaviour", Pg.40-60, 2004.
④ Taagepera, Rein and Matthew Soberg Shugart, Seats and Votes: "The Effects & Determinants of Electoral Systems", Pg.20-29, 1989.

还必须考虑其他维度，这包含当选门槛的设定、议会的规模、选票的结构、选区名额的配置、议会选举与总统选举的差别，及关联式政党名单并联的可能性等，都能产生影响，使选举类型变得复杂与多样化。尽管如此，大多学者都同意将选举制度基本上分为以下三大类，在这三大类下又分成许许多多不同的类型:

（1）多数决制（Plurality and Majority Systems）

（2）比例代表制（Proportional Representation Systems）

（3）混合制（Mixed or Hybrid Systems）

根据以上分类，新加坡的选举制度，如果按选举规则区分是属于多数决制的一种。不过新加坡又从1988年起实行集选区制，因此，如果按选举规模来区分，则包含了单一选区与复数选区两种制度。

二、历史遗产还是保留对己有利的制度？

在这么多选举制度中，当政者又如何选择与设计一个适合自己国家的选举制度？选举制度在简而言之的意义上，虽然只是一种计票的方法，但不同的制度往往会选出不同的结果。这个结果可以对一个国家的政治体制、政党的体系，甚至是人民的权利造成不同的影响。选举制度的抉择与设计虽然源于宪法的规定，但也受到一个国家的意识形态与个人偏好的影响。

中国台湾地区政治学者王业立认为:"一般来说，一个国家选举制度的抉择与设计，通常是反映出该国历史的遗产、国际社会化的程度、政治文化，及当时国内政党或政治精英个人的意识形态、偏好及理性抉择后均衡的结果。"[1]政治学者江大树也认为："不同的历史背景，在制度设计上有很大的差异，即使是同一个国家，也可能因为政治环境的变迁，而采用不同的制度。"[2]

选举制度的机制是让选民有机会用制度的特性来表达自己的政治意见，因此采用什么制度对选民来说是一个非常重要的问题。因为有些制度可能会使选民的意见无法充分表达，甚至出现歪曲的结果。说采用相同类型选举制度的不同国家，在实际运作方面如果有差异，也会出现截然不同的结果。这是因为制度在实行时还会涉及其他因素，如计票公式、选区规模、选票结构等，使选举制度更加复杂。此外执政者对选举政治的操作因素，也会使选举制度出现意想不到的变化。因此，研究一个国家的选举制度应结合选举政治的研究。

选举制度一经采用，占有优势的执政者基于政治利益的考量，不希望也不愿意改变现有选举制度。因此，在选择选举制度之前，除了要谨慎评估各种制度的特点，确定这个制度的自由与公平的因素可以得到保证之外，还要有一个完全独立的机构来执行与改正制度的缺点。

另一方面，要选择一个适当的制度，不能单单以一个方面作为出发点，必须有多方面的考量。中国台湾地区学者吴振嘉认为选举制度的设计与评估，主要有两个方面的考量：一是政治稳定，

---

[1] Yeo Lay Hwee, 'Electoral Politics in Singapore', in Aurel Croissant, Gabriele Burn & Aatei John (eds.) "Electoral Politics in Southeast Asia", Pg.203, 2002.
[2] 江大树，《当前民主国家选举与制度评价》，载《民主制度设计》，第139页，1992年。

二是分配的比例性。①这两个考量因素对新加坡的选举制度与选举政治尤其重要。

政治稳定指的是一个国家的政治不会因为选举的结果产生动乱，造成政治的不稳定，使当选者有机会施展治国的理念与方法。政治稳定对一个国家来说是绝对重要的，因为没有政治稳定就不可能有好的建设与经济发展。而分配的比例性指的是在选举结果的席票比例分配上是否产生偏差，有过度代表或过度不成比例代表，造成得票率与得席率不成比例的情况。得票率与得席率如果不成比例，就会造成选举不公平与违反票票等值的基本原则。

新加坡的选举制度采用的是相对多数决制，根据诺瑞斯（Pippa Norris）统计，在世界上实行选举制度的 191 个国家或地区中，只有 54 个目前还在使用这种制度选出国会议员，约占这些国家的 28%，它们大部分是英国的前殖民地。②根据何俊志（现任复旦大学国际关系与公共事务学院政治学系副教授、复旦大学选举与人大制度研究中心副主任）的研究，这种选举制度由于它的席票比例百分比的失衡，"在 20 世纪后期向民主转型的国家中，几乎没有一个国家采用过这种制度"③。换句话说，这种殖民地的遗产已不符合现代民主潮流。是什么原因使新加坡仍旧在实行这种制度？

选举制度只是选举政治的一部分，选举政治的研究则是指在

---

①吴振嘉，《选举制度变革的影响因素——以日本、中国台湾地区为例》，网页：nccur.lib.nccu.edu.tw/ bitstream /140.119/37492/9/008109.pdf，浏览日期：2011 年 5 月 1 日。
② Norris Pippa，"Electoral Engineering: Voting Rules and Political Behaviour"，Pg.40-60, 2004.
③何俊志，《选举政治学》，第 58 页，2009 年。

更大的系统或范围内来研究选举活动。如果我们把研究只局限在制度的层面上，根本就无法合理地解释目前新加坡的情况。因为世界上有 50 几个国家和地区也实行与新加坡同样的制度，却没有出现与新加坡一样长期一党独大的情况。这是因为任何制度在不同的环境下，由不同的人操作，所得出的结果都不尽相同。人们的实际行为比抽象的法律条文和僵硬的条例规定来得灵活和丰富，更不用说法律规定的空间往往存在着一定的灰色地带，让人有机会合法地操纵。在这个意义上，选举政治的视角将能为我们展示许多选举制度与选举法律无法提供的政治操作。这些政治操作往往令改变选举的结果。这些选举结果可能不能代表一大部分人的意愿，正如新加坡目前的政治形态就无法反映约四成人民的意愿。

第五节
本书所要探讨的问题

新加坡自 1965 年独立迄今，在政治上一直保持了一党独大的特点。这在实行民主选举的国家中，是一种非常罕见的现象。是什么原因使人民行动党能够连续长期执政，并且在国会中一直占有九成以上的议席？本书希望通过人民行动党与选举制度之间关系的探讨，来回答人们经常提出的以下几种问题：

（1）人民行动党能够在每一次大选中囊括几乎所有的国会议席，是由于新加坡所实行的相对多数决制选举制度的结果？这个结果使新加坡成为一党独大的政治形态？

（2）反对党经常指责新加坡的选举并不是自由与公平的，有些学者也持有相同的看法，但民调显示有三分之二的受访者认为是自由与公平的。新加坡的选举制度与选举政治，是不是公平与自由的？

（3）目前新加坡的反对党都是一群弱小且缺少人才的小党，因此无法在大选中与人民行动党较劲，从而形成一种一边倒的局面。这是反对党本身的问题，还是如学者所说反对党的前途取决于执政党？

（4）新加坡目前实行的选举制度被认为是有缺陷的，如何使选举制度在它的代表性方面更加公平与合理？有什么改革的建议可以实行，以此来实现另外 40% 人民的愿望？

本书根据新加坡过去 55 年（1959 年至 2014 年）中的宪政发展历史进程，及每一次国会选举中人民行动党所采用的策略与方法，探讨选举政治在新加坡一党独大的政治形态中所起的作用。在研究新加坡的选举制度时，本书从历届大选的文献资料中，分析每一次大选时人民行动党所采取的竞选策略、所实施的政策，如何应对竞选的课题，如何影响了人民的投票倾向，人民行动党又如何从这个选举制度的缺陷中获益，又如何进一步在这个缺陷的基础上变更与创新，变本加厉使它成为竞选的工具。此外，人民行动党的"生存政治"威胁心态、"恐惧政策"及每次大选时的政治与经济气候，又如何影响人民对人民行动党的支持或反对，及影响它的得票率？

人民行动党在国会中拥有绝大多数席位，它可以任意修改宪法、选举法与实施各种有利于执政党的政策。而且，负责选举事务的新加坡选举局并不是一个完全独立于政府的组织。此外，有些政策的实施，如选区的划分、分区计票、非选区议员与官委议员等政策，会不会阻碍与压制反对党的成长，使反对党不能在选举中取得更多席位？通过对这些政策的分析，可以找出反对党势力之所以衰弱的原因。

为了从个案中推导新的理论，我们对每次大选的个案进行分析与研究，从而寻找客观现象之间的联系。再分析反对党认为种种阻碍他们取得议席的所谓制度性因素与结构性因素，及反对党本身存在的问题，试图找出它们之间的因果关系以及相关结果。

新加坡特色
的选举制度

第二章
翻开选举的历史，抚今追昔

新加坡人民对人民行动党的支持并不是一成不变的，而是会随着政府所推行的政策、大选时的政治与经济形势，以及反对党实力的变化而发生变化。虽然如此，人民行动党的执政地位并不会因此受到影响。我们如何从历届大选的选举制操作与所推行政策的变化中看出其中的端倪？

第一节
政党的兴起与没落

一、殖民统治者以退为进，促成政党的成立

一个国家选举制度的类型、地位与作用，与该国的政党制度互相影响，而政党只有通过选举的操作与运行，才有机会上台执政。因此，选举不仅是政治精英取得政权的过程，更是政党政治势力角逐的平台。

一个国家政党体系的形成与该国的历史背景和社会结构有着不可分隔的关系。因此，要了解新加坡的选举制度，首先必须了解它的政党兴起的过程与发展，看它是怎样从百家争鸣到唯我独尊的。

新加坡自 1819 年由英国人莱佛士爵士（Stamford Raffles）登陆，把它建设与发展为一个转口贸易的港口，并在 1824 年把它变成英国的殖民地以来，一直作为英国在远东的转口贸易站及英国的海峡殖民地之一。在殖民地统治下主要的人口是来自中国与

印度的劳工，不可能有任何形式的政治活动与政党组织。这种只有经济没有政治的状态，一直维持到第二次世界大战之前。

第二次世界大战时，日本占领这个殖民地长达三年零八个月之久，新加坡在日本军国主义的残酷统治下，民不聊生，更不被允许有任何形式的政治活动存在。只有由马来亚共产党领导的抗日运动激起了民族主义的发展，及政治意识的提高。

1945年8月15日，日本战败投降，英国人很快恢复了对新加坡的殖民统治。英国人在日本侵略时无法保护新加坡，在日本战败后却很快就回来了，这个举动激起了新加坡人民反对殖民统治的意识。在日本人的残酷统治下，新加坡人民尤其是许多华人，为抗日与保卫新加坡献出了宝贵的生命。而英国人号称"攻不破的要塞"的新加坡更在受围攻一星期后沦陷投降，[1]不仅贬低了英国人的形象与威望，而且强化并助长了人们反对殖民主义的意识。另一方面，由于当时新加坡的人口以华人为主，在中国发动推翻清朝统治活动的革命者，也在新加坡设立基地进行宣传与募款，这也增强了人民反抗殖民统治的政治意识。

对英国人的威望与优越地位的破灭，新加坡第一任总理李光耀在他的回忆录中有很深刻的看法，他说："英国人的霸权本来是建立在优越的科技和组织上的，因为多数亚洲人相信英国人天生优越的神话，并以为要向英国人挑战是不明智和枉费心机的，使这种霸权得到了进一步的巩固。可是现在竟然有一个亚洲民族

---

① Peter Elphick（著），陈新才、张清江（译），《真相：新马二战沦陷揭秘》中《译者的话》，新加坡：亚太图书有限公司，2006年。

敢于抗拒英国人，并粉碎了上面所说的神话。"[1]虽然说人们相信英国人天生优越是出自英国人自己的宣传，日本人打败英国人却是军国主义扩张的祸害，日本人对新加坡实行残酷的统治，才激起了民族主义的兴起，成为后来反抗殖民主义的基础。

另一方面，马来亚共产党虽然与英国人联手抗日，却在战后成为英国人要消灭的对象。英国殖民地政府在1948年，为了对抗马来亚共产党的威胁实施了《紧急法令》，发起了大查封、大逮捕及大镇压等行动，激起了人民对殖民地政府的不满与憎恨。加上这时候东南亚各国反对殖民统治、要求独立的活动风起云涌，助长了新加坡人民反对殖民统治的意愿。

"英国殖民统治者在风起云涌的世界性民族主义的反殖民统治运动和要求独立自主浪潮的冲击下，了解到殖民主义的末日屈指可数，为了缓和逐渐高涨的反殖民地运动，同意在新加坡实行一个有限度的地方政府并成立立法议会。"[2]这个做法有效地延缓了反殖运动的浪潮，也延长了它的殖民统治，因为人们转移了目标去争取几个非常有限的立法议会的议席。历史学者杨金华（Yeo Kim Wah）认为："这种做法促成了一些知识分子，尤其是那些到过外国的留学生，成立政党以参加立法议会的选举。"[3]

英殖民统治者的做法，使得新加坡开始有了政党组织。杨金华认为："在这时促成政党的成立有两个主要的因素，一个是日

①李光耀，《李光耀回忆录》，新加坡：联合早报，第45-101页，2000年。
②Hussin Mutalib，"Parties and Politics-A study of Opposition Parties and the PAP in Singapore"，Pg.42，2003.
③Yeo Kim Wah，"Political Development in Singapore 1945—1955"，Pg.87，1973.

本在第二次世界大战时侵略东南亚国家（包括新加坡），打破了英国殖民统治者在新加坡人眼中的优越地位，加强了人们的政治意识；另一个因素是英国人希望通过民主的方式将政权和平转移，因此鼓励人们组织政党参加大选。"[1]但作者认为，英国人的做法是一种以退为进的策略，那就是要继续维护殖民统治，希望通过选举的方式，使本地人民参与政治，借此来消除马来亚共产党的反殖民主义运动对当地人民产生的影响。

二、新加坡政党的兴衰

目前，新加坡注册的政党有 28 个[2]，其中有一半政党是从未参加过选举及没有组织活动的冬眠政党，而参加过选举的政党中有三个只参加过一次。因此，如果以新加坡的人口与面积来看，新加坡应被列为多政党的国家之一。但如果以政党的活跃程度来看，新加坡的政党数目不能说太多。虽然在新加坡要成立一个政党是轻而易举的事，只要有至少 10 名党员，并不是以共产主义为政纲，就可以向社团注册局提出申请，成立一个新的政党。

从政党政治发展的历史情况来看，新加坡第一个政党——马来亚民主联盟在 1945 年成立，到 2014 年，已有 69 年的历史。在过去的 69 年中，先后成立的政党超过 50 个，平均每一年半就

---

[1] Yeo Kim Wah，"Political Development in Singapore 1945—1955"，Pg.87, 1973.
[2] 根据《新加坡年鉴 2007》记载，新加坡政党只有 24 个，这不包含后来注册的 4 个新政党。

有一个政党成立。但目前仍保持活跃的只有 11 个。其他的不是成为历史性的政党，就是处于冬眠状态，只保留了注册政党记录，但事实上已不复存在了。因此，从记录上看新加坡可以说是政党林立，实际上许多政党都是有名无实的点缀。这说明了反对党实力的薄弱与人民行动党能够长期执政的原因。

根据人民行动党的看法，新加坡的反对党只有两类，一类是"建设性的反对党"，代表人物是人民党的詹时中及工人党的刘程强。他们不仅在批评人民行动党时态度平和，在政治上也对人民行动党的执政地位表示认可。另一类是"对立的反对党"，以民主党的徐顺全为代表，他们强烈批评人民行动党的不民主政策，并挑战他们的执政地位，同时也在实际行动上挑战政府的权威。

一个建设性的反对党当然受到人民行动党的欢迎，它对人民行动党的执政地位不会构成什么威胁，同时又可以向喜欢批评新加坡的外国评论家及团体表明，新加坡是一个容纳反对党的民主体制。因此，他们对这些政党较为宽容。按孙景峰的说法，这是因为人民行动党"有意培养建设性反对党的议员"[1]。吴作栋资政在 2001 年的大选时，就曾公开称赞詹时中，"詹时中这个人，他在国会内外都是一名君子，在国会外他的言行就是一个新加坡人的典型，这是我们国会里需要的反对党，可惜他是站在另一边的，不过我们欢迎他，我们不介意"。[2]李显龙总理称赞工人党秘书长刘程强，认为他"眼光锐利，经常在部长的演讲

---

[1]孙景峰，《新加坡人民行动党执政形态研究》，北京：人民出版社，第 196 页，2005 年。
[2]《联合早报》，2001 年 11 月 1 日。

中找碴儿"。[①]

对于对立性的反对党，人民行动党就采取"对付"的手段，尤其是那些在选举中对人民行动党构成威胁的反对党人。孙景峰就指出："使用诽谤罪名打击反对党是人民行动党的惯用手段，新加坡政府有时通过法律程序，迫使一些批评者破产，从而使他们退出政坛。"[②]

在意识形态上，除了在 20 世纪 60 年代有旗帜鲜明的社会主义阵线外，其他政党并没让人觉得有左右之分。大部分政党都声称他们信奉民主或社会主义，因此在意识形态上并不构成新加坡政党政治的差异。大家几乎都不约而同地采取务实的路线，这反映了他们都知道要取代人民行动党上台执政的可能性是微乎其微的，因此采纳了国会中必须有反对党监督政府的策略，希望能因此改变一党独大的局面。在这方面，他们在 1991 年的大选中采取的补选策略奏效了，取得了四个席位。当人民行动党采取了组屋翻新的地方策略来抵消补选策略时，反对党却没有了对策。而且反对党在 1991 年大选后发生了内部纠纷，如发生在民主党的徐顺全事件，及惹耶勒南退出工人党，使已经势衰力弱的反对党雪上加霜，也使希望看到国会中有更多反对党的新加坡人民感到失望与痛心。结果在接下来的三次大选中，反对党不但无法在国会中取得量的突破，并且失去了两个得来不易的议席，一直停留在只有两名反对党议员的局面，在得票率方面也逐渐减少。因此，人民行动党在 2001 年大选时的得票率大幅度回升。当然，人民

---

① Today, 14 April, 1988.
②孙景峰，《新加坡人民行动党执政形态研究》，北京：人民出版社，第 197 页，2005 年。

行动党得票率回升的另一个原因是经济不景气，人民因此给它重大委托以促进经济的复苏。2006 年以后，经济不景气的外在影响开始衰退，反对党势力重新巩固，人民行动党的得票率又回到过去六成左右的水平，并在 2011 年失去一个集选区。

长期执政的人民行动党，根据新加坡的国情确定了三个层面的执政理念：在政党政治方面是国家利益与政党利益共存，确保政权巩固；在政府管理方面是良治政府与强政府，确保一个有效率的政府；在社会发展方面是经济发展优先于民主政治。但人民行动党并没有明确的意识形态，它有的是执政理想与愿景。[①]同样，各个反对党也没有明显的意识形态，除了要求能有更大的民主与开放的空间外，就是想要打破目前一党独大的局面。因此，社会裂隙方面似乎无法成为执政党与反对党斗争的焦点，使新加坡的政党政治缺少了燃点，无法使新加坡人民在不同的立场上采取偏袒的立场。

人民行动党成立于 1954 年 11 月 21 日，"它是一批中产阶级知识分子与左翼工会合作的结果"[②]。这是因为它的领导人深刻地了解到，新加坡的第一个政党——马来亚民主联盟的失败是由于缺少群众基础，而左翼工会当时拥有 4 万名会员，已形成一股强大的政治力量，因此很自然地与他们组成了一个政治团体。人民行动党在刚成立时，"由于与左翼工会的合作，人民行动党在当时被人认为是处在政治派别中极左的一端"。[③]

①孙景峰，《新加坡人民行动党执政形态研究》，北京：人民出版社，第 196 页，2005 年。
② Pang Cheng Lian，"Singapore's People's Action Party 1954—1963"，Pg.1，1971.
③ Pang Cheng Lian，"Singapore's People's Action Party 1954—1963"，Pg.1，1971.

人民行动党在成立的一年后，即派 4 人参加 1955 年在林德宪制下的选举，取得初步胜利，赢得 3 个席位。在四年后的 1959 年自治邦选举中，更取得压倒性的胜利，赢得 51 席中的 43 席，组织首届自治政府。这次胜利"标志着人民行动党一党独大政局在新加坡初步形成"。[①]

人民行动党与左翼的同床异梦不会持续太久，由于以李光耀为首的社会民主势力的温和派及以林清祥为首的左翼激进派，存在不同的意识形态，在执政后发生了一系列政治与社会问题，使他们之间产生了许多摩擦，以致最后决裂。根据目前还逃亡在泰国的前社会主义阵线议员黄信芳所说："真正使他们决裂的是在 1961 年时，李光耀要加入马来西亚联邦计划。当时的激进派认为，必须坚持本来要争取完全合并的原则，在真正统一未能达到之前，新加坡人民要加强反殖民地运动，以取得更大的自主权。"[②]李光耀因此要求对他的政府投信任票，结果有 13 名人民行动党的议员弃权，并宣布退党，组织了一个新的左翼政党——社会主义阵线。

人民行动党从此与左翼势力分道扬镳，社会主义阵线在 1963 年大选时与人民行动党展开了激烈竞争，双方势均力敌。结果，社会主义阵线只取得约三分之一的得票率及 13 个议席。这是因为 1963 年大选前的"冷藏行动"，逮捕了几乎所有社会主义阵线的领导人与干部，使一个强大且拥有广大群众基础的政

①吴辉，《政党制度与政治稳定——东南亚经验的研究》，北京：世界知识出版社，2005。
②黄信芳，《历史的补白——一个逃亡的新加坡立法议员黄信芳回忆录》，吉隆坡：朝花企业出版，第 83 页，2007 年。

党，基本上失去了活动力与竞争力。

1968 年大选时，社会主义阵线宣布抵制大选。人民行动党赢得了所有议席，并从此在没有强势竞争者的情况下，一连四届大选取得全胜的纪录，以一党独大的地位统治新加坡至今。反对党只能从 1988 年起的大选中取得一到四个席位，一直到 2011 大选时，才取得六个席位及攻破一个集选区的突破性结果。

新加坡政党政治的前途及新加坡政坛是否能走出一党独大的垄断，关键之一是反对党的实力是否能打破目前的困境。要达到这个目标，反对党必须有新的思维，配合政治环境的改善，才能有新的突破。因为一个国家政党政治的发展，往往取决于社会的裂隙，如美国与英国的两大党之争，主要围绕资本主义框架下的自由与保守的立场；又如中国台湾地区的两个主要政党之间的政纲差异很小，但对统独的立场是鲜明的，因此能产生政党之间的竞争空间。新加坡政党之间并没有这些方面的对立与裂隙。

另一方面，偏颇不公，半民主与不公平的竞争环境，是目前新加坡政党政治发展的一个隐患。作为既得利益者的执政党，当然会费尽心思地以不同的措施与方法来捍卫它的政权，并使它的当选正当化与执政地位合法化。在这种政治环境下，反对党能否有所作为，及应采取什么应对策略，是目前各反对党应深切思考的问题。

三、政党政治发展的三个阶段

新加坡政党政治的发展，根据历史发展的进程及执政党在不同时期选举中采取的因时制宜的政策的特色，可以分为不同的阶段。新加坡国立大学政治系的辛格（Bilveer Singh）教授将它归纳为以下三个发展阶段：[①]

第一个阶段是从第一个政党成立时的 1945 年到新加坡成为自治邦时的 1959 年，这个时期可以说是政党的启蒙阶段，主要参与者是那些曾经到过外国的留学人士及商人。他们比一般民众更先吸取了国外的先进思潮，尤其是那些到英国留学的专业人士对英国的政治活动有了更多的了解，希望能从英国人手中接管政权。因此，这个时期成立的政党，根据杨金华的分析，除了较后期成立的人民行动党有自己的治国理念（在当时还谈不上意识形态），其他政党组党的目的主要还是参加竞选。因此，他们基本上是一个共同利益集团的组合。[②]因此从成立、合并、解散到领导人在不同政党之间的穿梭，是这个时期政党政治的一个主要特征。

第二个阶段是从 1959 年人民行动党以压倒性的胜利组织自治政府开始，1963 年打败从行动党分裂出来的左翼势力——社会主义阵线（成立于 1961 年），及社会主义阵线后来抵制 1968年的大选，"使人民行动党能在大选中一党独大，并且一直保

---

① Bilveer Singh, "Politics and Government in Singapore", 2007.
② Yeo Kim Wah, "Political Development in Singapore 1945—1955", Pg.87, 1973.

持一党独大的地位到 1981 年的补选为止"。①这个时期，除了在
1963 年举行的大选中，社会主义阵线给人民行动党一个强有力
的挑战外，人民行动党在接下来的四次大选中包揽了全部席位。
这个阶段的政党政治活动，除了仍在活动的工人党及在 1972 年
重回政坛的社会主义阵线外，其他在第一阶段活动的政党不是进
入冬眠，就是实际上已停止活动，成为历史性的政党。也有一些
新的政党成立，部分成员还是过去冬眠政党的领导者，但多数已
无法形成气候。除了工人党和在这个阶段后期成立的民主党，以
及从民主党分裂出来的人民党在后来有所作为外，其他政党都随
着时光走进了历史。②

第三个阶段是从 1981 年开始至今，工人党秘书长惹耶勒南
在 1981 年的安顺区补选中当选，打破了自 1968 年以来国会中完
全没有反对党、人民行动党一党独大的局面这对人民行动党来说
是一个沉重的打击。随后在 1984 年的大选中，又有两位反对党
议员（包括惹耶勒南及民主党的詹时中）当选。这使原来死气沉
沉的政坛重新活跃起来，让反对党对未来的政治充满了希望与期
许。③在这个阶段虽然有一些新的政党成立，但成员多数是过去已
解散或其他政党党员的分裂与组合。④因此除了工人党、民主党及
由几个政党组成的民主联盟外，其他的小政党很难有所作为。
在这个时期，反对党之间合作，共同对抗人民行动党的行动比

---

① Bilveer Singh, "Politics and Government in Singapore", Pg.168, 2007.
② Lam Dana, "Wild Days of Being: GE 2006 Walking the Line with the Opposition",
2006.
③同注 1。
④同注 2。

其他两个阶段为强。他们除了在选举的安排上避免互相倾轧，也组成政党小联盟，是这个阶段政党政治的另一个特色。反对党的势力比第二阶段时稍有增强。

1981 年，反对党在补选中取得突破，根据辛格（Bilveer Singh）教授的看法："1981 年的补选，让反对党进了国会，对人民行动党在国会中的地位的影响可以说微不足道，但鼓励了反对党的士气，那就是他们可以在选举中打败人民行动党。惹耶勒南的效应是一个简单的信号，人民行动党不是所向无敌的。"[①]

人民行动党非常认真地对待这种变化，根据《亚洲年鉴》（Asia Yearbook）报道，人民行动党为此在 1982 年进行了一次"秘密选民调查"来了解真相。调查结果证实了人民希望在国会有更多的反对党议员，调查也指出人民行动党已疏远了选民。人民行动党因此采取了多种补救措施，首先停止了所有的补选，并采取措施来应付人民渴望有反对党的意愿。在这方面，人民行动党相信必须先采取措施使人民相信，有了人民行动党高素质的政府，反对党对国家不但有害，并且没有必要。因此，在应对策略上分选举与行政两方面进行。在选举方面，人民行动党坚信它是一个代表了合法性的政治力量，因此应在政党政治之上。[②]在政府的行政上，Minchin 指出，人民行动党在 1982 年举行的党代表大会上，提出推行一个称为"让新加坡人民过更美好生活"的全国性运动。这个运动分为两个层次进行，在政府的层次上，要让人民感受到政府已吸取了教训，政府部门在处理人民的事务时反应会更加迅

① Bilveer Singh, "Politics and Government in Singapore", Pg.170, 2007.
② Asia Yearbook, Pg.170, 1982.

速，并从 1982 年起在政府机关内增设了公共关系官员的职位。在宣传层次上，利用媒体加紧宣传政府是关心人民的，要使人民相信这是一个更有人情味的党国形象。[1]Minchin 认为从这两个方面的措施来看，人民行动党相信惹耶勒南在补选中的得胜纯粹是一个例外，而不能当它是一种趋势。[2]但从人民行动党进行这个调查及所采取的补救行动来看，可以说明人民行动党是非常认真地看待选举结果的。

根据奥克兰大学副校长克里斯·特里梅万（Christopher Tremewan）的看法，在 1984 年大选举行前，政府在应对人民希望国会里有反对党的愿望方面改变了战略。他们认为，与其让人民选一至二位反对党议员，不如由政府设立非选区议员制度。[3]因此，在这个阶段，政府先后设立了许多与选举有关的创新制度。除了非选区议员制外（1984 年），接着又设立集选区制度（1988 年）及官委议员制度（1991 年）等，目的是以另一种形式来取代正式反对党的地位。人民行动党为了应对这种形势，提出了许多新的选举制度与办法，来满足人们要求在国会中有不同意见的愿望，目的当然是为了能保住自己的政权。这些应对办法虽然成功地阻止或延缓了反对党在国会中取得更多席位的机会，但它的得票率随着政策的变化出现起伏性的升降。作者称这个时期为人民行动党在选举体制上为维护政权创新求变的时期。在这个时期

---

[1] Minchin James, "No Man is an Island: A Portrait of Singapore's Lee Kuan Yew", P.219, 1990.
[2] 同注 1。
[3] Christopher Tremewan, "The Political Economy of Social Control in Singapore", 1994.

共举行了七次大选。

2011 年大选，反对党攻下一个已实行了 20 年却一直无法攻破，被认为是"不可能的任务"的集选区，工人党曾在 1988 年以萧添寿及李绍祖联合进攻，及在 1991 年以惹耶勒南及邓亮洪强强组合攻打，都以微差败下阵来。在停了近十年的两届大选后，工人党再以 A 队出击，党秘书长刘程强以孤注一掷的决心，放弃了保持 20 年的单选区，终于攻下了阿裕尼集选区，赢得六个国会议席及两个非选区席位。这个被认为是"新加坡政治分水岭"的选举，能否为新加坡开创另一个政治发展阶段，目前尚待观察。

第二节
多党竞争到一党独大的选举历程

一、1948 年选举是一个以印度人为主的选举

1948 年，新加坡举行了历史上第一次选举，目的是要在一个有 22 名立法议员的议会中选出 6 名民选议员。[1]这次选举有投票权的选民，只局限于占人口百分之十的英国侨民及主要来自印度族群的英籍选民，而大部分华人移民与马来人都没有投票权。

①Yeo Kim Wah, "Political Development in Singapore 1945—1955", Pg.87, 1973.

因此，这次的选举遭到马来亚民主联盟（新加坡的第一个政党，成立于 1945 年）的抵制，原因是在 1947 年进行的选民登记，许多马来人不能参加，许多来自中国的移民也不能登记。这一抵制使这次选举的代表性与意义大大地降低了。

参加这次选举的只有一个成立才七个月的新加坡进步党，派出 5 名候选人与 10 位无党派的独立人士竞选。在这 15 名候选人中，只有 4 人为华籍。当时，登记的合格选民有 22,239 人，除了英国侨民外，仅占 7% 的印籍选民却占了全部选民的 45.3%，而占人口多数的华人只有 25.1%。因此，历史学者形容这次的选举是"一个以印度人为主的选举，竞选活动枯燥无味"。[1]选举结果是，进步党获得 3 席，另 3 席归独立人士。

参与这次投票的合格选民只占全部人口的 1.5 %。除了在人数上缺少代表性外，民选议员人数只占议会人数的 25%，使这次选举的点缀意义大于实质意义。

第二次选举是在 1951 年 4 月 10 日举行的，距离上次选举只有三年，目的是要增加民选议员至 9 位，使议员总数增加至 25 名。有资格的选民在扩大投票权后虽然比上次多了一倍半，但登记投票的选民反而少了 3.1%。

参加这次选举的政党除了原有的进步党外，就是成立于 1948 年的劳工党。参选的候选人共有 22 人，其中进步党 8 位、劳工党及独立人士各 7 位。大选的结果是，进步党获得 6 席，劳工党获得 2 席，独立人士获得 1 席。

---

[1] Yeo Kim Wah, "Political Development in Singapore 1945—1955", Pg.261-266, 1973.

　　这次大选的唯一意义是将民选的议员人数增加到 9 位，使民选议员人数增加到议席的三分之一。此外，这次选举也首次允许使用政党标志。

　　这两次选举，绝大多数本地人都没有投票权，因此只能说是让本地人了解选举的意义与操作，谈不上什么代表性。但在另一方面，随着选举的举行，更多政党开始成立，拉开了政党政治的序幕。

　　英国殖民统治者举行这两次选举，目的当然不是要结束它的殖民统治，相反是希望延长它的统治。政治学者认为："英国殖民统治者在风起云涌的世界性民族主义的反殖民统治运动和要求独立自主浪潮的冲击下，了解到殖民主义的末日屈指可数，为了缓和逐渐高涨的反殖民地运动，同意在新加坡实行一个有限度的地方政府并成立立法议会。"①这个做法有效地延缓了反殖民地运动的浪潮，延长了它的殖民统治。因为人们转移了目标，去争取几个非常有限的立法议会议席。"这种做法促成了一些知识分子，尤其是那些到过外国的留学生，成立政党以参加立法议会的选举。"②

① Hussin Mutalib, "Parties and Politics-A study of Opposition Parties and the PAP in Singapore", Pg.42, 2003.
② Yeo Kim Wah, "Political Development in Singapore 1945—1955", Pg.87, 1973.

二、1955 实行林德宪制改变了政治变数

　　第三次选举是在 1955 年举行的，也就是所谓的林德宪制（The Rendel Constitution）的选举。殖民地政府在 1953 年时，委任一个以林德爵士（Sir George Rendel）为首的委员会拟定了宪制报告书，目的是要为新加坡的自治做好准备，及订立一部自治邦宪法。报告书建议将目前的行政议员改为九个部长，负责各有关部门的事务。部长会议主席由总督担任，首席部长则由民选议员出任，负责除了外交、国防与内部安全之外的所有政务。因此这是一个非常有限度的方案，英国人只让政府负责一般的民政事务。

　　林德宪制进一步扩大了选举投票权，大批的新华人移民因此都获得了投票权。许多在过去被列为没有资格登记的外来华族移民，及许多不懂英语的受华文教育者，都在选民自动登记制度下成为合格选民。这些来自不同背景的选民人数的增加，尤其是受华文教育者，加上不同背景与种族政党数目的增加，改变了过去以印度人为主的新加坡政治生态。这次选举有一个新的政治变数，那就是华人选票崛起为单一最重要的票源，这个改变使选民人数更能反映当时的人口结构。选民人数的构成为华人占 55.5%，印度人占 18.4%。[1]华人虽然在人数上崛起为一股新的政治力量，但因动员机制尚未全面建立及民智未开，在这次选举中还未能充分发挥其政治影响力。但选举结果预示了讲华语的工人与学生运动，已经逐渐成为两股重要的政治势力。

[1] Yeo Kim Wah, "Political Development in Singapore 1945—1955", Pg.87, 1973.

　　参选政党共有 6 个，除了原有的进步党与劳工党外，还有新成立的劳工阵线、人民行动党、联盟党与民主党，其中进步党派出 22 位候选人，民主党也派出 20 位候选人，使全部候选人达到79 位。"从参选的人数来看，很明显进步党与民主党有意夺取政府的执政权。"①

　　选举的结果是，劳工阵线在得到印族工人阶级与低级公务员支持的情况下赢得 10 席，占全部席数的 40%，是获得最大胜利的政党，但得票率只有 27%，这证实了讲英语的印族工会的真实政治势力与当时以族群聚居选区划分的弊端。而参加了第二次大选及派出最大阵容的进步党只赢得 4 席，他们低估了林德宪制对政治环境改变的程度，显示了缺少受华文教育者支持的政治后果。相反，第一次参选的人民行动党并不热衷于这次选举，只派了 4 名候选人。该党主席杜进才解释："我们认为林德宪制并没有赋予部长们足够的权力处理他们的工作，如果我们在那个时候当部长，我们将成为殖民主义者的傀儡，因此我们决定留在反对党阵营，只派出 4 名候选人参加竞选，目的是要揭穿林德宪制的虚假面目。"②第一次参选的人民行动党就在 4 席中赢得 3 席，李光耀就是在那时第一次当选至今，成为新加坡任期最长的国会议员。到 2015 年，他将连续担任国会议员 60 年，这将是一个前无古人、后无来者的纪录。

　　由于没有政党在大选中取得多数，劳工阵线与联盟党组成了二党联合政府，并由劳工阵线领袖马绍尔（David Marshall）出任

① Yeo Kim Wah, "Political Development in Singapore 1945—1955", Pg.269, 1973.
② 人民行动党党报 Petire, 1960 年。

新加坡历史上第一位首席部长。

这次大选是,人民行动党与人民联盟党达成协议,不在同一个选区竞选,但派出一些华校生到人民联盟党与劳工阵线助选,这三个政党因此同被列为左翼阵营。他们的竞选课题以反对殖民地统治为主。其他三个则被列为右翼阵营。从选举的结果看,两大阵营的得票率几乎相等,前者获得44.6%,后者得44.1%,但前者获得16个席位,而后者只得到6个席位,原因是右翼的政党各自互相竞争,使它们的选票分散了。因此,人民行动党团结左翼阵营的竞选策略,第一次在选举中奏效。①

这次大选与前两次大选相比,候选人的背景发生了很大变化,在种族上,从过去以印族为主导转变为以华族为主,出生地也由海外转变为以本土出生为主。在语言方面从以单语占绝大多数到懂双语人数的增加,在职业方面则从专业人士转为以商人为主。②这些变化对后来新加坡政治的发展产生了直接影响。这次选举也是多元政党政治竞争的开始,为后来两次大选奠定了基础。

三、1959年大选——清廉与高效能打败贪污与无能

1959年大选是为了成立自治邦的选举,要选出51位全部民选的立法议员。参加这次大选的政党多达10个,人民行动

---

① Yeo Kim Wah,"Political Development in Singapore 1945—1955",Pg.269, 1973.
② Yeo Kim Wah,"Political Development in Singapore 1945—1955",Pg.87, 1973.

党是唯一参加所有选区竞选的政党，其次是新加坡人民联盟（由劳工阵线与部分自由社会党的党员组成）共派出 39 名候选人，自由社会党与新加坡联盟各派出了 32 名候选人，加上其他只派少数几名候选人的政党及独立人士，使参选的候选人达到 194 名。

由于这次大选是为了新加坡成立自治邦的一次大选，各政党都在争取这个统治国家的机会，因此竞选课题主要集中在如何治理国家上。人民行动党雄心勃勃，除了参加全部议席的竞选，还提出了详细的治国理念与纲领《当前的任务》，同时提出清廉政治概念来打击执政的劳工阵线政府的贪污与无能，使人民相信它可取代联盟政府。由于当时的联盟政府被指责腐败与无能，这个清廉政治的主张受到大众的欢迎，加上这时人民行动党在市议会的工作表现杰出，赢得人民的赞赏。因此，在这次大选中，人民行动党获得了压倒性胜利，获得 51 席中的 43 席。

人民行动党获得压倒性胜利的原因，"是人民对人民行动党领导人的信心，有效的竞选策略，及能提出一个实际与令人信服的政策与方针"。[1]人们对人民行动党的信心，主要来自它在 1957 年管理市议会时所采取的大刀阔斧的手段，改进了工作效率，铲除贪污腐败的决心及为人民办实事的作风赢得了人民的信任。当时的市议员史立年说："人民开始相信，虽然市议会的权力非常有限，但人民行动党能为人民做许多的事。因此，如果让人民行动党组织政府，将可能为人民做更多的事。"[2]因此，一

[1] Bilveer Singh, "Politics and Government in Singapore", Pg.8, 2007.
[2] Yap Sonny, Richard Lim & Leong Weng Kam, "The Untold Story of Singapore Ruling Political Party", Pg.141-142, 2009.

个完全没有执政经验的人民行动党，仅凭市议会的政绩便赢得了 1959 年大选。

人民行动党获得压倒性胜利的另一个不能忽视的原因是，1957 年，殖民地政府对公民权法令做出重大修改，使许多不在新加坡出生的华人获得公民权，成为合格选民。"这些华人大多是来自中国、受华文教育的移民，他们及他们的家庭都是人民行动党的主要支持者。人民行动党之所以能压倒其他十个政党，主要的支持力量来自这些受华文教育者的支持。"[1]此外，拥有广大群众基础的左翼团体的支持也起了决定性作用。虽然其他参选的政党曾在政坛上显赫一时，并在过去的两次大选中赢得席位，但选民构成的改变分散了他们的支持力量，使人民行动党能够突围而出，在自治政府中第一次赢得执政权，并连续执政到今天。

其他参选政党虽然也企图通过合并或改组的方法来增强力量，如进步党与民主党合并成为自由社会党，新加坡人民联盟由劳工阵线与部分自由社会党的党员组成，以应对和对抗来势汹汹的人民行动党。"这些做法并不能达成效果，因为这些政党主要由一批受英文教育者所组成，他们在反殖民地的目标上并不一致，有人希望成为接棒的一代，另一些人则要争取建立一个社会平等和种族平等的社会。"[2]但他们都忽略了选民构成的改变，受华文教育的选民人数已大量增加，使人民行动党获得了压倒

---

[1]黄庭康，《比较霸权——战后新加坡及香港的华文学校政治》，台北：群学出版有限公司，第 63-66 页，2008 年。
[2] Seah Chee Meow, 'Para Political Institution' in Jon ST Quah, Chan Heng Chee & Seah Chee Meow（eds.）, "Government and Politics of Singapore", 1984.

性的胜利。

人民行动党的得票率虽然只有 53.4%，但赢得了超过三分之二的议席，相对多数决制的计票方法是造成这种席票失衡的主要原因。因此，这种计票方法一直沿用到今天。

1959 年大选的重要意义在于，新加坡人民对于谁应在立法议会内代表他们的立场上，给殖民地政府发出了明确的信号。大选的另一个意义是它所采取的两项措施：一是所有新加坡人所使用的主要语言，包括华文、英文、马来文与泰米尔文，在立法议会中都享有平等的地位；二是实行强制投票，对新加坡政治发展起了重大的影响作用。

各语种的平等使用为新加坡发展成为一个多元种族与多元文化的国家，奠定了稳固的基础。强制投票使新加坡大选的投票率在93.4% 左右，这对政治发展的作用更大。

英国学者贝洛斯(Bellows)认为，"这是新加坡两大竞选政党，都有可能成为执政党的最后一次大选。"[1]这种说法并不正确，因为当时并无明显的两大政党。实际上在接下来的 1963 年大选中，人民行动党与社会主义阵线之争才是两大政党政权的争夺战，是一次决定新加坡未来的大选。

[1] Bellows, Thomas, "The People's Action Party of Singapore: Emergence of A Dominant Party System", Pg.92, 1973.

四、1963年选举——"冷藏行动"与"鹬蚌困局"左右选举结果

新加坡第五次大选是新加坡加入马来西亚之后的一次大选，是在1963年9月21日举行的。这时新加坡还是马来西亚的一州，也是人民行动党在1961年7月与左翼势力分道扬镳后所面对的最大一次挑战。"这次大选也是人民行动党争取生存斗争的开始，因此，动用了所有政府的资源，来与社会主义阵线决斗。"[1]

大选是在新加坡与马来西亚合并后的第五天举行的，参加的政党共有八个，人民行动党还是参与所有选区的唯一政党，参加的候选人多达210人，是历来人数最多的一次。从参加的政党看，表面上是四大政党之争，实际上是人民行动党与社会主义阵线之争。

大选的结果是人民行动党赢得51席中的37席，但得票率只有将近47%，比上一次少了7.1%。社会主义阵线尽管面对"冷藏行动"，在几乎所有领导人都遭逮捕的情况下，仍赢得13个议席及33%的得票率。

托马斯·贝洛斯（Thomas J.Bellows）教授认为："1963年2月的'冷藏行动'大逮捕，是社会主义阵线败选的主因。这次的大逮捕包括它的执行委员会人数的一半，主要是负责组织、出版及宣传委员会的负责人，使政党的运作近乎瘫痪。"[2]

[1] Bilveer Singh, "Politics and Government in Singapore", Pg.9, 2007.
[2] Yeo Kim Wah, "Political Development in Singapore 1945—1955", Pg.92, 1973.

大选小故事：

大选前的"冷藏行动"改变了选举结果

1963年2月2日凌晨，新加坡政府发动"冷藏行动"，援引《内部安全法令》逮捕和拘禁超过133名左翼活动分子。被捕者包括反对党（社会主义阵线、人民党、人民阵线与工人党）31人、职工会与乡村联合会的高层领袖24人，还有南洋大学学生会领袖11人、校友会负责人5人和中文报记者5人等。新加坡社会主义阵线著名领导如林清祥、方水双、林福寿、赛查哈里（Mohd Said Bin Zahari）、詹姆斯·赛查哈里（Mohd Said Bin Zahari）、赛查哈里（Mohd Said Bin Zahari）和傅树介都在一日之内成为阶下囚，使政坛的反对力量受到严重打击，职工会运动领导也一时陷入真空状态。

在《内部安全法令》下，被捕者可以在不经审讯的情况下关押。这次逮捕者遭关押时间二三十年不等，如李思东和林福寿医生（已故）遭拘禁20年；赛查哈里（Mohd Said Bin Zahari）、傅树介医生和何标（已故）遭拘禁17年；而当时当选国会议员的谢太宝则破世界纪录，遭拘禁长达32年，另外还有许多人被驱逐出境。

新加坡政府援引《内部安全法令》逮捕异议分子，在自治后与独立之初时有发生。最近一次大规模的逮捕是在1987年5月23日，这次又逮捕了16名所谓的"马克思阴谋分子"。新加坡副总理张志贤在国会中透露，新加坡政府从1959年至1990年的31年间，在《内部安全法令》下共逮捕了2460人。随着1998年谢太宝的重获自由，目前监狱中已没有政治拘留人士了。

1963 年的大逮捕事件是新加坡政治史上一个重大的分水岭，左翼人士指责英国政府援引《内部安全法令》，大举逮捕异议分子，目的是要阻止这些人参加 1963 年 9 月的大选。通过监禁那些敢言和能干的反对党人士，帮助人民行动党保住其政权，使它能在七个月后的大选中击败社会主义阵线的挑战。

新加坡历史学者覃炳鑫指出，人民行动党急需与马来亚合并，成立马来西亚联邦，因此实行大逮捕计划。人民行动党在 1961 年发生党内分裂，党内左派在林清祥带领下，另起炉灶成立了社会主义阵线，准备在即将来临的大选中强力挑战执政党。当时马来亚首相东姑·阿都拉曼认为，林清祥有很强的组织能力，如果要合并，先要把林清祥一伙打入监牢，因此便以大逮捕来保住政权。

1963 年的"冷藏行动"对当时的社会主义阵线起了什么影响？贝洛斯在他的著作 "The Peoples' Action Party of Singapore: Emergence of A Dominant Party System" 一书中说：

"这次的大逮捕包括它的执行委员会人数的一半，主要是负责组织、出版及宣传委员会的负责人，使政党的运作近乎瘫痪。它的主要候选人也几乎被抓殆尽，溃不成军。"

前社会主义阵线主席李绍祖在接受访问时，对于"冷藏行动"对社会主义阵线的影响回答道："手与脚都已被捆绑"，逮捕实际上已使社会主义阵线瘫痪。在缺少主要干部及外围组织受到政府监视的情况下，社会主义阵线根本无法展示它的力量，它们在提名日之前还在找候选人。在这种情况下，它的败选是预料之中的事。

因此，有人认为，如果在 1963 年的大选前没有所谓"冷藏行动"的大逮捕，1963 年的大选结果可能不一样。不过从大选的结果来看，社会主义阵线大选的失败，另一个主要原因是选票的分散。从人民行动党分裂出来的、由前国家发展部长王永元领导的人民统一党，分散了社会主义阵线的选票。这不但使社会主义阵线候选人在很多个选区中只以微差落败，也促成了人民行动党在国会中拥有绝大多数，实行威权统治至今。1963年的"冷藏行动"对当年大选的影响至今尚未有定论，但如果没有大逮捕行动，选举的结果肯定会不一样，这是大家的共识。

《白衣人——新加坡执政党秘辛》是一本人民行动党的非正式党史，指出"当时的报章评论员都同意，人民行动党的胜利，不是因为它的实力，而是选票被分散了，人民行动党其实只在20个选区赢得多数，另外17席的选票被人民统一党分散了。因此将这两党的票数加起来，有另外21个区的票数是超过人民行动党的。"[1]前内阁部长王邦文在接受该书采访时也认为："如果他们知道如何更好地处理选举的策略，社会主义阵线应可赢得更多席位。"[2]从大选的结果看，从人民行动党分裂出来的人民统一党的确分散了不少反对票，使社会主义阵线的票分散了。这是多数决选举制的另一个主要缺点"鹬蚌困局"。

社会主义阵线虽然是刚从人民行动党分裂出来的政党，但它在1961年的大罢工事件中，展示了他们动员群众支持的实力。因此，如果不是因为"冷藏行动"的大逮捕及选票被分散等因素，

---

[1] Yap Sonny, Richard Lim & Long Wing Kim, "The Untold Story of Singapore Ruling Political Party", Pg.225, 2009.
[2] 同注1。

以社会主义阵线的基层力量与支持度，肯定能取得更好的成绩！

1963 年大选，是到目前为止已成为绝响的大选，是选举史上反对党挑战人民行动党最激烈的一次。自此以后，再也看不到这种多党互相竞争的激烈场面。另一方面，人民行动党在分裂时，失去了大部分党支部与基层党员，整个党部近乎瘫痪，只能利用新组成的基层组织，如公民咨询委员会、联络所管理委员会的力量，这些基层的主要领导人大部分来自华社。

只有九天竞选活动期的规定，也是从 1963 年开始实行的，由于在这次大选中的成功使用，人民行动党在接下来的大选中一直只给九天的竞选期。

1963 年大选的另一个重要意义是，两个具有强烈意识形态的政党——一个是由社会主义阵线代表的亲左翼势力，另一个是由人民行动党代表的中间偏左力量——的斗争，在接下来的大选中已经无法再看到了。意识形态不再是新加坡未来竞选的课题。

第三节
1968 年到 1980 年——一连四届全胜，奠定一党独大

从 1968 年至 1980 年的十六年中，新加坡共举行了四次大选，人民行动党不但赢得了所有的国会议席，并在国会中完全没有反

对党的情况下，连续执政了四届。这种情况在实行民主选举的国家中是绝无仅有的。

人民行动党在 1963 年打败社会主义阵线之后，又通过《内部安全法令》再逮捕了 15 名主要领导人，包括当选的国会议员，使它几乎瘫痪到无法有所作为。加上 1965 年新加坡脱离马来西亚独立，及英国准备在 1968 年撤军的两大危机的背景下，使 1968 年大选几乎成了人民行动党的囊中之物。接下来的三次大选，在缺少竞争的情况下，人民行动党拿下了所有的席位。因此这个时期的四次大选，只是执政党获得合法委托的例行公事。

1968 年举行的大选，是新加坡独立后的第一次大选。社会主义阵线在几乎瘫痪的情况下，选择以抵制大选作为抗议。因此，只有工人党与独立人士共 7 名候选人参选。这是新加坡选举历史上参选政党、候选人与竞争选区最少的一次。人民行动党除了在提名日就蝉联执政外，还在大选时赢得了其他 7 个席位。时任人民行动党政治部主任的拉惹勒南（S.Rajaratnam）在大选前就对记者说：“我们将赢得所有 7 个选区，因为人民最关心的是要有一个好政府甚于反对党，行动党以它过去 9 年的纪录作为保证。”[1]

人民行动党在这次大选中赢得了历来最高的得票率，为 86.72%。评论者认为因为参选规模只占全部选区的 12%，候选人只有 7 名，此外其他政党也选择不参选，虽然没有宣布响应抵制但实际上实行了抵制，因此不能凸显它的代表性。但李光耀说：

---

[1] Straits Times, 13 April, 1968.

"这是一个很公平的抽样结果，就等于 58 个选区都有竞选。"①

这次大选掀开了人民行动党一党独大及国会中没有反对党的序幕，引起了许多人的关注。《海峡时报》（Straits Times）在社论中指出，"虽然这是人民的选择，但任何一个国家的国会里，如果只有一个政党都是不好的。"②学者胡欣·穆达立（Hussin Mutalib）把它归咎于社会主义阵线，认为它抵制大选，是让人民行动党取得全胜的原因。但作者持有不同看法，抵制大选固然缺少了竞争，但不会影响它的结果。这次大选之所以会形成一边倒，因为在新加坡的英国驻军将在同年的下半年撤走，新加坡的生产总值将因英军的撤走减少五分之一。在这个"生存危机"阴影下，需要一个强有力的政府来处理，这才是人民行动党赢得全部议席的原因。③因为在这次选举中，虽然只有 7 位反对党候选人参选，却有 3 位失去选取保证金（工人党 1 位、独立人士 2 位）。这个结果证明了欧特曼（Ortmann）的说法，在"生存危机"的阴影下，新加坡人民给人民行动党的支持是非常明确与坚定的。④人民行动党自此之后，领悟到人民害怕"生存危机"的威胁，就经常在大选时以国家的"生存危机"作为竞选策略，并以"生存危机"来说服人民接受一些不受欢迎的政策。

这次大选特别引人注意的是竞选期长达八周，是新加坡选举有史以来最长的竞选期。这说明，人民行动党只要政权不受到威

---

① Straits Times, 14 April, 1968.

② Straits Times, 15 April, 1968.

③ Hussin Mutalib, "Parties and Politics-A Study of Opposition Parties and the PAP in Singapore", Pg.109, 2003.

④ Stephan Ortmann, "Managed Crisis: Legitimacy and the National Threat in Singapore", Pg.36, 2009.

胁，它是可以采取宽松的竞选期的。

1972 年大选前，出现了两个新政党，一个是由国大党及其他反对党残余成员组成的联合国民阵线，一个是由少数因不满人民行动党而退党的人员组成的人民阵线，为这次大选增添了一点儿热闹，但却缺少竞争。参选政党除了这两个新政党外，还有在 1971 年改组后的工人党、复出的社会主义阵线及马来民族机构。

这次大选最令人瞩目的是社会主义阵线的复出，根据阿历佐西（Alex Josey）引述社会主义阵线主席李绍祖医生的解释："过去的抵制行动已暴露了人民行动党的法西斯性质及假独立的事实，为了争取正义、民主与自由，必须提高人民的政治意识。"[1] 我们无法从这个口号式的解释来理解它从抵制到复出的理由。

选举的结果是人民行动党再度获得全胜，但得票率比上一届下降了 16% 多，只有 70.43%。获得最高得票率的反对党是一个代表马来民族利益的政党——马来民族机构。因为它只参选两个选区及选择马来民族较聚集的选区，使得政府对民族聚居产生了顾虑，从而就有了之后的组屋区内分散种族聚居的政策。

人民行动党得票率的降低，除了有更多的政党与候选人参加，分散了中间选民的票数外，另一个原因是英军撤出带来的影响，并没有政府原先所说的那么严重，"生存危机"的影响作用已逐渐减退。

《远东经济评论》从选举制度的观点，评论这次大选的结果时说："选举的程序无法改变政府及议会的构成。"[2] 把人民行动

[1] Josey, Alex, "The Singapore General Election 1972", Pg.117, 1972.
[2] Far Eastern Economic Review, Pg.176, 1972.

党的胜利归咎于选举制度，这是人们对于选举制度对选举结果影响的首次公开评论。但《海峡时报》（Straits Times）对此加以反驳，它说："没有任何选举程序，可以阻止选举有不同的结果。人民行动党获得全胜是新加坡人民行使了他们的权力，在各政党的候选人当中选出的，新加坡人民选择了人民行动党的成绩表现，甚于反对党的口头承诺。因此说人民行动党的胜利是由于选举程序的原因，是过于夸大其词的。"[①]我们同意政府的业绩表现是人民投票支持的原因，但选举制度的原因也不应完全忽视。反对党在这次大选中获得约 30% 的选票，但一席也没得到。这种席票严重失衡的现象，难道不是因为选举制度的原因吗？

对于社会主义阵线重新复出，但只取得 24.12% 的得票率，马来西亚政治评论员李万千认为："从社会主义阵线所获得的得票率来看，社会主义阵线已没有了作为，这是因为左翼党团错误地估计了主客观力量的对比和当时政治形势的发展，贸然走上议会外斗争为主的革命化道路，结果遭受到致命的打击而一蹶不振。虽然在 1972 年重新参加大选，但经过三次大选——1976 年、1980 年和 1984 年，都无法获得有力支持而在 1988 年宣布解散。"[②]

这次大选有两点值得注意：一是社会主义阵线重新复出，只取得 24.6% 的得票率，说明它为先前所做的抵制大选行动已付出了代价，失去了人民的信任；其次是这次大选中的 81 名反对党候选人中有 20 位失去了按金，占全部候选人的四分之一，其中

① Straits Times, 9 Jan., 1972.
②李万千，《社阵、两线制与替代阵线》，载《风云五十年——马来西亚政党政治》，马来西亚：燧人民事业，第 67-78 页，2007 年。

刚成立的联合国民阵线却占了 17 位。这说明，素质差与没有明确目标政党的候选人，无法获得人民的支持。

1976 年大选时，尽管之前有两次全军覆没，但仍有七个反对党参加这次的大选。这次大选又有三个新政党参加，包括在大选前刚成立的人民统一阵线（UPF），由来自社会主义阵线、新加坡华人党、人民统一党及正义党的党员组成，派出了 15 名候选人；另一个新政党——统一阵线（UF）是由上次大选后从工人党出走的党员在 1973 年成立的，派出了 6 人；还有由联合国民阵线出走的党员在 1972 年组成的正义党，派出了 2 人。这三个新政党虽然都是第一次参加大选，但它的候选人都是一些政坛老将，曾经参加过不同政党。其他参加大选的反对党有工人党、社会主义阵线及马来民族机构。

大选的主要课题是民生问题，如医药费、水电费及教育政策等。由于没有重大的国家课题，人民行动党将宣传重点放在政府的效率及为人民解决问题的能力上。李光耀说："人民行动党克服了一次又一次的危机，证明人民行动党可靠，不逃避责任及能为大家解决问题。"[1]选举结果是，人民行动党再次囊括所有议席，并在得票率方面增加了 2%，达到 72.4%。

这次大选是人民行动党第三次一党独大，取得了国会中所有国会议席。主要原因是这次参选的反对党太弱，没有一个有能力与人民行动党较量，虽然他们组成了新的政党，但这种新瓶装旧酒的做法，已在上次的大选中为人民所抛弃。故技重施仍旧不能获得人民的支持。值得注意的是，经过改组后的工人党吸收了一

①《南洋商报》，1976 年 12 月 23 日。

批有素质的党员和候选人，在这次大选中得票率增加了 4.78%。
社会主义阵线仍旧没有作为。

后来成为反对党领导人的詹时中，在这次大选中作为独立候选人孤军作战，挑战人民行动党的资深部长。詹时中在当时虽然籍籍无名，但由于他是一名年轻律师，成为这次大选的新闻焦点之一，这说明了人民盼望有素质的反对党候选人的出现。

1980 年大选参加的政党共有八个。人民行动党在提名日就不劳而获 37 个议席，只差一席就能执政。因为这次参选政党虽多，但候选人并不多。人民行动党在这次大选中也派出 15 位新人参选，进行较大规模的人才更新计划。这次大选与上次大选一样，只有短短九天的竞选期。

这次大选，反对党的主题又回到最基本的课题上，就是国会中应有反对党来制衡政府的功能，尤其是上一届大选以独立人士参选的詹时中成立的新政党——民主党，更以一党独大的危险与弊端，呼吁国人支持国会中应有反对党的概念。人民行动党则以人才更新为主轴，第四次获得全胜纪录。

人民行动党第四次在国会中一党独大，得票率也比上一次大选增加了 3.2%。这主要是人民行动党在这次大选中以接班人为主题，推出了许多有实力的新人，根据《白衣人——新加坡执政党秘辛》一书作者的说法，李光耀在大选前的群众大会上提出了人才更新的重要性，显然获得了人民的认同。[1]

詹时中首次组党参选即获得 30.08% 的得票率，居反对党之

---

[1] Yap Sonny, Richard Lim & Leong Weng Kam, "The Untold Story of Singapore Ruling Political Party", Pg.404, 2009.

冠，主要是因为有较高素质的党员。工人党也取得稳健的得票率，增加了 1.2%，达到 28.5%。社会主义阵线则停留在同一个水平，再次证明它无法获得更多人民的认同，只停留在部分残余的左翼支持者上。

这个阶段的四次大选，人民行动党都取得全胜，到底是什么原因使它连续四届一党独大？学者特里梅万（Tremewan）认为："从1968 年至 1980 年四次大选的结果看，反映了社会控制的加强及恐惧气氛的存在，投票给人民行动党是一种顺从的行为及担心后果的心态，因为党与国家控制了人民的房屋、教育、社区组织及受薪阶层人民的公积金等。"[1]作者认为，人民之所以一而再地选择人民行动党，除了别无选择外，也因为它的政绩取得了人民的认同，同时在经济发展中得到了实际成果，改善了人民的生活，在当时没有其他政党有能力做到这一点。

第四节
反对党进入国会，选战升温却不增席

一、1984 年大选——比较会考成绩，詹时中不败反胜

1984 年大选在 12 月 22 日举行，是人民行动党第三次（上

---

[1] Christopher Tremewan, "The Political Economy of Social Control in Singapore", 1994.

两次是在 1976 年和 1980 年）在圣诞节前的几天举行大选。因此，有人认为人民行动党是借节日效应来助选。

这次大选是继安顺补选后，国会里有了反对党的第一次大选。让反对党充满了希望。对人民行动党而言，经过了安顺补选的震荡后，小心翼翼地策划这次大选，虽然它在提名日已不劳而获了 30 个席位。这次参选的政党共有八个，派出最多候选人的是工人党（15 人），其次是统一阵线（13 人），人民行动党再次派出 26 名新人参加竞选。

这次大选的课题主要有以下两个，一个是提取公积金的年龄从目前的 55 岁提高到 60 岁。这是一个为解决人口老龄化的报告书提出的许多建议之一，在这次大选中掀起了轩然大波，因为人民担心公积金户头的老本让政府多扣五年。根据《远东经济评论》的报道，甚至有人建议举行公投表决，[1]由此可以看出这个问题的严重性。

另一个竞选课题是精英主义与人才的问题。因为在大选之前政府实施了两个颇受争议的政策，一个是由李光耀提议的大学毕业的母亲的孩子，可以在小学入学时享有优先权。另一个是低收入与受教育较低的母亲，如果在生育第二胎后实行节育手术，可获得 1 万新元的辅助金，用来购置政府组屋。这两项政策引起了许多人的不满，认为是歧视社会中的弱势群体，违反了公平的原则。

这次大选由于有了这些具争议性的问题，使得反对党首次在大选中的两个选区（安顺区的惹耶勒南与波东巴西区的詹时中）中取得胜利。这是自新加坡独立后的连续四届大选（不包括补选）

① "Far Eastern Economic Review", Pg.176, 1973.

中，反对党在大选中当选的第一次。更令人民行动党感到意外的是，它的得票率下降了将近 13%。而反对党中的工人党、民主党都获得相当高的得票率，并且有 6 个选区的反对党候选人以高票落选。人民行动党感受到了威胁。这次大选使人民行动党意识到，目前一人一票的选举制必须做出改革，才能避免一个"不可预料选举结果"的出现。

人民行动党重视精英，可以从它在波东巴西选区的大选战争中，将它的候选人与反对党候选人的会考成绩公布并加以比较中看出。

大选小故事：

比较会考成绩差，詹时中不败反胜首次当选

人民行动党在竞选中，为了表现它推出的精英候选人，将波东巴西候选人马宝山的中四会考成绩与他的对手詹时中比较。詹时中当时是民主党秘书长，是反对党候选人中受人瞩目的一个强人，李光耀在竞选群众大会中说：

"马宝山在十六岁时参加普通水准考试，考了六个特优、两个优等的成绩。詹先生，十八岁（我想是 1953 年），考了六个优等及一个及格，他的确不错，英文拿了及格。1954 年，他继续努力再考，结果英文考了一个优等。因此，他在表达时有困难不是因为他不懂英文，而是因为这里边（指着头部），你们在投票时最好想一想。"

李光耀在人民行动党在浮尔顿广场举行的午间群众大会中问道：谁是詹时中，我们找出他的会考成绩，他在普通水准会考中考了六个优等。

许多人相信，李光耀的这种看不起人的做法，及强调马宝山优异的学术成绩的精英主义与过分重视英文的说法，与这个时期人们对精英制度不满正好悖反，使成绩较差的詹时中不败反胜。人们倾向同情弱者的心态，是导致詹时中能够中选的许多原因之一，也导致马宝山败选。

对于这次大选的结果，总理兼人民行动党秘书长的李光耀在选举结果公布后的记者招待会上说："如果再有 14% 的选票转给反对党，反对党就可以拿到 40 席，人民行动党只有 39 席。"①因此，他要认真考虑改变一人一票的制度。他认为，反对党的得胜与人民行动党得票率的下降，是人们不负责任的（投票）行为所致。他在 1994 年接受《外交事务杂志》（*Foreign affairs*）采访时说："如与 30 岁的年轻人及 65 岁的老年人相比，相信年龄在 40 岁到 60 岁的中年人较有责任感，因为他们也为他们的子女投票，因此应给中年人 2 票。"②

李光耀对这次大选结果及后来接受采访的评论都是要让人民相信人民行动党的不可替代性，尤其是他在大选后的分析完全不符合逻辑。因为人民行动党已在提名日获得 30 个席位，就算反对党获得另外 14% 的选票，也只能获得不超过 10 席。人民行动党仍有 69 席（包括不劳而获的 30 席），以绝大多数席位继续执政，根本不可能出现他所说的情况。此外，他将反对党的当选与

① Straits Times, 24 Dec., 1984.
② Straits Times, 11 Mar., 1994.

得票率下降归咎于人们不负责任的行为，给人一个错误信息，认为投票给反对党是一种不负责任的行为，也令许多人感到不满，因为人民有自由投票的权力。

针对大选的评论，新加坡国立大学政治系的李文学（Lee Boon Hiok）教授认为："人民行动党应了解许多新的选民，没有经历过五六十年代的政治斗争，他们将经济发展与政治稳定视为理所当然。这些人一般都受过良好的教育及掌握双语，敢于发表个人的不同见解，他们重视政治的民主甚于经济发展与政治上生存的问题。"[①]马来西亚的《新海峡时报》则认为："许多人都认为选举的结果是健康的，朝向正确的方向发展，有反对党的声音是政治制度走向成熟的表现，但对李光耀来说是一种个人的打击。"[②]

针对人民行动党在这次大选中的得票率下降的原因，李文学教授认为："是人民行动党与人民之间的分歧，人民行动党按照他们统治新加坡的长期计划，实施了一些大胆的政策，他们要使新加坡成为一个达到瑞士水平的发达国家。因此，他们要求新加坡人民一同朝向这个愿景，而不是以眼前的利益来投票。另一方面，选民则要解决眼前的问题，由反对党所提出的两大竞选课题，大学毕业母亲的优先政策及延后提取公积金的问题。还有组屋价格的高涨达38%，及人民行动党家长式的统治作风等问题。"[③]政治学者陈庆珠教授也提出了相似的看法，他说："反对党得票

---

① Lee Boon Hiok, "Singapore in 1984", in "Southeast Asian affair 1985", P.300.
② New Straits Times（Malysia）, 2 Jan., 1985.
③ 同注1。

的增加并不是由于人们要选择反对党的替代政策，反对党并没有这个能力，而是要针对政府的统治作风及一些颇具争议性的政策，这些政策施行得太快，没有让人民有时间消化与接受。"①

这次大选，反对党在竞选区的得票率大幅度提高，其中以民主党及工人党的升幅最大，达到45%及41%，就连社会主义阵线、马来民族机构与统一阵线也分别达到37%、35%及33%。针对马来民族机构的高得票率，李光耀在大选后的记者会上说："一个有趣的事实是，马来民族机构，（如果）非马来人不投它一票，这个种族政党不可能得到那么多票数。换句话说，华人已改变了对这个政党的看法。"②但在下一次大选时，以相反的理由推出了集选区制。

这次大选第一次实行非选区议员制，工人党惹兰加由区候选人奈尔（D.Nair）得到48.8%的选票，按规定可以出任非选区议员，因为工人党反对这个制度而放弃。按理可以委任在加基武吉区得到第二高票（47.72%）的统一阵线主席陈志坚（Tan Chee Kian）出任，但他也谢绝，因而作罢。非选区议员制因此受挫。《海峡时报》对反对党的做法表示赞同，它说："从短期来看，工人党可以在国会中得到一个席位，但从长期看则是没有实质效果的。如果去接受一个不是赢得的席位，反对党的信用会受到质疑，同时人们也将他当作一个次级的反对党议员。"③

---

① Straits Times, 30 Dec., 1984.
② Straits Times, 5 Jan., 1985.
③ Straits Times, 14 Sept., 1988.

二、1988 年大选——首次挑战集选区，反对党以微差失败

1988 年大选是在 9 月 3 日举行的。经过上次大选的低得票率及国会中有 2 名反对党议员后，政府第一次实行选举制度的重大改革——集选区制度，将 81 个选区划分为 13 个三人一组的集选区，及 42 个单人的单选区。

在反对党方面，由于受到 1984 年选举结果的鼓舞，派出了自 1963 年大选以来的最多人数参选。由于反对党认为新设立的集选区对反对党不利，因此把主要目标集中在单选区上。参选的政党有 7 个，候选人数达到 71 名。由于反对党参选人数的增加，人民行动党不劳而获的席位只有 11 个。工人党在秘书长惹耶勒南被剥夺竞选资格，及有些党员被指控是“马克思主义的同谋者”而被逮捕的不利情况下，仍派出 32 人参选，是工人党有史以来派出参选人数最多的一次。其次是民主党派出 18 人，也是历来参选人数最多的一次。

虽然反对党对集选区存有戒心，但工人党这次派出了最强人选，前社会主义阵线的李绍祖医生及前任检察司的萧添寿参选，希望能攻下一个集选区，因此这两人的友诺士集选区成为这次大选的焦点。这两人一流的口才与丰富的经验，使他们召开的群众大会往往吸引了很多人前往聆听。他们一个是前最大政党的政坛老将，一个是前政府的风云人物。人们相信，这两人有一定的分量，可以与人民行动党的候选人一较高低。另一方面，人民行动党也临时调动人选，由高级政务部长郑永顺博士带队应战。

这次大选的课题与 1984 年不同，反对党主要是针对拟议中

的市镇理事会、民选总统与集选区制度等有关的课题。而人民行动党则一如既往，攻击反对党候选人的诚信与人格，尤其是工人党的萧添寿。在这次大选中，人民行动党再次推出 17 名新成员，作为该党人才更新计划的一部分。

集选区制度的实施，使人民行动党在这次大选中，在得票率没有上升、反降了 1.66 个百分点（63.17%）的情况下，还能赢得 81 席中的 80 席，只失去 1 席。民主党的詹时中在波东巴西区保住了他的议席。尽管反对党在这次大选中的总得票上升，却只赢得一个席位。作者认为，人民行动党能够在得票率下降的情况下仍赢得 80 席，是实行集选区制度的结果。另一方面，反对党派出的一些高学历与高素质的候选人也获得了选民的认可。

人民行动党得票率下降，《商业时报》（Business Times）认为是他们失去了少数民族的支持。[①]《联合早报》则认为，这是一次重要的选举，是新加坡选举史上的一道分水岭，人民行动党大部分元老已经退出政坛第一线，选举后将由新一代领袖负起领导任务。[②]

让工人党寄予厚望的前社会主义阵线主席李绍祖医生与萧添寿，这次代表工人党在友诺士集选区以 49.1% 的高票落选，是最高得票率落选人。按选举法的规定与选举结果，这次可以有两位非选区议员，李绍祖因此成了新加坡国会史上第一位非选区议员。他的竞选搭档萧添寿因为被法庭判处罚款超过 2000 新元，根据新加坡宪法第 45 条（1）（e）的规定，没有资格担任议员。

① Business Times, 9 Nov., 1988.
②《联合早报》，23 Aug., 1988.

萧添寿认为是政府故意不让他有机会担任这个职位，他说："李绍祖医生与我决定接受非选区议员的职位，但为了确保我不能得到，政府故意延迟国会至新年之后召开，到那时我便失去担任议员的资格，因为我是在缺席出庭的情况下被判罚款。"[①]这次大选后的第七届国会在 1989 年 1 月 9 日才开幕，距离大选已是四个月之后。

这次大选是实行集选区制度的第一次，虽然人民行动党的得票率继续下滑，但保住了政权，还收回一个议席，证明了这个制度对行动党有利。新加坡公开中心（Open Singapore Center）说："六个在上届大选中反对党高票落选的选区都被划入了集选区，否则人民行动党可能会失去这些选区，这些选区在 1984 年大选时，反对党只以微差落选。"[②]特里梅万（Tremewan）则认为："人民行动党的新候选人席位，如果不是因为被划入集选区及在部长的庇荫下，很有可能会落入反对党之手。因此集选区制度可以说成功地阻止了反对党取得更多席位。"[③]

三、1991 年大选——行动党失 4 议席，是洗手惹的祸？

1991 年大选在 8 月 31 日举行，距离上次大选还不到三年，

---

① Seow T. S. Francis, "To Catch the Tartar: A Dissident in Lee Kuan Yew's Prison", Pg.255-256, 1994.
② Open Singapore Center, "Election in Singapore: Are They Free and Fair", Pg.39, 2000.
③ Christopher Tremewan, "The Political Economy of Social Control in Singapore", Pg.167, 1994.

是历来选举间隔最短的一次。穆达立（Mutalib）说："这次大选提早举行，不仅让反对党措手不及，甚至连人民行动党本身的议员也感到有点错愕。"[1]这次闪电式的大选是吴作栋出任总理后第一次主持的大选。由于他是中途接任总理，他希望通过大选来获得人民的重新委托。

参加这次大选的反对党只有 5 个，派出最多候选人的是工人党（13名），其他依次是民主党（9名）、国民团结党（8名）、正义党、马来民族机构（各4名），及独立人士（7名）。这次参选的反对党人数不如上届。新闻工作者乔治（George）认为是因为反对党在这次大选之前达成了竞选策略协议，只竞选少于一半的议席，让人民行动党在提名日就获得政权，这就是所谓的"补选策略"。[2]反对党认为，既然人民愿意选择人民行动党执政，让人民行动党先取得执政权，然后在选举时就可以放心地再把票投给反对党。因此，反对党只竞选40个议席，让人民行动党在提名日就不劳而获41席，超过总议席的一半，在提名日即获得继续执政权。

这次选举的主要课题是市镇理事会的管理。人民行动党一再提醒组屋的居民，他们不仅仅是选出议会的代表，国会议员作为市镇理事会主席，也将负责维修与改进他们所居住的邻里。乔治（George）认为，这种警告似乎并没有产生效果，甚至可能还会产生反效果。[3]大选的结果证实了这个观点。

---

[1] Hussin Mutalib, "Parties and Politics—A Study of Opposition Parties and the PAP in Singapore", Pg.148, 2003.
[2] George Cherian, Singapore："The Air-conditioned Nation", Pg.93, 2000.
[3] 同注 2，第 89 页。

在上次大选中被剥夺选举资格的工人党秘书长惹耶勒南再次不能参选，他在 1986 年 11 月被控涉嫌转移工人党账户中 2600 新元的款项，被判坐牢 1 个月及罚款 5000 新元，按照宪法规定已失去参选资格。如果这次选举是在五年任期满后举行，根据推算，他的剥夺期将届满，即可参选，但因大选提早举行而使他失去了这个机会。他因此指责政府提早选举是不让他有机会参选。为此，总理提出补选建议，以反驳惹耶勒南不让他参选的指责。

大选的结果令许多人意外，人民行动党再失去 2 席，反对党在保持 2 席的情况下，共获得 4 个单选区。其中民主党是最大赢家，共获得 3 席。工人党在没有惹耶勒南的情况下，获得 1 席。这是新加坡独立以来反对党在大选中所获得的最好成绩，也是人民行动党失去最多议席的一次。在人民行动党失去的议席中有 1 名是现任部长薛爱美，非常令人意外。

一直以来，人们都以为由现任部长领军参选，以部长的威望可以获得较高胜选的机会。但在这次大选中，竟然有一位部长遭遇了滑铁卢，问题到底出在什么地方？

大选小故事：

部长败选是"洗手"惹的祸？

前社会发展部代部长薛爱美博士在 1991 年 8 月 31 日的武吉甘柏区大选中，以 654 张选票的微差败给当时的民主党主席林孝淳。这是人民行动党执政以来第一个败选的在职部长。她的败选原因许多人都认为是她在竞选拜票时，跟鱼贩握手后立即洗手的谣言，给人一种不亲民的印象。在这一年的大选中，人民行动党一下失去四个选区，得票率也创了新低。

薛爱美与鱼贩握手后洗手的事件中，当时她或人民行动党都没有辟谣，许多人都把谣言当真，以为这是一个真实的个案。更认为她这样做是看不起一般的市井小民，这种看不起市井小民的精英怎么会为人民服务，她因此以微差败选。薛爱美在20年后，形容这是她"政治生涯中最黑暗的一刻"。洗手事件的发生是吴作栋旧事重提，才会变成全国性话题。事实上，洗手事件发生在1988年大选时，而不是在1991年大选。

事件的发生是，时任总理的吴作栋在1991年武吉甘柏区的竞选群众大会上，提到薛爱美是化验师，有经常洗手的职业病。他已提醒薛爱美要改掉这个习惯。洗手事件虽然发生在1988年大选中，但由于反对党在这次大选时旧事重提，使薛爱美在1991年大选时以微差落败。

令人意外的是在事隔近20年后，已66岁的薛爱美在2012年后接受人民行动党党报——《行动报》采访时重提旧事，澄清当时与她握手的那个人其实不是鱼贩，而是卖猪肉的小贩。她说："我跟他握手后去洗手是因为我当时在想，如果下一个与我握手的人是名回教徒，那就会冒犯他的宗教信仰了。"她认为自己在这场误会中成了政治炮灰。她的澄清证明了她与人握手后洗手的事件的确发生了，对象是鱼贩还是猪肉贩已不重要。而她以宗教理由来做解释是一种欲盖弥彰，与猪肉贩握手后不能接触回教徒是她自己的看法。

当被问她为什么不对"洗手事件"做出澄清时，她的回答更令人莫名其妙。她说：记者没问，当时的总理（现国务资政吴作栋）也没有问。如果两者都向我求证，我一定会对他们解释，要不是总理在群众大会上提起，我根本都不知道有这么一个课题存在。在薛爱美看来，如果这起事件早些得以澄清，人民行动党就可加以解释，并化解事件引起的误会。她的解释令人不知所云，总理已在群众大会上提出，那还需要问？既然区内已在谣传这个事件，她应主动澄清才是。而她应澄清的第一对象是选民，不是总理或记者！

不过，她不认为"洗手事件"是令她败选的原因，并强调武吉甘柏区选民当时不满的课题有很多，如物价上涨、巴士路线被取消等。她说："随着人们所受的教育越来越多，单凭行动党候选人的身份是不足以保证你一定能赢得选举的，即使你是担任政治职务者也是一样。"

1991年大选，人民行动党输掉4席，就输在转型后的人民行动党与基层脱节，引起选民日益反感！当年除了薛爱美事件，因在菜市场拜票后立即洗手的谣言而败选外，还有义顺中单选区让民主党的蒋才正以432票险胜，也是谣传中元节时建屋局不再提供焚烧冥纸炉，却向百姓在地上烧冥纸开罚单，引起民愤，使人民行动党的候选人吴搏蹈败选。1991年大选，人民行动党的总得票率只有60.97%，是国会选举以来最低的一次。不过，2011年的60.14%又创了人民行动党新低。

1991年大选，人民行动党失去4个议席，当然不全是"洗手事件"或"烧冥纸事件"惹的祸，不过在大选中，任何谣言都会动摇游离票的走向，只要候选人的实力不够雄厚，就无法抗拒谣言的力量。

反对党阵营在大选中共获得近 40% 的得票率，是独立以来最好的一次。当然不可能全是因为"部长洗手"为他们带来的，主要是"补选策略"的成功，让人民有信心不会有意料之外的选举结果，使政权易手。人们因为不用担心会换政府，可以放心地投票，让少数反对党进入国会以制衡政府。穆达立（Mutalib）认为"不能低估反对党之间的合作所产生的作用，这种合作增加了他们的得票率"。[1]当然反对党之间的互相合作，避免了出现三角战而使宝贵的选票分散。

大选的结果令人民行动党感到十分震惊，除了失去 4 个议席外，得票率也创了另一个新低。[2]时任党主席的王鼎昌在对报界演讲时认为，应认真看待华社的不满情绪。他说："受华文教育者认为政府忽略他们，及对受英文教育者的强烈要求所做的让步感到不满。"[3]总理吴作栋过后却在党代表大会上公开表示不同意他的看法，党的最高领导人公开表达不同看法，这在人民行动党中是罕见的。

人民行动党所失去的选区中，其中三个反对党的候选人都是来自华社基层的人士，两位还是被关闭前南洋大学的毕业生。因此，政府很认真地看待这个问题，并采取了补救办法。大选后，对华社进行了种种安抚工作，包括委派受华文教育的部长与议员组成小组，到华社团体访问与对话，[4]以重新赢回华社对政府的支

①Hussin Mutalib, "Parties and Politics-A Study of Opposition Parties and the PAP in Singapore", Pg.264-265, 2003.

②同注 1，第 389 页。

③Straits Times, 27 Nov., 2010.

④同注 3。

持，因为占人口 74% 的华社选票，可以左右大选的结果。

由于国会中已有了 4 名反对党议员，超过了非选区议员的人数，所以这次国会没有提名非选区议员。虽然在 1991 年，国会曾建议将非选区议员的数目增加到 6 名，如果采纳这项建议，国会应可再有 2 名非选区议员，但政府似乎无意采纳这个建议来增加反对党议员的人数，也没有解释原因。作者认为是受到这次大选结果的打击之后，无意再让反对党增强实力。实际上由于选举制度的原因，反对党在获得 40% 选票后，只能有 4 位议员。按穆达立（Mutalib）教授的看法："如果根据比例代表制的选举制度，反对党获得 40% 的选票；如果按比例代表制计算，应可得到 30 到 32 个席位。"[1]因此，政府推行非选区议员的用意，并不是单纯地为了在国会中增加反对党的人数。

这次大选最大的赢家是民主党，除了获得 3 个议席，得票率也增加到 48.6%，成绩令人刮目相看。如果以此发展下去，民主党非常有可能发展成新加坡未来政坛的第二大党。但民主党后来发生党争，造成民主党的分裂，使这次的成绩成为昙花一现。民主党的分裂，除削弱了本身的实力，也使一部分选民对反对党感到失望，造成反对党在接下来的几次大选中都无法超越 1991 年的选举成绩，并且一直保持着只有两个反对党议席的局面，直到2011 年大选。

---

[1] Hussin Mutalib, "Parties and Politics-A Study of Opposition Parties and the PAP in Singapore", Pg.264, 2003.

四、1997 年大选——最后一位英雄邓亮洪

1997 年大选的举行，距离上一次大选在时间上是最长的一次。政府用尽了五年的执政期，这是新加坡有选举以来从未有过的情况，过去选举的间隔时间一般在四年左右。这说明 1991 年选举的结果对人民行动党所产生的冲击之大，使人民行动党对下一次大选的举行日期犹豫不决。

大选提名日在 1996 年 12 月 23 日，而投票日则在次年的 1 月 2 日，竞选期间经过两个大节日（圣诞节和新年）。节日的繁忙与欢乐冲淡了人们对大选的热情与不满的情绪。参加这次大选的反对党只有五个，工人党仍旧派出最大阵容的 14 位，其次是民主党 12 位，国民团结党 7 位，民主进步党 2 位，从民主党分裂出来的新政党——人民党则派出 3 位。值得一提的是，有一位曾任官委议员的独立人士参加这次大选，他是第一位退任官委议员参加大选。

人民行动党在大选提名日即不劳而获 47 个议席，并以过半议席获得了执政权。很显然，反对党仍旧是应用旧的"补选策略"。人民行动党在经历了上届大选的补选策略的冲击后，决定采用"地方选举策略"来应对。在选举之前，各选区的议员纷纷公布各自选区未来的发展计划蓝图，让人民知道如果把票投给反对党，他们的选区将不能实行这些计划，也就无法从这些计划中得到好处。根据李光耀的说法，这个策略对选民来说具有更加深刻的意义，因"赌注"增大了。他说："选民必须决定他们需要的是一个只能在国会中发言，或虽然不在国会中发言，却能带领一个很好的

团队来管理他们的市镇理事会，或能与其他的集选区议员，在社区发展理事会一起合作的国会议员。"[1]

这次大选，政府再次修改了国会选举法令，将集选区的规模再次扩大到 6 人一组。单选区的数目减少至最少 8 个，理由是配合社区发展理事会的需要。国会议员人数也增加到 83 人。修改后的集选区构成是 6 人组 4 个，5 人组 6 个，4 人组 5 个。单选区则从 21 个减少到只有 9 个。集选区的扩大，根据政治评论者达·库尼亚（Da Cunha）的看法，是"人民行动党为了确保统治权，使反对党变成'跛脚鸭'的一种手段"。[2]

人民行动党共派出历来最多的 24 位新候选人，李光耀认为："这是人民行动党自 1955 年后的 40 年间，在经过 10 次大选以来最佳的新人选。"[3]"这些以专业人士为主的新人包括了公务员、律师、医生、新闻从业员、大学教授、工会领袖及经理人员。"[4]

反对党方面也不甘示弱，国民团结党推出两名执业医生，工人党推出 1 名活跃于华社的执业律师。独立人士只有 1 名，是刚卸任的官委议员谢世德，这是第一次有前官委议员参选。

大选的课题主要是组屋翻新的问题，人民行动党把大选与组屋翻新挂钩，凡是在大选中对人民行动党表示强烈支持的选区，将能在组屋翻新的计划中优先进行。达·库尼亚（Da Cunha）说："显然，为翻新而投票已淹没了其他选举的课题，并且有效地抑

---

① Straits Times, 24 Dec., 1996.
② Derek Da Cunha, "The Price of Victory: The 1997 Singapore General Election and Beyond", Pg.9, 1997.
③ Straits Times, 27 May, 1997.
④同注 2，第 20 页。

制了反对党的补选策略。"[1]人民行动党把组屋翻新与选举挂钩的做法引起了国际关注，美国政府发言人批评说："任何地区的人民在行使公民的权力时，不应对政府的反应感到畏惧。"[2]吴作栋对美国的批评做出激烈的反应，认为这是干预新加坡的内政。[3]

为了进一步贯彻选举与组屋翻新的政策，政府在投票日的前一天宣布分散选票计算的计划。[4]在这个计划下，每个选区将分成几个分区，每个分区大约有5000名选民，约等于居民委员会的一个分区。因此各个选区的候选人在计票进行时，可以清楚地知道每个分区的投票情况。政府将根据这个分区的投票结果，决定组屋翻新的优先秩序。实际上这个分区计票的方法，早在1966年就由选举局长宣布了，是为了加快计票的速度，因为集选区尤其是大的集选区将花更多的计票时间。这原本只是一项行政措施，最后却成了人民行动党的一张选举王牌。达·库尼亚（Da Cunha）认为，这是人民行动党政府的"随时做好准备，并在需要时将它变成一个最大效果的典型例子"。[5]

这次选举活动的另一个特点，根据穆达立（Mutalib）的看法，是人民行动党采取了针对个别的、具有威胁性的反对党候选人进行激烈攻击的做法。如选择针对民主党秘书长徐顺全做人格上的攻击，指责他是一个不诚实的骗子，在国会保健遴选委员会上提供不实的数据，如利用大学研究费为妻子邮寄论文及在报销

① Da Cunha, "The Price of Victory: The 1997 Singapore General Election and Beyond", Pg.2, 1997.
② Straits Times, 27 Dec., 1996.
③《联合早报》，2001年11月4日。
④ Straits Times, 28 Dec., 1996.
⑤同注1，第41页。

计程车费用时多报等。另一个被攻击的对象是工人党候选人邓亮洪，他被指责为华文沙文主义者及反基督教。[①]邓亮洪是一位活跃于华社的执业律师，他与连续几届失去选举资格的政坛强人惹耶勒南一起组队攻打静山集选区，顿时使静山区的选举成为舆论的焦点。李光耀向媒体表示，如果人民行动党输掉静山集选区，将是整个新加坡的大失败，可见人民行动党是多么重视这个区的选情。邓亮洪在大选期间不断被指责为反基督教与大汉沙文主义极端分子，他因此受到死亡恐吓，在大选后就逃到马来西亚新山市，从此流亡海外。人们因此以他英文名的三个首字母 TLH，戏称他为"最后一位英雄"（The Last Hero）。

已流亡海外的邓亮洪在他所著的《与李光耀较量——新加坡异见者邓亮洪回忆录》一节中详细地记录了他在大选结果揭晓后，如何躲过跟踪、收到死亡恐吓及到警局要求保护，最后决定到距离新加坡最近的柔佛州新山市暂避，并最终决定逃亡的故事。

穆达立（Mutalib）将这种做法称为另一种形式的选举暴力，他说："选举有如政治是一件残酷的事，在新加坡也不能例外。虽然在新加坡的竞选活动，没有像其他亚洲国家一样有暴力与伤亡事件发生，但这不意味着新加坡没有其他形式的暴力。"[②]

1997 年大选的结果对民主党来说是暗淡的，在 1991 年得到的 3 个议席全部失去，并从此告别国会至今。达·库尼亚（Da Cunha）认为，经过这次大选，反对党的实力已倒退到十年前的

① Hussin Mutalib, "Parties and Politics-A Study of Opposition Parties and the PAP in Singapore", Pg.151, 2003.
② 同注 1，第 41 页。

水平。[①]民主党在大选之前发生党争，已失去原来的实力，创党人詹时中已退出民主党，加入人民党。另外一部分追随者的退出，更使民主党的实力大减。相反，人民行动党的得票率在连续三届大选下降后，这一次回升了 4%，并赢回 2 个失去的议席。

对于 1997 年大选结果并没有一致的定论，有人认为是人民行动党将大选与组屋翻新挂钩的结果。但人民行动党认为，这是因为人民行动党给新加坡人民呈现了一套完善的计划，如"二十一世纪美丽的家园"计划，而组屋翻新的计划只是这个总体计划中的一部分。[②]政治观察家却认同翻新计划和分区计票的影响，是人民行动党取胜的两个关键因素。[③]作者认为，除了这两个因素外，扩大集选区的规模及减少单选区的数目，对反对党来说是极为不利的。此外，总理吴作栋亲自参与静山集选区的竞选，在最后一分钟扭转了劣势，对人民行动党不致失去这个竞争非常激烈的集选区，也起了决定性的作用。此外，反对党本身的内在因素也失去了一些中间选民的支持。民主党与工人党在这次大选前分别发生了党争与内部纠纷，詹时中在大选前离开民主党并采取法律行动，成功地控告民主党中委会诽谤。前社会主义阵线主席李绍祖医生在加入工人党后也在大选前宣布退出工人党，原因是无法与工人党秘书长惹耶勒南取得共识。这两个反对党的党争与纠纷，大大影响了人民对反对党的信心与支持。

另一方面，在这次大选时，曾任官委议员的谢世德以独立人

---

① Derek Da Cunha, "The Price of Victory: The 1997 Singapore General Election and Beyond", Pg.111-112, 1997.
② Business Times, 19 Jan., 1997.
③ Asia Times, 6 Jan., 1997.

士参选，他在提名前曾扬言要组队参选集选区，给人民一个第三选择。但没能组成。最后只好以独立人士参选。令人不解的是，当他无法找到足够的人数参选集选区时，反过来把矛头指向反对党，他说："如果民主党及詹时中能继续寻找新的人才，就没必要让我这个独立人士加入，但从他们最近的走向来看，我不认为对国家有利。"他的说法让人很难理解，尤其是他曾经在参选前寻求人民行动党的支持，但遭到拒绝。

从大选的结果来看，谢世德的第三势力构想，不但无法得到选民的共鸣，而且他14.06%的得票率也低得令人难以置信，还不如籍籍无名的反对党候选人。是人民对官委议员的排斥心态，还是人们对官委议员有更大的曝光率优势的误读？作者以为，他的失败是因为对新加坡政治生态的误读及不能明确自己的身份，新加坡政坛的第二势力尚在挣扎求存，何来第三势力？

五、2001年大选——徐顺全当街高喊总理，既失礼又失票

2001年大选是在世界性经济衰退、失业率增高的情况下闪电宣布举行的，虽然距离政府的任期还有一年，但政府迫不及待地宣布大选。

人民行动党在提名日即不劳而获55个议席，赢得了执政权。剩下的29个席位由5个政党角逐，其中以新成立的民主联盟派出最多，共派出13位，民主党次之有11位，工人党与民主进步党各派出2位，及2位独立人士。工人党原本计划角逐两个单选区

及一个集选区，但参加阿裕尼集选区的候选人因为在提名表格上犯了错误而被取消了参选资格，因此成了候选人最少的主要政党。

这次大选的主要政党民主联盟是由詹时中领导的，这只是一个松散的反对党联盟，成员包括人民党、国民团结党、正义党与马来民族机构。虽然不能邀得所有反对党参与，但却是反对党第一次以小联盟的形式参选。这是一个好的开始，使反对党在竞争上消耗较少的资源，可惜这个联盟后来变得名存实亡。

反对党对这次仓促的选举颇有微词，但根据许林珠与黄玉琳（Gillian Koh and Ooi Giok Ling）的说法，人民行动党认为在一个快速变化与不确定的时代，他们需要的是一个迅速与决定性的委托，以采取坚决的措施来拯救经济及处理内部安全相关的问题。因为这正是新加坡面临经济衰退、失业率增加的时候。美国又在9月11日发生了"9·11"恐怖袭击事件，使经济衰退问题雪上加霜。根据预测，在2001年第三季度的经济成长仍为负数，并且在政府任期届满前不可能改变。因此，人民行动党政府决定选择在这个时候举行大选来争取选民的委托，这是人民行动党又一次实行"危机政治"的惯用手法。[1]

在经济衰退的时候举行大选，是否能增加人民对政府的支持，获得更大的胜算呢？一般人相信在经济发生衰退时，人们不愿冒更大风险，而会偏向于考虑与选择他们已相信了多年的领袖。根据许林珠与黄玉琳的说法，吴作栋对于人们指责政府利用经济衰退来争取选票的做法进行驳斥。他说："没有任何选举是'包赢'

---

[1] Gillian Koh & Ooi Giok Ling, 'Singapore a Home, a Nation', in "Southeast Asian Studies", Pg.272, 2002.

的，人民会担心丢失工作，因此不论政府做得多么好，人民一旦失去他们的工作，就会对政府产生不满。"①

选举课题主要是围绕经济的问题，但在选举时强调经济衰退与失业问题，被认为是一种不寻常的举动。人民行动党反其道而行，利用这个机会采取了实际有效和长期的策略与措施来解决问题，不但要将经济恢复到原来的水平，同时还要考虑将来的增长。因此政府采取了一连串预算以外的措施，如分发新的新加坡股票及颁发经济救济金，并通过社区发展理事会进行工作配对与技能培训，帮助失业人士寻找工作以减少失业人数。这些措施都让人民对政府充满信心与感激，愿意将手中的选票投给执政的人民行动党。

除了正面采取措施拯救经济外，为了防止反对党利用经济衰退的课题争取选票，政府在大选前即已处心积虑地做好了准备，降低反对党当选的机会。2001 年 4 月，在大选举行的半年前，政府就通过了《新加坡广播局修正法案》，限制外国人干预大选的机会。虽然政府早已对平面媒体做了类似的限制，但对广播媒体的限制是从 2001 年才开始的。同年 8 月，政府再次修改《国会选举法令》，明确规定新加坡广播局有权决定网上的内容是否含有政治性，政党本身的网络只能宣传本党的政纲；非政党的网站，包括个人电邮与电话短信，不能宣传与转发任何政党的信息；此外，政府通过了政治捐款法案，规定政党与政治团体不能接受超过 5000 新元的来自外国的捐款。为了防止人们以其他团体的形式接受外国的捐款，法案还授权内政部长决定哪些团体应被列为

---

① Gillian Koh & Ooi Giok Ling, 'Singapore a Home, a Nation', in "Southeast Asian Studies", Pg.272, 2002.

政治团体。这些规定大大影响了反对党的竞选能力与扩散信息的机会与工具，尤其是在互联网已成为人们联系的重要工具的今天。

为了进一步防止大选受到外力影响，政府拖延了原定在 2001 年大选中让旅居在海外国人在海外投票的决定，理由是基于安全的考量。因为在 "9·11" 事件之后，驻华盛顿的使馆有可能遭到恐怖分子的攻击。但政府也不准备在其他国家的使馆举行，因此，政府实际上并不愿意在这个时候实行海外投票。因为政府怀疑海外的新加坡人能否如真正的新加坡人一样，把自己的前途与新加坡的前途绑在一起，因此拖延海外投票的决定就不会令人惊奇了。

大选的结果是人民行动党以 75.29% 的得票率当选，这与 1997 年时的得票率相比增加了 10% 有余。辛格（Bilveer Singh）教授认为这是对吴作栋表示支持，因为这是他任总理的最后一次大选。[1]反对党虽然只派出 28 个候选人，并再次以补选策略出击，但总得票率下降了 10% 有余，下降的部分主要来自民主党。此外，工人党只在两个区竞选，无法为反对党争得更高的得票率。

民主党得票率大幅下降了约 13%，从 1997 年的 33.1% 降到 20.4%，主要原因是民主党秘书长徐顺全在进行竞选活动时巧遇吴作栋，公开对他喊叫 "所谓援助印尼的贷款哪里去了"，在被起诉诽谤后，宣布公开道歉，但后来又收回道歉。徐顺全出尔反尔、对国家首长不敬的行为，及不成熟的政治风度，令许多人对他感到失望与不满，给民主党造成很大的负面效应。

徐顺全以为在公开场合责问与羞辱国家首长，能够得到人民的认同。但他不知道，在华人占多数的新加坡，这种行为是不被

① Bilveer Singh, "Politics and Government in Singapore", Pg.171, 2007.

认可的。因此，此事件不仅影响了徐顺全个人的威望，也使民主党作为一个拥有三个议席的反对党，一直无法再跨进国会。

大选小故事：

对总理高声喊叫，徐顺全被指为流氓政客

2001年大选前的一个星期天（2001年10月28日），早上8点，吴作栋到裕廊一道的市场与熟食中心为行动党候选人拜票。约40分钟后，作为裕廊集选区候选人的徐顺全与他的党工也在同一中心出现。他见到总理时高声叫嚷："吴先生！吴先生！你借给苏哈托（印度尼西亚总统）的170亿新元在哪里？政府借给苏哈托的170亿新元去了哪里？"吴作栋不理会他，继续他的拜票工作，但徐顺全一直紧跟其后，一直追问："吴先生，钱在哪里？这是我们的钱，不是吴先生或政府的钱，是人民的钱。"对于徐顺全高喊的状态，据吴作栋说："看他近似发狂的样子，真的吓了一跳。"但总理一笑置之，很有风度地向徐顺全微笑，继续他的拜票。

徐顺全不肯罢休，他大声对居民说，等下见到总理，请记得问他钱去了哪里。他还找来扩音喇叭广播他的论点。过后吴总理到附近的另一栋熟食中心，徐顺全又紧跟吴总理，发出同样的问话。

在大选时，两个不同政党的竞选队伍在一道上相遇，这种情况过去时有发生，一般是双方握手问候或挥手示意，又忙着进行宣传，从来没有发生过什么不愉快的事，这本是成熟社会中的文明事。在同一天，工人党的候选人在义顺区相遇，双方打招呼并拍肩问候。这与早上徐顺全巧遇吴作栋时，竟然向他高声叫嚷的情景，形成强烈对照。

许多人对徐顺全在遇到总理时进行质问的方式，很不认同与气愤，尤其吴作栋身居总理要职，理应受到应有的尊重。因此，人们纷纷指责他没有风度及不尊重国家领导人的行为。以下是各部长、国会议员与公众人士指责的言论：

李光耀资政：新加坡人从电视上看到民主党秘书长对吴作栋总理的高喊行为感到愤怒。

陈庆炎副总理：徐顺全对总理的态度，无法辩解和无礼。

姚照东部长：没大没小。

陈晓明议员：徐顺全的行为是羞耻、野蛮及很粗鲁的流氓政治。

公众人士也在报章发表看法，说这种粗暴无礼的举动只能用斯文败类来形容，我们不需要一个流氓政客及徐顺全的行为将成为笑柄，等。

过后，徐顺全就个人举止冒犯了吴总理，写信向总理道歉，他在信中说："政治是不应存有任何人身攻击的，因此，如果我个人在我们碰面时的举止对您有冒犯之处，我愿意做出最诚恳的道歉。"

徐顺全后来又收回道歉，他出尔反尔的行为也令许多人不解。李光耀和吴作栋后来以他的言论构成诽谤提出诉讼，被判赔偿李光耀30万新元、吴作栋20万新元。这事也让他后来因无法支付赔偿而破产，因此也失去了参加下一届大选的资格。

徐顺全的这个行为让他付出了沉痛代价，他当年的得票率只有20%，远远不如其他的反对党候选人。他不但被控诽谤及无力支付赔偿而破产，也失去了参选机会。他所领导的民主党也从此一蹶不振，得票率大幅度下降。

另外一个影响反对党形象的是，民主联盟在 11 月 2 日晚举行的群众大会后发生了"骚乱"事件，詹时中指责是媒体的负面报道，[①]但这对反对党的形象多少会造成负面影响。选举的结果显示，反对党方面工人党得票最高，获得 39.3% 的得票率。民主党则从 1997 年的 33.1% 下降了约 13%。

针对反对党得票率的下降，工人党秘书长刘程强认为选举的结果并不足以断定新加坡人民不要反对党，他说："目前的经济衰退，使得选民不敢投票给反对党。"[②]新加坡《联合早报》评论员则认为："反对党这次的惨败对它们是一个警醒，特别是反对党的传统角色，是否就此在新加坡的政治舞台上成了可有可无的象征呢？这些都是关系到反对党生存的大问题，反对党很难'以不变应万变'。"[③]但马来西亚《星洲日报》分析员持相反的意见，他们认为："2001 年的大选是在美国"9·11"事件后举行的，人民强烈的国家危机感，都希望有一个强大的执政党。因此，这次的大选并不能代表新加坡选民对反对党的真正态度。"[④]正如 1968 年选举恰逢英军撤退的危机，新加坡人民同样也使人民行动党得到最高的得票率，授权他们全力处理危机。

政治学者胡欣·穆达立（Hussin Mutalib）在解释反对党得票率降低的原因时说："2001 年的大选似乎是反对党表现的休止符，这也许是人民行动党不寻常的严厉做法，及在政治上的创新策略所致，或者是人民认为只有经历过考验的人民行动党，才是唯一

---

①《联合早报》，2001 年 11 月 4 日。
②《联合早报》，2001 年 11 月 15 日。
③同注 2。
④《星洲日报》，2001 年 1 月 6 日。

能够解决新加坡当前所面对的经济危机的政党，这足以解释反对党得票减少的原因。"①

人民行动党对人们评论大选结果与经济危机的有关说法并不同意，总理新闻秘书王景荣在回应报章读者的批评时说："这次大选是在世界面对两个危机时举行，四年前新加坡刚面对亚洲金融危机，在这两次危机中行动党政府已经证明了它的能力，行动党的部长也展示了他们所具备的能力和正直的品格。与本地区其他经济体比较，行动党领导下的新加坡显然表现优异。因此，新加坡人非常愿意把带领新加坡走出这次危机的任务，交给人民行动党。"②

六、2006 年大选——戈麦斯事件成了选举热门

新加坡独立后的第十次大选是在 2006 年 4 月 27 日提名，只有短短九天的竞选活动期。与之前的三届大选不同的是，人民行动党在提名日不劳而获的席位只有 37 席，无法在提名日就获得执政权。这是因为反对党阵营显然已放弃了补选策略。这次大选是第三任总理李显龙当权后的第一次大选，人民行动党也一如既往地派出 24 名新人上阵，他们都是来自各个领域的精英代表。

另一方面，反对党在这次派出的候选人也令人刮目相看，除了派出更多年轻的候选人外，候选人的素质也普遍提高。香港《信

① Hussin Mutalib, "Parties and Politics-A Study of Opposition Parties and the PAP in Singapore", Pg.29, 2003.
②《联合早报》，2001 年 11 月 22 日。

报》认为，反对党已一改过去社会失败者的形象。尤其是工人党，竟然能说服不少受英文教育者和懂得双语的年轻人投入反对党阵营，令执政当局相当错愕，也一洗反对党都是社会失败者的形象。[①]

学者何启良（Ho Khai Leong）认为，这次大选的选区划分，政府一改过去只在选举前几天才公布的做法，在大选前的两个月就公布了选区划分委员会报告书，在修改幅度上也较小，只有两个单选区被划入集选区及设立两个新的单选区。这个修改不如许多观察者所期待的彻底与激烈，让许多人感到意外。[②]

政府采取了与2001年大选时相同的策略，先让人民尝到甜头，从财政预算中拨出总值2.06亿新元的"发展配套"，其中五百万新元作为填补公积金的户头，四亿新元作为工作花红，两亿新元作为国民服役人员的花红。因此，学者何启良认为："这无异是一种买票行为。"[③]但政府否认这项指责。

大选课题主要有外来人才与外来劳工对新加坡经济与社会的影响，贫富差距的扩大，医药费的高涨与全国肾脏基金会的丑闻等。但在竞选活动开始时，所谓的"戈麦斯事件"成为大选的热门话题。人民行动党对戈麦斯及工人党进行了猛烈的人身攻击，激起了人民的反感，使工人党得到不少同情票。虽然这只是这次竞选活动的插曲，但说明人民行动党一贯的竞选策略之一是对反对党候选人品格进行攻击，但这次玩过火了，造成了反效果。虽

①《信报》，2006年5月12日。
② Ho Khai Leong，'Singapore Campaigning for the Future'，in "Southeast Asian Affair 2007"，Pg.289，2007.
③ Ho Khai Leong，'Singapore Campaigning for the Future'，in "Southeast Asian Affair 2007"，Pg.289，2007.

然如此,穆达立(Mutalib)相信:"人民行动党对反对党候选人品格的缺陷与个人污点的攻击,将会在将来继续进行,因为这对他们有利。"[1]这也是反对党在寻找候选人时面对的许多困难之一。

大选小故事:

看反对党候选人如何被抹黑
——2006 大选戈麦斯事件

戈麦斯(Gomez James)作为少数民族候选人,按规定如果要参与集选区竞选,在选举前必须到选举局领取一张少数民族的证明书。因此在选举前几天,他到选举局办理手续,当他填完表格后因为要接受记者采访,随手将表格放进了文件袋,采访结束后,忘了表格还在文件袋内就离开了。到了提名日前,由于还没收到证明书,戈麦斯向选举局官员询问是否收到了他的申请表格,选举局官员说没有。戈麦斯说,如果官员把表格弄丢了后果自负,请官员再仔细找一下看看,然后留下手机号让他们通知他结果。

选举局官员通过监控录像,确认戈麦斯并没有提交申请表格,于是先设好一个录音电话,然后打电话给戈麦斯,不告诉他检查结果,而是先诱使戈麦斯再解释一下事件经过。戈麦斯重申自己当场填写了表格并提交了,身边还有工人党主席林瑞莲,同时还明确提到有一台录像机可查。这时选举局的官员才说,他们已经看了录像,表格没有提交。戈麦斯这时说:"我很高兴听到你的解释,那我自己再找找吧。"

---

[1] Hussin Mutalib, "Parties and Politics-A Study of Opposition Parties and the PAP in Singapore", Pg.42, 2003.

这些录音电话、录像资料立即通过媒体公开，用于攻击戈麦斯的人品与诚信。报章电视上天天占据头条，报道了资政、总理、部长的讲话，直接或间接指责戈麦斯玩弄政治把戏，企图抹黑选举局和政府，说他是人格不健全的骗子，根本不适合当人民的代议士。这样的宣传长达七天之久，并把它提升到整个反对党的诚信高度。以下选择的几则《联合早报》报道这一事件的大标题就可见一斑：

"杨荣文：戈麦斯表格事件，工人党欠选民一个'问责'"（4月29日）

"黄根成指责戈麦斯，有预谋对政府玩弄肮脏的把戏"（5月3日）

"李资政：戈麦斯是骗子"（5月3日）

"黄根成：戈麦斯制造假象误导选民"（5月3日）

"许文远：戈麦斯如不是骗子，应马上控告指责他"（5月4日）

"李显龙：戈麦斯行为，玷污整个选举制度"（5月4日）

"警方：戈麦斯涉及刑事恐吓与提供假资料"（5月9日）

除了对戈麦斯的攻击，李光耀也接着指责工人党秘书长刘程强和主席林瑞莲"企图袒护戈麦斯"，并要求当时与戈麦斯一起的林瑞莲出来坦陈整个事件经过，因为录像显示林瑞莲在戈麦斯身边等候他填表，后来先行离开。但在事件中，林瑞莲除了与戈麦斯在一起外，并没有证明戈麦斯已经提交申请表。

人民行动党这种不断攻击戈麦斯的做法，网络博客李健敏（网名 Mr. Brown）制作了一则网络短片《肉脞面》（肉脞面是新加坡的一种以面条及肉末为材料的小食），以"买肉脞面不要猪肝"来揶揄政府。它描述一名顾客在叫肉脞面时没有指明不要猪肝，熟食小贩把肉脞面捧到他面前时，他却说自己已经讲明不要猪肝。小贩透过闭路电视证明，顾客没有说明不要猪肝。顾客虽然多次道歉自己疏忽，小贩却不肯原谅他，硬要他解释为何先前没有说明不要猪肝。

看过这则短片的人，并没有责怪顾客的错误，反而对纠缠不休的小贩十分反感。这其实也反映了民众对行动党对戈麦斯所犯错误"太过"批判的不满，尤其是李资政咄咄逼人的言行。面对民众的反应，行动党这才发觉太过了，及时调整方式，在投票前两天停止了对戈麦斯的攻击，并说事件将会在大选后追究，目前要专注于大选的课题。

戈麦斯在大选中以 43.91% 的高得票率落选，但选举后第二天准备出国上班时即被警方传召，以威吓公务员的罪名，连续审问长达七个小时，随后又再次讯问了两次。警方同时也传召了工人党主席林瑞莲。这样一件事，被警方调查了一个星期，直到 5 月 12 日才宣布给他一个口头警告，然后放行，因为他很合作，并且没有任何案底。

人民行动党之所以要打击戈麦斯，因为他是一个知识分子，经常在国际杂志上发表政治论文，有一定知名度，又在国际机构中任职，当选机会较高。把政治诚信问题作为工具打压异议分子是人民行动党的一贯做法，这也是新加坡执政党最令人心寒的抹黑手段，也是人民行动党的政治作风。

2006 年新加坡国会大选前后，新加坡政府对于"戈麦斯事件"处理方式的前后变化，可以说是一则新媒体科技改变亚洲国家治国方式的典型案例。因为博客中的一个短片，引起了人民对政府的不满，使人民行动党停止继续对戈麦斯攻击。

另一方面，主流媒体在配合人民行动党攻击反对党候选人时，也让人们觉得主流媒体在这一事件中对执政党的偏袒表露无遗。

这次大选另一个引人瞩目的是，人民行动党宣布要夺回两个反对党的选区（波东巴西与后港），委派吴作栋资政进行这个特别任务。吴作栋抛出 18 亿新元的组屋翻新计划，要这两个选区的人民做出选择，投票给人民行动党以换取组屋的翻新。大选的结果是人民行动党没有夺回这两个选区，原任议员不但再度当选，得票率还比上届分别增加 3.4% 及 7.8%。选举的结果很明显，这两个反对党选区的人民向人民行动党发出了一个明确的信号，那就是国会中应有反对党来制衡政府，这对人民行动党来说是一个重大打击。

选举的结果如同事先预料，人民行动党再一次获胜，但反对党还是保留了人民行动党要夺回的两个议席。人民行动党的得票率为 66.60%，与上一届的 75.29% 比较，减少的幅度达到 8.7%。而反对党在上届大选中虽遭遇挫折，却在这次大选中扳回，虽然仍是保留了仅有的两个议席，却使人们对反对党的前途重燃了希望。

对于人民行动党得票率下降到 66.60%。马来西亚《星洲日报》的分析家认为，如果要比较 2006 年的选举结果，应与 1997 年的结果相提并论，较能反映真实的选情。这是因为 2001 年大选是在美国"9·11"事件后举行的，人民在强烈的国家危机感下，都希望有一个强大的执政党。而这次选举的认知又回到了 1997 年大选时的常态，重新回到关心生活层面的基本问题上。[1]

①《星洲日报》，2006 年 6 月 1 日。

　　按照这个分析，人民行动党的得票率基本保持在一定的水平上。工人党得票率略有进步，民主联盟则取得较大进展，从1997 年 28.6% 增加至 32.5%。民主党则连续两届殿后，如果与1991 年的最高峰的得票率相比，减少了一半以上。这是一个非常令人关注的倾向，民主党自 1991 年的党争与分裂后，得票率已大不如前，加上它的做法一向具争议性，网络政论者区伟鹏（Alex Au Wai Pang）认为："民主党一向高调采用具争议的方法公开反对人民行动党，组织公开论坛、集会、经常组织小游行等违法行为，并在（美国总统）奥巴马（Obama）的就职礼前向他寄录像带，明显是用战斗的策略与公民不服从的态度，这与其他反对党的作为大不相同。"[①]网络媒体《淡马锡评论》读者内尔斯普雷特（Nelspruit）也认为："新加坡选民认为民主党过于极端与激进因而不选它。"[②]这说明，人民并不认同其秘书长徐顺全的公民不服从政治姿态。作者认为，从过去几届大选的结果看，新加坡人似乎比较认同温和与理性的反对党，如工人党与人民党领导人的作风与方式。

　　反对党虽然无法在大选中取得突破，仍旧保留在两个议席的层面上，但反对党在这次大选中派出更多年纪轻、学历高的新人参选，使反对党候选人整体的素质提高了，尤其是工人党派出对抗总理选区的"敢死队"，更是成为媒体的焦点。

---

① Alex Au Wai Pang, 'The Ardour of Tokens: Opposition Parties Struggle to Make a Difference', in Terrace (eds.), "Management of Success: Singapore Revisited", Pg.104, 2010.

② TR EMERITUS, 11 Nov., 2010. 网页：www.tremeritus.com，浏览日期：2010 年 11 月 11 日。

大选小故事：

工人党"敢死队"成功削减总理得票率

2006 年大选，工人党派出一队平均年龄只有 32 岁的年轻候选人，参选现任总理李显龙参选的宏茂桥集选区，引起媒体的注意，称他们是"敢死队"，成了当年大选的一个焦点。

李显龙在 1984 年开始从政，在德义选区以 80.4% 的高得票率击败人民联合阵线候选人严丽贞（Giam Lai Cheng），在 1988 年再以 79.1% 打败独立候选人梁北宗（Patrick Leong），这两位候选人都是籍籍无名之辈。自 1991 年起，德义选区成为宏茂桥集选区的一部分后，李显龙就未曾受到挑战。这次是他第一次以总理身份参选，竟然有六位年轻的初生之犊前来挑战，不但吸引了媒体竞相报道，也引起人们的高度关注。

李显龙对这批初生之犊参选宏茂桥集选区并不以为意，他认为，这批人不过是新候选人吸取经验，挑战总理选区是要提高他们的形象，此外是要迫使他多花时间留在宏茂桥，并不认为他们会有什么作为。

这个"敢死队"中，年纪最小的是只有 24 岁的阿都沙林（Abdul Salim Bin Harun），他是一名销售统筹员；其次是 26 岁的李蕙玲，毕业于新加坡国立大学，是翻译公司合伙人；30 岁的饶欣龙是这个团队的领军，拥有澳大利亚西悉尼大学企管硕士学位，在接下来的大选中成为后港区议员，后因绯闻而丢了议员的席位；同是 30 岁的韩苏美，毕业于新加坡国立大学，是酒吧合伙人；31 岁的陈建辉是一名电脑销售执行员；其中年纪最大的 54 岁的哥巴克里斯南（Gopal Krishnan）是一名维修检查员。他们当中有三位是本科生,并不是泛泛之辈而被人认为是失败者的候选人,并且大多是年轻的受英文教育者,受到人们的关注,成了选举的焦点。

工人党秘书长刘程强说,他希望让选民尤其是那些前静山区的选民有投票的机会,这是因为 1997 年时在原静山集选区工人党候选人以 45.2% 高票落选。大选后选区划分被取消了,一部分选民被划入了宏茂桥集选区内。此外,在连续三届大选中都没有对手当选,刘程强也要总理接受挑战,他说:"我肯定我们不要有个不战而胜的总理,这在新加坡和国际上都不是一件好事,我相信那甚至会影响政府的合法性。"

带领这个敢死队的饶欣龙在他所著的《迈向政治发展与繁荣》一书中透露了这个敢死队的参选背景。他说,工人党在 2006 年大选前,原本只打算角逐阿裕尼一个集选区,但为鼓励工人党扩大角逐范围,他还投入精力经营东海岸团队。当选区划分报告出炉后,发现东海岸已从六人集选区缩小为五人集选区,他于是自愿退出东海岸团队,转攻宏茂桥集选区。他说他在 24 小时内,立刻招兵买马,召集候选人、选举代理人、竞选助理、投票代理人、监票和筹集竞选资金,然后向秘书长提出自愿带领"阻截者"去挑战宏茂桥集选区。

从饶欣龙的叙述中,我们可以知道工人党参选宏茂桥集选区是一种竞选策略,这个策略就是要让这个团队成为阻截者,目的是要让李显龙在自己选区的选举事务上花费更多的时间,从而拖住他,让他无法分身全力为其他的党候选人助选,这种迟滞战术显然超过了反对党实行的补选策略。

另一方面,工人党在这次大选中共派出三位女候选人,其中被分配到宏茂桥集选区与总理交锋者年轻貌美，成为一炮而红的敢死队，一时吸引了媒体的竞相报道，在竞选宣传与曝光方面取得很好的效果。

这个敢死队的战绩令许多政治观察家始料不及。在过去的两次大选中以高票当选的李总理，在面对工人党6位平均年龄只有32岁的挑战者时，只获得66.1%的得票率，低于当年人民行动党66.6%的总得票率。工人党的得票率是33.9%，稍高于反对党的平均得票率33.4%。饶欣龙认为选举结果比他所预期得好，可能是他们的爱国心、诚意和努力打动了选民。

政论家认为，工人党挑战宏茂桥集选区的意义重大，政策研究所的孔塞认为，在政治层面上，工人党向选民证明了他们认真看待这次选举，这是李显龙第一次以总理身份参选，工人党不会让他不战而胜。新加坡国立大学政治系副教授胡欣·穆达立（Hussin Mutalib）表示，一旦总理的得票率低过全国平均得票率，他就应该自我检讨。选举的结果是总理的得票比全国率低了0.5%，令人意外。

另一方面，反对党之间的合作也更有默契，策略性地不在同一个选区内互相倾轧，并把竞争选区集中在几个区域内，增加它的动员能力与影响力。各反对党之间也不互相攻击，不仅得票率增加了，其中有二至三个选区的得票率更直逼执政党候选人，"由反对党所举行的群众大会更是万人空巷，给人的印象是气势雄壮。"[1]

值得注意的是，两个反对党的重量级人物——前工人党秘书长惹耶勒南及民主党秘书长徐顺全，都因被判入穷籍不能参选。前者

①《星洲日报》，2006年6月1日。

因为在 1995 年时被判诽谤泰米尔语文周筹委会而被判赔偿名誉损失，因无法偿还而宣告破产，不但失去了非选区议员的席位，同时失去参加大选的资格。[①]后者则因无法偿还对吴作栋与李光耀诽谤案的 50 万新元罚金也宣告破产，这也是徐顺全第二次不能参加大选。这两位重量级的反对党领袖不能参选，对反对党的得票率肯定有影响，尤其是惹耶勒南在过去的选举中一直都有很高的得票率。

在大选之后的一个月，政府的智囊机构——新加坡政策研究所，对人民在大选中最关心的问题进行了一次调查，[②]结果发现人民最关心的问题并不是生活费、寻找工作或组屋翻新的问题，而是一个有效能的政府，政府政策的公平性，在国会中有制衡的力量与不同的意见及候选人的形象，等。从大选的结果看，我们不难找出人民支持人民行动党的理由。但在另一方面，人民也希望国会中有制衡力量及不同的意见，人们对议员的学历、人品与形象也有一定的要求。因此，只要反对党在这些方面多注意多努力去发展，新加坡的反对党还是可以有所作为的。

七、2011 年大选——"五年时间忏悔"集选区失陷了

2011 年的大选是一次不平凡的大选，在大选前反对党方面就频频传出"重量级"人物将会参选的消息，让人对大选的到来充满了期待。

[①]《联合早报》，2001 年 6 月 11 日。

[②] Straits Times, 3 June, 2006.

　　参加这次大选的反对党共有六个，国民团结党以 24 位候选人成了参选的最大政党，最大反对党工人党反以 23 位居次，民主党与第一次参选的革新党各派出 11 位，人民党与民主联盟各 7 位。参选人数是自 1991 年大选后最多的一次，除丹戎巴葛集选区外，竞选了每一个席位。

　　这次大选的课题主要有五大项，都是全国性的课题，在执政党方面主要有两个，一是为领导层更新做准备，推出第四代领袖参选，二是政治制度的选择，要人民沿袭一党独大的体制，两党制并不适合新加坡。反对党则集中在民生问题上来攻击执政党的缺失，如组屋价格失控，居民已负担不起越来越贵的组屋，供应量不足及需长时间等待，移民政策的偏差造成外来移民大量增加，与本地公民抢工作，并造成公共交通拥挤与屋价高涨、生活费用高涨；贫富差距增大，贫穷居民生活困难及部长薪金过高，等等。

　　大选的结果，人民行动党凭着选举制度的优势，赢得 87 席中的 81 席，但得票率跌到只有 60.14%，是历届大选新低。尽管李显龙总理 5 月 3 日在驳船码头的一个群众大会上，史无前例地为政府过去五年的政策偏差与失误向新加坡人民做了公开道歉。[①]尽管有人认为要不是这个道歉，得票率可能更低。不过，人民行动党在这次大选中赢回了被反对党占据了 27 年的波东巴西选区。这次成功除了原议员詹时中改换到集选区由他的太太参选外，与人民行动党改变了过去威逼利诱的手段，改以较柔性的攻略也有很大关系，例如傅海燕向波东巴西选民的柔性"求婚"呼唤，感

---

① Raja Gopalakrishnam & Kevin Lim, "Singapore PM Make Rare Apology as Election Campaign Heats Up", Reuters, 4 May, 2011.

动了部分选民。根据《联合早报》的报道（参阅"大选小故事"），傅海燕在波东巴西的一个竞选群众大会上，以动人的演讲代候选人司徒宇斌向波东巴西选民"求婚"，赢得群众热烈的反应。

大选小故事：

傅海燕代司徒宇斌向波东巴西选民"求婚"

"我愿意！I do！"这是人民行动党波东巴西区候选人司徒宇斌支持者异口同声的答案。

行动党裕廊集选区议员傅海燕昨晚到波东巴西群众大会为初级学院同学司徒宇斌站台时，巧妙地替老朋友向波东巴西选民"求婚"。

她在台上逗趣地说，司徒宇斌已苦苦追求波东巴西六年了，追了一年后（即上届大选）向这个女孩求婚，她却不肯。

"但司徒并不轻易放弃，他还是继续追：送花、送情书、打电话、带她去吃鲍鱼粥、喝鱼翅汤，还带她去马六甲。现在他觉得时机成熟了，可以说'请你嫁给我吧！'"

傅海燕见气氛沸腾，立刻乘胜追击，补上一句："不过，单方面的追求是很累的，也很难持久。这样的男士很难找了，又聪明、又能干。你们再不答应他，他一定会很失望的。你们愿意嫁给他吗？"

结果，全场爆起"我愿意！"的此起彼伏的回应声。

和司徒宇斌相识26年的傅海燕，娓娓道来，能把老朋友的心声形容得如此淋漓尽致，可见两人的友情深厚。

这两名行动党人在华中初级学院念书时是学生理事会成员，

司徒宇斌的"好好先生"形象，让傅海燕至今仍印象深刻。

她回想起当时担任学生福利组组长的司徒宇斌，每逢下雨天都把伞递给被困在巴士站的同学，自己反被淋湿一身。她说，单凭这股精神，就已注定司徒宇斌一生要为人民服务。

傅海燕告诉听众，现在，痴情郎司徒宇斌等待的就是赢得美人归，盼望波东巴西选民把"我愿意！"转化为选票上的承诺。

通过这种柔性的呼唤，一部分一直支持反对党的选民改变了心态，使司徒于斌成功地拿回了这个选区。

另一方面，反对党获得的总得票率约40%，是历届大选中最好的一次。反对党中最大的赢家是工人党，总得票率高达47.45%，并赢得一个集选区，总共得到6个议席及2个非选区议席，这是工人党在历届大选中获得的最好成绩，也是反对党自新加坡独立后在大选中的最好表现。

许多政治评论家都用惊叹、转型、奇迹、大转变、分水岭等来形容新加坡2011年大选的结果。将这次大选说成是新加坡政治的分水岭，原因是在这次大选中，反对党第一次在一个集选区打败了人民行动党的团队。这个团队拥有两名资深部长及一位政务部长（相等于副部长），及一位在当选后有潜质担任部长的新候选人。连续执政了54年的人民行动党的得票率创了历届大选的新低。另一方面，反对党第一次赢得一个实行了20年的集选区，这个制度是执政党为了遏阻反对党进入国会的竞选机制，一向被反对党认为是一项不可能的任务。更使得反对党自1991年后，在国会中第一次拥有8位国会议员（包括2名非选区议员）。

2011 年 5 月的大选与过去几次大选比较有两个特点，第一是反对党参加了几乎所有选区的竞选，只有一个丹戎巴葛集选区因参选者迟到 35 秒而未获得参选，使人民行动党一直以来可以不劳而获大部分选区或者未选先执政的情况不复存在，也使一个未经介绍的行动党候选人在短短的 22 小时内成为一名国会议员。

大选小故事：

迟到 35 秒提名不成，22 小时便成国会议员

2011 年大选，人民行动党发生了一个临阵换将的趣事，主角是现为人民行动党丹戎巴葛区国会议员谢世儒医生。他在大选提名前一天的下午接到人民行动党黄永宏部长的电话要他备战，第二天中午就当选为国会议员，前后不过 22 个小时。这是 2011 年大选中的一段佳话。

原来，人民行动党早前已宣布与介绍了所有新候选人，一位是原内定为淡宾尼集选区团队之一的候选人，任职于全国职工总会青年团执行秘书的陈秉禾，临时宣布退出竞选。这对人民行动党来说是史无前例的。根据报道，他选择自行退出是被指涉性骚扰事件。为了避免给反对党提供攻击的材料，选择不参与选举。陈秉禾是在行动党的"严格筛选"程序下，被派到淡宾尼集选区马宝山的麾下学习，准备出战淡宾尼集选区。淡宾尼市镇会还在他们出版的季刊《淡宾尼节奏》大幅头版让陈秉禾和该区众国会议员一起亮相。现在选择临时退出，空缺必须填补。由于淡宾尼选区的选情不太乐观，不能换一个毫无名气的新人，就把原本在丹戎巴葛的马炎庆调过去，他的空缺就由谢世儒补上。他从被招到成为议员，只

有短短的 22 个小时，因此被人戏称为一个"速成的议员"。

　　事件的变化也让基层感到突然，根据人民行动党女皇镇支部秘书麦智泉透露：他在提名日前一天接到陈振声的电话，问他当晚是否有空，和马炎庆一起出来谈话，谈话内容由马炎庆透露。他们就约在某家酒店。麦智泉晚上 8 时 30 分到了停车场，看到马炎庆、陈振声和谢世儒，当时他心里就有数了。马炎庆告诉他，谢世儒将接替他在女皇镇的职务，他自己感到有点不舍和难过。

　　谢世儒医生原是新加坡中央医院的骨科专科医生，他与许多优秀的精英一样，曾被人民行动党请去"喝茶"过，同时也访问过基层。但在大选前的候选人介绍会上，始终没有他的名字。

　　世事难料，就在提名日的前一天下午，当时他还在手术室做手术，突然接到电话，通知他准备参加丹戎巴葛区的竞选。他于是匆匆忙忙地填写选举提名表格，第二天便到提名站。丹戎巴葛区原本有社会主义阵线的新党（不是原来左翼的社会主义阵线）要参加竞选，但在提呈表格时迟了 35 秒，不被接受参选。丹戎巴葛区因此成了 2011 年大选中，人民行动党唯一不战而获的选区，而谢世儒医生便成了一个速成的国会议员，《联合早报》标题说"大选 2011 提名日谢世儒医生'意外'当选丹戎巴葛集选区议员"。就这么一个电话、一个会晤，还有选举官的宣布，让谢世儒医生在短短的 22 个小时内就当上了丹戎巴葛集选区议员，速度之快令人称奇。

　　对这次临阵换将一事，人民行动党主席林文兴表示，将马炎庆调到淡宾尼集选区，是为了让行动党在大选中能取得最佳成绩，而不是因为丹戎巴葛集选区最有可能不战而胜。他说："一个团队需要有不同实力的队员，就好比一个足球队，不能把后防放在前锋的位置一样,而行动党在排阵方面,就做出了这方面的考量。"

观察家认为,谢世儒当选的过程将成为下届大选中反对党重点攻击的议题。谢世儒也认为自己当选的过程必定会成为攻击的重点,但他深信自己的努力将得到居民的肯定。

反对党候选人的资历与阵容比过去大大地增加与提高了,有前超级与高级公务员、政府奖学金得主、专业人士、公民团体领导人等,如果单单从学历来看与人民行动党的候选人不相伯仲。前公务员首长严崇涛说:"工人党和其他反对党的候选人,可以同人民行动党的最佳团队媲美。"[①]这与过去的反对党候选人被人认为都是一些失败的小人物来说,真不可同日而语。

陈有利(Kevin Tan)与 Terence Lee 认为:"反对党所获的议席虽然很少,但在投票日前两周,还是一个令人想不到的政治改变,起了一个催化作用。"[②]

工人党之所以能取得这个成绩,是因为工人党秘书长决定跳出后港单选区,率领一个以党主席林瑞莲与国际名律师陈硕茂的强大团队来角逐阿裕尼集选区的结果。当李光耀被问及 2011 年大选的结果时说:"2011 年大选对人民行动党不利,工人党秘书长刘程强决定从后港单选区走出,到阿裕尼集选区参选,及有些人对现行的政策不满,我们最终失去一个集选区给反对党,但我们不会让这种情况持续。"[③]

①严崇涛,《2011 新加坡大选对政府的启示》,联合早报,2011 年 6 月 24 日。
②Kevin Y L Tan & Terrence, 'Political Shift: Singapore's 2011 General Election', in "Voting in Change-Politics of Singapore's General Election 2011", 2011.
③Lee Kuan Yew, "Lee Kuan Yew: One Man's View of the World", Pg.205, 2013.

这次大选的结果对人民行动党来说是一个警告。在大选结果宣布的一周后，曾带领新加坡从贫穷走向繁荣的开国总理的内阁资政李光耀，及第二任总理的国务资政吴作栋，在执政党公布新内阁阵容之前，联合发表声明宣布退出内阁不再担任资政，让年轻一代领袖在更加困难与复杂的局面下，带领新加坡继续前进。这是李光耀自 1959 年组阁以来首次不入阁并不再担任资政，对一个曾经警告阿裕尼区选民如果选择反对党，将会"用未来的五年来忏悔"[①]的资政，这个宣布的确震撼了新加坡。政治分析家感叹地说："没有人会预料到有这么戏剧性的发展。"这也意味着新加坡已进入了李显龙时代。

李显龙在大选的 10 日之后宣布新内阁阵容，再次令人意外。除了宣布不再入阁的两位资政李光耀与吴作栋外，原资深部长包括副总理黄根成、马宝山与林双吉都纷纷落马，加上两位在大选前就宣布退位让贤的贾古玛与林文兴，及两位在大选中落败的杨荣文和陈惠华，共有 9 位非常资深的部长离开内阁，占了原内阁部长人数的约一半。另一方面，只有 3 位被称为第四代领袖的新人入阁。内阁人数从原来的 21 位减少到只有 15 位，这是历届大选后在组阁时所做的最大变动，这个变动不仅失去了许多资深部长，也大大削弱了新内阁的实力。

落马的 3 位原部长，都是在竞选时担任主要竞选课题所掌管部门的部长，其中黄根成负责人口政策，马宝山则是负责组屋建造的国家发展部长，而林双吉是负责公共交通的交通部长，这样的安排让人存有许多猜测的空间。

---

① "Not End of the world if PAP Losses Aljunied GRC: MM Lee", Straits Times, 30 Apr., 2011.

此外，总理李显龙在新一届内阁宣誓就职礼上宣布成立一个委员会，检讨内阁部长的薪金。因为部长的高薪政策成为反对党在这次大选中的另一个主要攻击目标，部长的薪金成了人民最关注的主要竞选课题之一。

委员会在次年一月公布了检讨委员会的报告，建议总理减薪36%、总统减薪51%，而新部长的年薪减了30%，从原来的158万新元减至110万新元。单单从减少的幅度来看，可以说相当严厉。尽管如此，新加坡内阁成员仍是世界上薪金最高的总理与部长。

在大选之后，除了检讨部长薪金外，政府也进行检讨大选课题的民生问题，如国家发展部宣布建造更多组屋与降温屋价的政策；交通部宣布改善交通服务的各种措施，包括由政府出资购买更多巴士，政府也宣布种种限制外劳与外来移民的政策。这些改善的措施与政策都是针对大选时提出的课题做出的回应，可见政府对这些课题所引起的民愤，造成得票率降低的原因非常重视。这也是人民行动党在大选后做出的最积极的反应。

第五节
通过比较选举结果，看新加坡政治生态

新加坡自 1959 年独立以来共举行了 11 次大选，虽然人民行动党在每一次大选中，完全以一党独大的形式赢得了所有的选举，但这几次大选，它的得票率每况愈下。一直到 1997 年大选才开始回升，这是 1988 年实行的集选区制度，经过了两次选举与不停地扩大规模后才达到的结果。换句话说，人民对人民行动党的支持并不是一成不变的，而是会随着政府所推行的政策、大选时的政治与经济形势以及反对党实力的变化而发生变化。虽然如此，人民行动党的执政地位并不会因此受到影响。因此，我们可以从以下几个方面对历届大选做一个比较研究。

一、根据大选的得票率，选举分成三个时期

从人民行动党在每一次大选中所获得的得票率，可以大致分为三个不同的时期：

第一个时期是从独立后 1968 年的第一次大选到 1980 年的四次大选，人民行动党不但赢得所有的议席，并以 72.23% 的平均得票率赢得了有力的支持。这个时期是新加坡的建国初期，人民行动党政府以它的清廉、高效率与高绩效的执政成绩赢得人民的支持。而人民则在建国初期生存危机的阴影下，别无选择地给了人民行动党全力的配合与支持。虽然在这个过程中，它也提出与实行了许多被人民认为较强硬的政策，但在政府的大力宣传下，人民还是给予了大力支持。根据陈庆珠（Chan Heng Chee）教授的看法，人民行动党政府不断地以生存危机作为宣传点，以此作为推动不受人民欢迎政策的手段。[1]

另一方面，这个时期，反对党的实力已大不如独立之前，一

---

[1] Chan Heng Chee, "Singapore: The Politics of Survival", 1971.

些在 20 世纪 50 年代及 60 年代活跃的政党如新加坡联盟党、人民党、联合民主党已基本上停止了活动，其他势力单薄的小政党如工人党、马来民族机构、回教党与统一阵线等政党的势力仍旧单薄，根本没有能力与人民行动党抗争。唯一能与人民行动党抗争的社会主义阵线在经历了 1963 年大选失败与政府的大逮捕行动后，基本上也失去了战斗的力量。尤其是在 1968 年大选时宣布抵制大选，让人民行动党有机会乘虚而入，轻易地取得了国会的绝对控制权。乔治（George）认为："社会主义阵线的弱点，造成人民行动党从此奠定了一党独大的政治形态。"[①]这个时期，反对党势力可以说基本上是处于一种半真空的状态，没有一个政党有足够的实力可以与人民行动党抗衡。虽然每次大选时参选的政党也有一到七个，但人民的选择有限。从得票率的情况来看，人民行动党在这个时期的得票率每年都在增加。

第二个时期是从 1984 年到 1997 年的四次大选，人民行动党的平均得票率是 63.48%。比上一个时期的平均得票率 72.23% 下降了约 10 个百分点，尤其是在 1981 年国会中开始有了第一个反对党议员之后。反对党在每次大选中都能得到 2 个席位，并在 1991 年增加到 4 个议席。

在独立 20 年之后，随着经济的发展，人民的生活水平与教育水平普遍得到提高，民主的意识也越来越强。人民行动党过去家长式的统治与一党独大的情况已引起很多人的不满，人民开始要求在国会中有制衡的力量与有不同的声音。尤其是工人党秘书长惹耶勒南在 1981 年的安顺补选中，打破人民行动党战无不胜

① George T.J.S., "Lee Kuan Yew's Singapore", Pg.20, 1973.

的神话，大大鼓舞了许多受过良好教育、要求更多民主人士的士气。另一方面，反对党在经过多次大选的惨败后，也开始励精图治，如工人党在惹耶勒南的领导下进行改组，吸收了专业人士，实力开始慢慢壮大。而两次以独立候选人参选的詹时中，也以新的姿态组织了民主党，吸引不少专业人士参加，同时不断宣传国会中应有反对党来制衡政府的重要性，及一党独大的种种弊端，鼓励与教育了人民。这两位反对党领导人终于在 1984 年的大选中第一次赢得国会的议席，成为新加坡独立之后在大选中赢得胜利的反对党议员。人民行动党的得票率也在这次的大选中一举大幅度下降了 12.83%。这是前所未有的现象。在接下来的大选中，人民行动党的得票率也持续走低。

为了阻止得票率不断下降的趋势，人民行动党政府进行了许多选举制度的改革，从非选区议员制、集选区制到官委议员制，这些改革的主要目的是安抚人民希望在国会中有不同声音的要求。另一方面，也检讨了一些由政府实行的严厉与不公的政策，以缓和人们对政府不满的情绪。政府更是利用执政者所享有选区划分的特权，来为自己争取最大的利益与分散反对党的地盘。在进行选举改革的初期，并没有立竿见影，人民行动党的得票率还是继续下降，一直到 1997 年才开始有所反弹。可以说这些政策经过一段时间的调适，已开始在阻止人民行动党失去议席方面产生了作用。尽管得票率无法及时回升而继续下降，但人民行动党因此失去的议席并不多，最多一次是 1991 年的四个。但自 1997 年后的三次大选，都让反对党保持与限制在只有两位议员的范围内。

第三个时期是从 2001 年的大选开始，人民行动党在经过

1997 年大选得票率回弹约 5% 后，在 2001 年大选的得票率大幅度回弹到 75.29%，得票率的回弹主要归功于经济的衰退与美国发生的"9·11"恐怖袭击事件。因为在这种不确定与恐慌的年代，人民一般认为有必要团结在现政府周围共渡难关，因此给了人民行动党一个强有力的支持。但在五年后举行的 2006 年大选，经济好转与过度渲染恐怖活动的消退，人民行动党的得票率又回降到只有 66.60%。除了政府开始采取更为开放的政策外，政府也实行了让人民尝甜头的新策略，在财政预算案中拨出总值 2.06 亿新元的发展配套，及实行地方选举策略，这对一部分中间人民来说，无疑是可以影响他们的投票倾向的。但地方选举策略有它的时效，当所有发展配套完成后，人民行动党是否能在接下来的大选中继续提高它的得票率？这要看人民行动党之后所采取的政策。有一点是相当肯定的，随着受过良好教育的年轻选民的增加，人民要求能够制衡政府与拥有更大民主的愿望在继续增强。2011 年大选的结果反映了这个趋势，这次大选人民行动党的得票率是创了新低的 60.14%，如果不考虑 2001 年的特殊情况，在这时期的平均得票率是 63.37%，与第二期不相上下。李显龙将 2011 年大选称为是一个分水岭的大选，这个大选的效应能否继续发生，取决于反对党在接下来的表现及政府政策的变化。

二、在强制投票下，投票率不能当指标

选举的投票率是展示选民对选举关心程度的一个重要指标，

在每次选举中，不同的政党与候选人都不能不关心投票率的高低。投票率的高低，在许多实行自由投票的国家，如美国、英国经常会影响选举的结果。

根据王业立的资料，在一般实行自由投票国家，平均投票率在65%左右，有些甚至低于33.39%（如马里）及36.8%（如美国）。而实行强制投票的国家的投票率也有的低至25.26%（委内瑞拉）或29.41%（菲律宾）。[1]新加坡是少数实行强制投票的国家之一，因此，过去十次大选的平均投票率是93.4%。[2]

虽然新加坡实行强制投票，但它的投票率不如其他自由投票的国家可以对竞选结果产生影响，但我们仍可以从投票率的高低看出它对执政党得票率的影响。1984年至1997年是人民行动党得票率最低的四次大选，而这四次大选的平均投票率是最高的95%。而在这之前的四次大选（1968—1980年）的平均投票率只有92.4%，执政党的平均得票率却高达75.7%。同样，2001年大选时，人民行动党的得票率恢复到75.39%时，投票率又下降到91.8%。因此我们可以从这些数字的变化中，做出这样的推测，这2%~3%的选民，基本上是反对党的支持者，当反对党能提出有素质与诚信的候选人时，这些选民就会去投票支持，否则宁可接受罚款也不去投票。

在新加坡投票是强制的，但对不去投票的惩罚并不严厉，不去投票而没有适当理由者会失去投票权。不过只要缴纳罚款，就

---

①王业立，《比较选举制度》，台北：五南图书出版股份有限公司，第219-223页，2008年。

②选举局网站：http://www.eld.gov.sg/elections _past_ parliamentry. Html.

可以重新登记为合格选民。虽然有强制投票的规定，但还有 7%
左右的选民因各种不同原因不投票。另一方面，新加坡人民对政
治的冷漠态度也是不投票的原因。新加坡国立大学社会学系副教
授吴佩松（Goh，P.S.Daniel）说："新加坡人民在政治讨论方面
的指数，在亚洲国家中是偏低的。"根据国际世界价值观调查
（International World Values Survey 2000—2002），有 40.70% 的
人从不与友人讨论政治，55.5% 的人偶尔与他人讨论。因此，如
果没有强制投票的规定，投票率将会受到很大影响。①

虽然实行强制投票，但每次大选至少有 7% 的人不去投票。
除了不投票的惩罚不严厉外，是否还有其他原因？到目前为止，
在国内并没有任何调查与研究。根据外国学者的研究，原因主要
有两个：一个是投票日不在国内，二是工作太忙不能分身。换句
话说，选民不去投票主要是受客观因素的限制，而不是主观因素
的驱使。但选民不投票的主观因素也可能对客观因素产生增强的
作用，选民在主观上就不想去投票，工作忙与不在国内不过是不
去投票的托词，实际原因是没有理想的候选人。对政治感到失望，
对候选人不够了解等主观因素也被部分选民选择为主要因素。

对选民的不投票行为，有学者提出截然不同的说法，认为低
投票率并不表示人们对政治冷漠，人们不去投票不是说对政治不
感兴趣，没有公民责任心，而是觉得在现行政治体制下，其实选
谁都差不多。②因此，投票率的高低对选举结果并没有影响，只要

---

① Goh P. S. 'The Third Phase of Singapore's Multiculturalism', in Tan Tarn How(eds.),
"Singapore Perspectives 2010", Pg.32, 2010.
② 刘瑜，《民主的细节——美国当代政治观察随笔》，上海：上海三联书店，2009 年。

它是一种自然的结果。但作者认为，低于半数的投票率，将会使人对政权的权威性、合法性与代表性产生疑问：选出的政府是否是大多数人的意愿？

三、选党还是选人，双重标准

选民将选票投给谁，是基于选民内在感受或价值判断的一种外在行为。选民做出投票决定的特定取向，大致可以分为政见取向和非政见取向两大类。政见取向以选举议题为核心，选民根据自己的政策偏好做出投票选择。非政见取向包括候选人取向、关系取向、政党取向等，选民在决定投票时也可能考虑多种因素，并做出适合自己的选择。

一般地，在选举过程中候选人的政见和主张是选举的焦点，候选人必须围绕着选民所关注的议题，表明自己的立场、见解与主张，向选民宣示如何为他们的利益服务，让选民判断与选择。在过去的大选中，政见的取向是否扮演了重要角色？它对选举的结果是否起了一定作用？

人民行动党作为一个已经执政 50 多年的政党，政见已为人民熟悉，不再是它的竞选主题。虽然穆达立（Mutalib）认为："人民行动党在 1954 年成立时标榜民主社会主义作为它的意识形态的主张，在 1955 年及 1959 年开始的两次大选中，由于是与左翼的工会势力联合，它的左翼倾向比较明显。自从与左翼势力分裂，之后再也不提意识形态方面的主张。这是因为作为一个执政党，它已规划了新加坡的长期发展计划，并坚定地按部就班地实行，不受选举的影响。[①]因此，刘荣飞（Lew Eng Fee）就这样形容它："人民行动党按他们统治新加坡的长期计划，实行了一些勇敢的政策。"[②]换句话说，人民行动党敢推行一些不受人民欢迎的政策，只要它认为在长期的发展上这些政策是对新加坡有利的。当然这让反对党可以借着选举的方便，对这些政策进行批评与攻击，并使它们的得票率受到一定的影响。如 1976 年的生活费高涨的问题，1984 年的延后领取公积金的建议及大学毕业的母亲的孩子优先入学问题，1988 年的集选区问题，2006 年的选举与组屋翻新挂钩，等。

反对党方面意识形态的主张，更不值得一提。新加坡的反对党自 1959 年以来，就在由人民行动党设定的框框内操作。这是因为根据穆达立（Mutalib）教授的看法："人民行动党对把自己所设定的东西强加在他人身上的做法很在行，使得其他人不能有所作为。这就是为什么我们经常听到他们批评反对党无法提出替代政策的原因。虽然在每次大选时反对党都对政府的政策提出批评与攻击，但作用并不会太大。除了反对党本身水平的原因，受控制的媒体没有给予应有的关注与报道也是另一个主要原因。"[③]我们因此可以断定，政见取向在新加坡选举中的作用不仅慢慢地被淡化，也无法在选举时发挥关键性作用。

①Hussin Mutalib, "Parties and Politics—A Study of Opposition Parties and the PAP in Singapore", Pg.10, 2003.
②Lew Eng Fee, Singapore in 1988—Uncertainties of a Maturing Polity in Southeast Asian Affair—1989.
③同注 1，第 257 页。

候选人个人的条件包括他的能力、学识、成就、品德与经历，及候选人的党派背景、议题立场和政策主张等，是吸引选民投票的重要因素，因此选民对候选人的回应就形成了候选人取向。这种取向可能是候选人的个人条件和素质，因而忽略了候选人的党派背景，造成选人不选党的投票行为，也可能倾向于候选人的个人条件与党派背景并重，甚至更看重候选人的政党背景，导致选党又选人或选人又选党的投票行为。

根据《商业时报》（Business Times）及刘荣飞（Lee Eng Fee）的调查显示，"人民行动党的支持者是投票给人民行动党，而不是个别的候选人。那些投票给反对党的人则会选择候选人的资历，而不单单是它所属的政党。"[1]因此新加坡的选民在投票时便有了双重标准，在对执政党时是选党不选人，而对反对党则是选人又选党。这是因为相信人民行动党有一个非常完善的遴选候选人的制度。根据《星期天时报》及《海峡时报》的报道，行动党遴选候选人要经过八个步骤，除了他们的智慧，还包括他们的正直、无私与效忠的品格。[2]除此之外，人民行动党也运用他们控制媒体的便利，在大选前的几个月就通过媒体广泛地介绍他们的候选人。李显龙总理说："我们很小心地审查这些候选人，我们提早向你们介绍是让选民有时间仔细审查。不像反对党要留住他的候选人，因为如果提早暴露在大众面前，他们可能是一群披着羊皮的狼。"[3]由于人民行动党有严格的审查程序，及通过媒体的宣传，

---

[1] Business Times, 14 Sept., 1988.
[2] Sunday Times, 3 June, 1984 and Straits Times, 16 Dec., 1996.
[3] Straits Times, 10 Jan., 1996.

使人民对它的候选人产生信心。不过在 2001 年大选时，人民行动党也发生了已宣布的候选人在提名日前夕阵前易将的风波。

大选小故事：

　　提名日前临阵换将，行动党候选人挑选程序受考验

　　人民行动党在提名日临时换人，这不像是它的作风，它对候选人有严格的挑选程序，又经过调测与压力检测，按理不应有这种情况出现。人民行动党说是个人原因，一语带过。而令人不解的是，这个大新闻主流媒体也不去挖掘，不了了之。因此，这次阵前易将的原因，直到今天还是一个谜。相反，如果这个事件发生在反对党，相信主流媒体一定不会放过，执政党的领导更不会不吭一声。

　　这是人民行动党执政 50 年来第一次出现的怪事，一个经过隆重介绍的新人没有上阵，又不公布原因。另一方面，一个从来没有公开介绍的新人，却临时上阵，不但成为一个没人认识的候选人，还马上成了国会议员。这成了新加坡选举史上的奇事。

　　总理李显龙在行动党总部的记者会上透露，他是临时接到陈秉禾退选的决定的，权衡轻重后才决定换人，不过还是没有透露陈秉禾退出的原因，并且说陈秉禾是个正直的人。他认为，人民行动党在甄选的过程没有绝对化。我们要寻找的人除了看他具备的特质、优点和能力，还要看他的弱点在哪里，没有过程是百分之百标准的。我们决定不论多么尴尬，都是我们必须经历的，做出最后的调整后，再向人民解释说"对不起，有事情发生……我

们需要调整"。

陈秉禾在过后接受记者采访时解释说，提名日前一天，一名党员收到字条，指责他在 2005 年"行为不当"（inappropriate behaviour）。他说："网上传言经过渲染，是不实与不负责任的。这个人是故意要抹黑我和行动党。他曾和一名前女同事交往过，她在 2006 年也已离开公司，我们分开后仍是朋友，还保持联络，偶尔也出外用餐。她去年也已经结婚了，我真的不知道她为什么要这么做。"但他对与这位前女同事的纠纷并没有说明，让人还有猜测的空间。

如果按照陈秉禾解释的情况，应该不至于需要阵前易将，难道是人民行动党因为要避免媒体的炒作，以及反对党可能将它作为竞选课题，才做出了这个尴尬的决定？或者是还有其他原因，不得不做出壮士断腕的决定？无论何种原因都会让人对人民行动党在遴选候选人严格审查程序中的疏漏产生怀疑！

集选区的实行使执政党可以组成一个小团队，由一至二位资深部长领导，让所有新人都在部长的庇荫下顺利当选，个人的资历与条件往往在无形中被忽略。吕元礼教授认为："对新加坡人民来说，在选举的过程中，常常面临着'判断'和'选择'的两难境地。"[1]

反观对于反对党方面的候选人，人民行动党会通过控制的媒体，在宣传时以最坏的字眼来形容，如"政治蠢材""可疑的无赖""小人物""骗子"及"白痴"等。[2]人民行动党的领导人经

---

[1]吕元礼、黄锐波、邱全东，《鱼尾狮的政治学》，南昌：江西人民出版社，2007 年。
[2]Business Times, 12 Sept., 1993.

常指责反对党要留住它的候选人，不愿提早暴露身份。现在我们终于知道，反对党的做法其实是要避免被媒体抹黑。工人党秘书长议员刘程强在 2011 年接受《新明晚报》记者采访时，提到他在 1991 年第一次当选为后港区国会议员时，有记者在计票站外采访他，问他觉得自己为什么会获胜。他回答说，因为他没有接受媒体的采访，没有被抹黑。①反对党候选人除了会被抹黑外，也会恐惧的阴影影响。曾任官委议员的谢世德曾扬言要组一个团队，参加 1997 年大选，但他最后无法组成一个团队。据他说："两个曾经答应参加的知名人士，最后决定退出，是因为担心会失去工作。"②因此，找不到合适的人才参选，是反对党所面对的许多困境之一。但穆达立（Mutalib）认为："如果反对党有好的又有勇气的人才，选民还是愿意给他们机会，如人民党的詹时中与工人党的刘程强的当选，明显说明了选民需要受过良好教育及良好职业背景的候选人。"③这就形成了选民在投票给反对党候选人时，是选人又选党的趋势。

选民要求候选人有高的资历也形成了一种趋势，如执政党的人民行动党拥有大学学位的候选人，就从 1972 年大选时的 40 位增加到 1980 年大选时的 70 位。④2006 年大选时，所有候选人都拥有至少大专学历。反对党在这方面也急起直追，在过去的两次大选时也派出许多拥有大学学历的候选人，这与过去绝大多数候选

① "叶伟强专访刘程强"，《看尽反对党起落，知道问题所在》，载《新明日报》，2011年9月4日。
② Straits Times, 20 Dec., 1996.
③ Hussin Mutalib, "Parties and Politics-A Study of Opposition Parties and the PAP in Singapore", Pg.42, 2003.
④ Straits Times, 23 Mar., 1985.

人只有较低教育程度的情况相比有很大进步。作者相信，这与反对党的得票率在过去几次大选中有逐渐升高的趋势有很大关联。李显龙在 2006 年大选后的记者会上说："选民要有信誉与高素质的反对党候选人，工人党能取得 37% 的选票，就是因为它比过去及其他反对党有更多高素质的候选人。"[1]从过去及目前当选的反对党议员都是大学毕业生或专业人士来看，可以说明这个倾向的存在。2011 年大选时，工人党候选人从资历来说，可以媲美人民行动党的团队，因此赢得了一个集选区，证实了候选人资历倾向的作用。

四、选民年轻化，将成为选举的决定因素？

由于社会老年化的发展，新加坡选民的增长速度大大高于人口的增长，从 1968 年至 2006 年十次大选间隔的 38 年中，人口的平均增长率是 9.5%，而选民的增长则高达 11.6%。如果扣除 1997 年人口突然增加（因政府大量吸收香港移民造成人口暴增）的数字，则选民的增加是人口增加的一倍。

选民人数的增加大于人口的增长，代表了年轻选民（年龄在 35 岁以下）的增加。根据《今日报》（Today）报道，2006 年大选，年轻选民占了 220 万选民的 20%。到下次选举（2011 年大选）时，他们的数目增加到占注册选民 230 万的 35%。[2]年轻的

[1] Yeo Kim Wah, "Political Development in Singapore 1945—1955", Pg. 543, 1973.
[2] Today, 11 Nov., 2010.

选民及他们的选举倾向，对选举的结果产生一定影响。这是因为年轻选民所受的教育程度一般较高，对民主的诉求也较强。新加坡管理大学教授陈庆文说："有些年轻选民偏向物质愿望，但有些则期望物质以外的东西，如言论自由或生活素质等。"[1]这对执政党来说产生了直接的影响，但人民行动党相信年轻选民还是支持他们的。李显龙总理在 2006 年大选后的记者招待会上说："在安谷维尔与芬维尔（Anchorvale Zone and Fernvale Zone）两个分区有许多选民支持人民行动党的团队，这两个分区有 40% 的选民是第一次投票，他们并没有抛弃人民行动党，我们把它当作一种挑战。"[2]

年轻选民的政治取向是执政党与反对党所共同重视的课题，他们除了提出年轻人所关注的课题，也派出更多年轻的候选人参选。更在选举策略与方式上力求创新，如使用网络技术来吸引年轻人的注意。人民行动党就有 50 名国会议员通过脸谱网（Facebook）来与年轻选民沟通。[3]此外，又有所谓"65 后"国会议员的组合，用年轻人喜好的方式以取得年轻选民的认同。因此，我们可以由此做出推论，新加坡在未来的选举，年轻选民将会是一个主要因素，但还不能作为一个决定性因素。

---

[1] Today, 11 Nov., P.10, 2010.
[2] Yap Sonny, Richard Lim & Leong Weng Kam, "The Untold story of Singapore Ruling Political Party", Pg.543, 2009.
[3] 同注 2。

五、经济因素与大选成绩有关吗？

许多人都有这样的看法，认为人民行动党能够连续执政，与它在经济发展上所取得的成就有关。但德国学者史蒂文·奥特曼（Stephan Ortmann）持有不同看法，他用一些经济指数如当年的人均收入、工业生产指数及失业率，与人民行动党的得票率做比较，并无法证实它们之间有关联。他以表 2.1 大选与经济指数来说明。

表 2.1　大选与经济指数

选举年	1968	1972	1976	1980	1984	1988	1991	1997	2001	2006
得票率（%）	84.4	69.2	84.4	75.6	62.9	61.8	61.0	65.0	75.3	66.6
人均所得(新元)	701	1354	2587	4859	6890	8932	13768	25255	20690	31028
工业指数（%）	–	–	–	–	9.0	18.2	5.5	4.4	–11.4	12.0
失业率（%）	–	4.4	4.4	3.5	2.7	3.3	1.9	2.4	3.4	3.1

资料来源：Stephan Ortmann（2009，p.21）

他认为，尽管 20 世纪 80 年代新加坡在人民行动党的统治下，经济发展突飞猛进，尤其在 1988 年的工业生产指数取得了18.2% 的骄人成绩，但人民行动党的得票率在当年的大选中下降到最低点。相反，在 2001 年大选中，人民行动党取得约 75.3%的得票率，但当年的工业生产指数是 –11.4%。[①]

因此，奥特曼（Ortmann）认为要全面了解大选的成绩，必须与当时发生的社会课题一起解读。如 1984 大选时，人民行动党的得票率下降了约 12.7%，这是因为当年李光耀提出的优生政策，激怒了许多选民。又如 1988 年的大选前一年，发生了所谓"马

[①] Stephan Ortmann，"Managed Crisis: Legitimacy and the National Treat in Singapore"，2009. 此表数据中有部分与本书附录一不符，或因计算方法不同所致。

克思主义阴谋"事件，人民对政府逮捕社区工作者的做法颇有微
词。这与当年的高工业生产指数并不相称。2001 年大选是在美
国 "9·11"事件发生的三个月后举行的，政府也成功地揭露了
恐怖分子计划袭击地铁站的阴谋，使人民感受到恐怖主义的阴影。
人民行动党的得票率因此大幅回弹，增加 10.3%，尽管当年的工
业生产指数是 –11.4%，失业率还增加了 1%。[①]

　　作者认为，虽然说经济的成长指数在大选时无法与人民行动
党的得票率直接挂钩，但如果因此说经济发展的情况与大选成绩
没有关联，也是说不过去的。事实上，从历年的大选结果中可以
看出，只要经济的发展不受外力影响，它的表现就可在得票率中
得到反映，1991 年与 1997 年的大选便是两个最好的例子。在这
两次大选中，人民行动党的得票率偏低，这与当时工业生产指数
偏低不无关系。

　　如果说人们不是太关心经济问题，那么在投票时最关心的问
题又是什么？根据新加坡政策研究所在 2006 年大选后进行的一
项调查，人民最关心的前三个问题依次是：政府的行政效率、政
策的公平性与国会中有不同的意见。[②]政策研究所高级研究员许林
珠（Gillian Koh）说："人民在投票时，最终并不是真正地考虑
他们的口袋，他们要的是一个公平对待所有人民的政府。"[③]

　　纵观新加坡历届大选，虽然自 1959 年以来都是由人民行动
党执政，反对党一直到 1981 年才有机会进入国会，但无法取得

① Stephan Ortmann, "Managed Crisis: Legitimacy and the National Treat In Singapore", 2009.
② Straits Times, 3 June, 2006.
③同注 2.

任何突破。最大的胜利是在 1991 年一次拿下 4 个席位。及 2011
年的 6 个席位，但在其他大选中，只停留在 1 或 2 个席位。

在新加坡的选举历史中，反对党原本有两次机会可以阻止
一党独大的情况在新加坡发生或继续存在。一次是在独立之前的
1963 年大选，在这次的大选中，社会主义阵线原本有机会取得
更多席位，甚至问鼎政权。但在大选前，它的大部分领袖遭到逮
捕，外围组织受到监控，而且反对党之间选票分散了。雪上加霜
的是，社会主义阵线错误地抵制 1968 年大选，使自己在政治中
被边缘化，从此一蹶不振，最后在政坛消失。第二次是在 1991
年大选后，反对党的得票率达到 40%，民主党在大选中取得 3 席，
但在大选后发生党争及改变了政策方向，加上政府实行的选举制
度改革，使民主党在 1997 年重新回到只有 1 席，而且在之后的
两次大选中全军覆没。虽然民主党在 2011 年的大选中重整旗鼓，
但从得票率来看，人们似乎已对民主党失去信心与期望。

2011 年大选的结果令人意外，工人党攻破一个集选区及保
留了后港选区，一举夺得 6 个议席，又在后来的补选中，从人民
行动党手中再夺得 1 席，让人们又把希望寄托在工人党身上。

另一方面，取得一党独大的人民行动党大力进行经济与社
会建设，以它的政绩取信于民，使新加坡人民的生活越来越美好，
对政治却越来越疏远。在进行经济与社会建设的同时，它也利用
对国会的掌控，对选举制度进行改革，及对各种社会资源的控制，
使反对党在选举中取胜的机会越来越小。新加坡政治学者严格
（Bliveer Singh）说：“人民行动党一直把反对党远远地抛在后头，
并且确立了它一党独大的地位，除非人民行动党发生内部分裂的

情况，否则很难有人能挑战它的地位。"①

　　中国台湾地区政治学者陈鸿瑜则认为："人民行动党之所以能成为一党独大，最重要的因素还是李光耀一再地更新党的机制及提出一些创新的制度，例如集选区制，使人民行动党能够保持随时接受及回应挑战的活力。反对党要在执政党所布下的罗网中脱颖而出，除非李光耀退出政坛之外，或许反对党还有机会。"②作者认为，把新加坡的政治发展归因于一人的说法，无法令人认同。虽然在建国初期至1991年，李光耀可以说主导了新加坡的政治，但自1991年起他已不再担任总理及党秘书长，他的影响力虽然尚在，但不能与在位时同日而语。何况整个新加坡的政治大环境与过去相比显然有很大不同。另一方面，新加坡的反对党也与过去大不相同，不再是由一些被人认为"失败"的人物所主持。不过反对党要能在新加坡的政治中发挥作用，除了加强与巩固组织外，还要脚踏实地，继续吸收人才，按部就班地耕耘，才可能会有结果。2011年大选的结果，工人党得到6席与1个集选区，是一个好的开始。虽然在得票率方面与1991年不相上下，但是1991年只有一半选区有竞选，而2011年几乎是全面竞选，代表性较强，也更加全面，因此人们对未来充满了期待。

---

①根据《新加坡年鉴2007》（第172页）记载，新加坡政党只有24个，这不包含后来注册的4个新政党。
②陈鸿瑜，《东南亚各国政府与政治》，台北：翰芦图书有限公司，第103页，2006年。

新加坡特色
的选举制度

第三章

人民行动党的选举战略

　　人民行动党在执政期间先后实行了各种抑制反对党的政策与措施，这些选举战略有效地抑制了反对党的成长与壮大，使其成为一群衰弱乏力的反对党，无法挑战与动摇势力强大的执政党。那么，是哪些选举战略有效地抑制了反对党？

在实行代议制度的国家，政府是通过竞争性的选举产生的，不可避免地要产生政党的组织。政党是现代民主国家的主要组织，也是组成民主政治的基本因素。因此，要研究新加坡的选举政治，首先必须对新加坡执政党与反对党的概况有一些了解。

新加坡自 1946 年的殖民地时期就有了政党组织，但这个政党与现代民主政治意义上的政党是不可同日而语的，第一个政党成立到今天已有 69 年的历史。此后先后注册成立的政党共有 42 个之多，但根据《新加坡年鉴》（Singapore Yearbook）记录，在注册名册上只有 24 个，这不包含在 2009 年后注册的 4 个新政党，因此到今天为止，新加坡注册的政党应有 28 个。真正保持活跃并曾参加大选的只有 11 个，其他的已名存实亡，但仍保留在注册政党的名单里，作为新加坡是一个多党民主国家的点缀。在这 11 个保持活跃的政党中，除了执政的人民行动党，其他几乎都是党员人数稀少、实力与财力单薄的小政党，根本没有实力能够挑战执政了 50 多年的人民行动党。因此，中国学者卢正涛称："新加坡是一个多党并存、一党独大的政治体制。"①这是一个很恰当的说法。

①卢正涛，《新加坡威权政治研究》，南京：南京大学出版社，第 114 页，2007 年。

第一节
新加坡一党独大的政治现状

在一个多党制的国家中，为什么人民行动党能够长期一党独大？在分析这个情况时，首先要了解新加坡一党独大与反对党的现状，再从执政党在统治的过程中，所实行的各种战略性的措施来理解。

一、别具意义的一党独大

一党独大制在多党制中是一种特殊的情况，即在一些国家中，进入议会的政党可能不止一个，但政权长期为一个政党所垄断。在理论上，其他政党都有执政的可能，实际上这些小党一直处于劣势，无法打破一党独占政权的局面。政治学者一般把这种政党制度视为多党制的一种特殊情况。

新加坡是典型的一党独大政治，但新加坡的一党独大又有别于一般意义的一党独大。除了长期的一党独大外，反对党在议会中无法获得议席，或只占了极少数的议席，虽然它的得票率并不是极少数。新加坡的这种情况，根据中国学者吕元礼教授的解释[1]，是因为：

---

[1]吕元礼，《新加坡人民行动党执政模式分析》，载《东南亚研究》第1期，第62-65页，2005年。

（1）在宪政的范围内，所有的政党（除了共产党）都享有合法的地位。每一位公民都享有依法组织政党的自由与权力，人民也享有在大选中自由投票的权力。

（2）宪法中并没有规定人民行动党是唯一的执政党，它的执政地位是通过每五年举行一次的大选决定的。在独立后举行的十次大选中，除了1968年大选因社会主义阵线抵制，只有一个反对党参选外，其他九次大选都最少有四个、最多达九个政党及少数独立人士参选。

（3）执政党的得票率有可能受到国内外政治情势的变化而上升或减少。因此，在每一次大选时，人民行动党都会为得票率的升与降而感到担忧，并且为了能够取得高得票率采取各种应对措施。

虽然新加坡不完全符合一党独大实质上的意义，但如果说它是一个民主国家，它也不能完全符合一般民主国家的标准。根据民主国家标准的要求，两党与多党轮流执政是民主的表现，如果一个国家由单一的政党连续执政50多年仍在执政，便被认为是违反了民主的原则。但人民行动党并不认同国家的执政权应有政党轮替的看法，第二任总理吴作栋在接受《纽约时报》采访时就曾说过："一个稳定的体系，即是让一个主流政党代表大部分人民，在这种情况下，这个体系可以允许其他几个边缘但又有崇高理想的小党存在。这些小党不可能有远大的视野，但至少代表了某些团体的利益。在这样的体系下，由这个主流政党一直执政，我认为这样的情况是一件好事。如果这样的情况在新加坡出现，我不会因此感到抱歉或遗憾。"①吴作栋的谈话证实了人民行动党一直以来都以一党独大作为治国目标。

事实上，人民行动党一直就以一个主流的政党统治着新加坡，同时也让一些边缘性的弱小政党存在，作为它执政合法化的一个根据。不过，这些小政党一直无法突破人民行动党的心理底线，及人民行动党在战略层面上的各种垄断局面，而动摇它的执政地位。另一方面，执政的人民行动党也无时无刻不采取各种手段，以阻止任何影响到它执政地位的威胁。例如在 1991 年大选后，国会中第一次有 4 名反对党人当选，人民行动党就采取断然措施，不让自己的执政地位受到威胁。②这样就使反对党永远处在陪衬的地位。人民行动党认为，一个强大的反对党将会阻碍新加坡的进步与发展的步伐。吴作栋说："你是否想过，如果我们有多个政党和轮流执政的政府，我们能不能取得过去 30 年所取得的成就的一半？"③

在这一章里，作者先从人民行动党的领导人在公开演讲中对反对党的态度与看法，然后再从战略的层面分析，它执政 50 多年来采取的种种"对付"反对党的政策与措施，以及这些政策与措施如何有效地抑制与限制了反对党的发展，使它们永远处在一种依附的地位，无法发展成为一个强大的反对党，来挑战它的执政地位。

① New York Times, 14 Aug., 1985.
② 卢正涛，《新加坡威权政治研究》，南京：南京大学出版社，第 114 页，2007 年。
③《联合早报》，1996 年 12 月 21 日。

新加坡自独立以来就由人民行动党一党独大，反对党也一直在这种政治形态下存在。因此，执政党对反对党的态度及所采取的政策，及新加坡的反对党的类型，都对新加坡的政治形态起到了重要的作用与影响。

二、新加坡反对党的现状与观察

在一个实行民主政治的国家，反对党是构成民主政治的主要条件，但反对党往往以不同的姿态与类型出现。根据研究政党政治权威的萨多利（Giovanni Sartori）的看法，反对党一般可以分为三类：第一类是按法律规定行事，以和平的方式进行活动；第二类是仍按法律规定行事，但倾向于进行一些不负责任的行动；第三类则是企图通过暴力手段来推翻政府。[1]

萨多利认为，第一类反对党是被认可的，是负责任与根据宪法行事的反对党，以和平的手段而不采用激进的手段。[2]因此，如果按照萨多利的反对党分类方法，新加坡的反对党应属于哪一种类型？根据新加坡国立大学政治教授穆达立（Mutalib）的看法："新加坡的反对党都是采用按照宪法，以和平的手段行事，这是因为他们对国家的主要政策如内政与外交的看法，并没有根本上的分歧。由于新加坡是一个小国，没有天然资源，使他

---

[1] Giovanni Sartori, "Party and Party System: A Framework for Analysis", Voloum 1, Cambridge University Press, 1971.
[2] 同注 1，第 33 页。

们产生了相同的看法。"[1]虽然如此，1965 年前后，新加坡也曾发生过政治暴力事件，企图以宪政以外的手段进行斗争，因为没有获得大多数人民的认同而宣告失败。[2]另外一个反对党——民主党也有一些不遵从法律的行动，如在新加坡进行属于禁止的示威行动等，受到政府严厉的法律制裁。从民主党历届选举得票率下降的情况来看，可以知道大多数人民并不认同他们的政策。[3]

由于新加坡的反对党是采用宪制与和平的手段，因此它是属于现实的政党。这种政党一般没有很强的政治意识形态，目的是要争取一个更加民主的政治环境，因此不太重视和执着于意识形态的提倡，而是根据不同的现实情况调整策略来实现自己的政策。因此，这种现实的政党，与其他以意识形态为主体、重视长远的目标与意识形态的信仰而奋斗的政党不同。此外，新加坡也缺少由一些为了小群体利益的利益集团所组成的利益集团政党。因此，新加坡目前的反对党基本上还是一些现实的反对党。

根据作者个人的观察，目前新加坡的反对党主要可以分为三股势力，这三股势力在举行全国大选时，由于受到资金与人力、物力的限制，往往以松散的合作来避免互相竞争而分散选票，但无法组成一个正式的联合阵线，大家只好各自为政。虽然人民党的詹时中在 1997 年大选时创议组成民主联盟，但只获得两个

① Hussin Mutalib, "Parties and Politics-A Study of Opposition Parties and the PAP in Singapore", Pg.7, 2003.
②同注 1，第 7 页。
③同注 1，第 193 页。

小党响应，另外两个主要反对党——民主党与工人党都没有参加。使这个所谓反对党联盟徒有虚名，无法形成一股强大的反对党势力。

工人党、人民党与国民团结党都是采取较温和路线的政党，它们也是在大选中得票率最高的反对党。工人党成立已有50多年历史，是第一个打破自独立以来国会没有反对党纪录的政党；它又在2011年的大选中，派出一批素质高的候选人，第一次一举攻下一个集选区与一个单选区及取得两个非选区议员席位，成为目前国会中最大的反对党。工人党在秘书长刘程强的领导下，采取稳扎稳打与现实的政策，到目前为止，被许多人认为是新加坡最具潜能与发展的主要反对党。

反观人民党，在退出自己创立的民主联盟后，它的领导人詹时中年事已高且中风，已经力不从心。虽然他在2011年的大选中带领一个高素质的专业人士团队攻打一个集选区失败，失去了自1984年起就担任的反对党议员身份。他原来的选区由他的太太罗文丽女士代夫上阵，但以微差失败，使人民行动党夺回失去了27年，被喻为反对党圣地的波东巴西选区，只能担任非选区议员。由于詹时中在中风后说话困难，加上大选时的团队因各种原因在大选后纷纷退出，人民党目前由罗文丽担任主席，詹时中仍旧担任秘书长，还没有明显的接班人，令人难以预测它的前景。

国民团结党被认为是中产阶级商人的政党，成立已有26年，曾在2001年的大选中获得一个非选区议员席位。但国民团结党给人一种没有确定目标的印象，它的领导层变动也带来较大的负面影响。但它在 2011 年大选中也得到一些有资历人士的助阵，获得 39.25% 不俗的得票率，一些专业人士目前已进入党的中委会。在下次大选中，国民团结党是否能有所作为？关键在于它是否如工人党一样，采取稳扎稳打的步伐，避免任何党争造成人才的流失，也许还能有所作为。

另外一股反对党势力是自成一派的民主党与革新党，民主党曾在 1991 年的大选中赢得三个议席，创造了反对党的纪录。但自从发生党争后，创党人兼灵魂人物詹时中在 1997 年离开加入人民党后，不仅无法在接下来的几次大选中获得任何议席，在得票率方面也每况愈下。这主要是因为接任党秘书长的徐顺全所采取的策略与政策过于偏激，及经常挑战政府的权威举行抗争示威，并且把重点放在国际路线上，希望争取国际组织的支持，为了争取国际组织的支持又唱衰新加坡，对于国内政策的主张又不太热衷。而且，他不断对抗政府的权威，在被判罪后又无法缴付高昂的罚款，以致被判入穷籍，按照新加坡法律不能参选，因此错过了好几次参选的机会。2011 年大选时，民主党吸收了好几位高素质的人士入党，包括前政府高官、顾问医生、律师和活跃的公民组织领袖成为候选人。徐顺全也解决了个人破产的问题参选，民主党也提出了几条国内政策的替代政策，但令人失望的是还是无法获得任何席位，得票率的增加也不如其他反对党朋显，说明人民对民主党的看法还没有改变。

2011 年大选时让人觉得气势磅礴的民主党，在大选过后两年，那些曾令民主党引以为傲的高素质人才也因各种不同理由相继退出民主党，使它似乎又回到了原点。民主党何去何从？也令人难以预测。另一个成立不久的革新党，与民主党的政策相近，自从它的领导人肯尼斯（Kenneth Jayaretnam）不顾反对党的呼吁，执意参加榜鹅东区补选，遭受按金被没收的重大挫折。革新党能否成为反对党阵营中的一股力量，恐怕难有作为。

政治学者穆达立（Mutalib）认为，反对党的弱点是缺少领袖人才、意识形态的主张与政策及所需的资金，并且政党之间与政党内部互相倾轧与分裂等问题经常发生。[1]这样一群反对党，如何能与势力强大与组织严密的人民行动党较量呢？作者认为，反对党在当前的政治形态与各种不利的条件下，要想有所作为，必须设法组成一个强大的反对党联盟，这是人民行动党最不愿意看到的，也是它们所担心的。李光耀在 2009 年访问马来西亚时，特别考察了反对党联盟的情况，可见执政党对反对党联盟的忧患意识。[2]李光耀也在他的新书《李光耀观天下》[3]中，批评马来西亚的反对党联盟是一群"投机分子"，没有共同理念，只是要推翻国阵（国民阵线）政权。可见，人民行动党对反对党联盟在大选中对马来西亚执政党所产生的冲击，及可能在新加坡引起的效应是心存恐惧的。

如果所有的反对党能组成一个大联盟，一起对抗强大的人民行动党，新加坡的政治环境肯定会有一个很大的改变。李光耀未雨绸缪的考察不是没有理由的。但我们综观目前反对党的情况，

---

① Hussin Mutalib, "Parties and Politics-A Study of Opposition Parties and the PAP in Singapore", Pg.314, 2003.

②《李光耀对反对党组成联盟还是担心的》，网址：http://opinion people.com.cn，浏览日期：2013 年 7 月 1 日。

③ Lee Kuan Yew, "Lee Kuan Yew: One Man's View of the World", 2013.

要组成一个大联盟不但不可能，而且时机距离成熟期尚远。根据《联合晚报》记者黄钰佩与宋占勇的观察，[①]反对党的大合并需要克服人事与组织上的两个大障碍：

（1）各政党领导人是否愿意让位，谁要当"老大"？

（2）各党政纲不同，如何求同存异？

作者认为最大的障碍是人的因素，目前许多反对党的领导，都曾因各种不同的理由在各反对党之间互相跳槽，跳槽的主要原因还是个人因素。要他们捐弃前嫌再次合作，这是个最难克服的心理因素。因此，要将所有反对党组成一个大联盟，目前的障碍是相当大的。作者建议，反对党可以先把政纲与理念相近的政党组成两个小联盟，在时机成熟时再组成一个大联盟。曾任民主党及总统候选人的前政府高级公务员陈如斯，就曾在2011年大选之后，试图推动三个反对党——民主党、国民团结党及另一政党（可能是民主联盟）合并为一大政党或组成联盟，但目前似乎还没有取得任何进展的迹象。他反而在2014年初自己组织了另一个称为"新加坡人优先"（Singaporean First Party）的反对党，这个政党主要由前公务员、基层领袖与人民行动党的党员组成，能否成气候还有待时间的考验。不过，组织反对党联盟的梦想会不会再次成为泡影，是一个令人关注的问题。

---

①《联合晚报》，第34页，2011年5月11日。

第二节
执政党对反对党的态度与治理

新加坡并没有禁止反对党存在的法律，因为反对党的存在使人民行动党的统治具有民主性。在每隔五年举行一次的大选中，除了有许多反对党参与竞选，执政党与反对党之间的选战与竞选活动，制造了一种热闹而又民主的场面，不逊于一般民主国家的选战。因此，执政党欢迎反对党的存在，它除了让执政党的国会议员在国会中练习应对的能力，也可协助检举贪污腐败的行为。

一、执政党认为反对党是要确保一个坏政府?

新加坡反对党的存在与活动，根据卢正涛的观察，反对党完全是依照人民行动党所制定的游戏规则为前提，换句话说，人民行动党已把反对党排除在现行的体制之外，从而避免了反对党成为反对现行体制的力量。[1]尽管如此，无论是过去还是现在的人民行动党领导人，对反对党的态度与看法一直怀着贬义与鄙视。现任总理李显龙就曾在 2006 年大选的一个群众大会上，做了一个令人哗然的讲话，他说："假设你有 10 个、15 个或 20 个反对

---

①卢正涛，《新加坡威权政治研究》，南京：南京大学出版社，第 118 页，2007 年。

党的国会议员，我将花费所有的时间去思考怎样'对付'他们，而不是去想如何为新加坡制定更好的政策。为了赢取支持者的选票，我只能考虑怎样解决这一周的难题，而忽略了未来的挑战。"①

李显龙"对付"反对党的讲话在社会上引起了很大反响，他过后对自己的用词不当表示道歉。他说："我其实想表达的信息是，如果国会里因为有太多的反对党议员，使得政府必须分散精力去应付他们，对国家的民主和国家的前途来说，绝对是没有帮助的。"②但反对党人认为这是一个违背民主的想法。学者何启良认为："这是执政党的一个自然反应，因为在他们的心目中，反对党只是一个麻烦的制造者，并不是民主体制发展过程中的一个重要部分。"③

人民行动党创党人之一的李光耀在 1984 年国会辩论非选区的议案时说："反对党对一个好的政府，没有什么作用！如果我们没有那么幸运，就会像许多发展中国家的反对党，如英国及第三世界的许多反对党，只会提高人民对政府福利的期望来混淆人民。"④另一方面，他也认为："反对党是阻碍国家进步的一个因素。"他说："1965 年至 1981 年是新加坡的黄金年代，它比 1959 年至 1965 年的时期更为富裕，（因为）在这六年里，我们要和凶狠好斗的反对党周旋到底。1965 年后，国会里已没有反对党来分散政府和人民的注意力。因此我们便享有政治稳定和快速的经

---

① Channel News Asia, 3 May, 2006.
② Straits Times, 5 May, 2006.
③ Ho Khai Leong, 'Singapore Campaigning for the Future', in "Southeast Asian Affair 2007", 2007.
④ Straits Times, Pg.1, 15 Dec., 1981.

济发展。"①

　　已故人民行动党的理论家拉惹勒南（S. Rajaratnam）对反对党的批评更是露骨与不留余地，他说："反对党所扮演的角色，是要确保一个坏的政府。"并讽刺反对党是"拾荒者政治"（Karang-guni style politics），②人民行动党第二代领导人之一的林勋强，在党报上发表了是否需要反对党的文章，直截了当地说："我们不需要反对党来制衡我们。"③现任副总理张志贤也在党报上说："任何支持反对党的新加坡人，将以他们的前途作为赌注。"④

　　以上我们引用了人民行动党三代领导人对反对党的看法，从这里可以看出，他们对反对党的排斥心态是一贯的。虽然他们批评反对党是可以理解的，但他们的批评是针对反对党制度，而不仅仅是反对党的作为。他们一致认为，反对党是一种阻碍国家走向进步繁荣的坏制度，因此，让人有一种错误的印象，认为他们并不赞同反对党制度，因此才采取了各种打击反对党的政策。

　　针对这些批评，李光耀表明，人民行动党愿意接受反对党的存在，只要它是有建设性的，并能接受现行的制度。我们应区分哪些是没有建设性及诋毁国家制度的反对党。⑤他以当时民主党的三位议员——詹时中、蒋才正与林孝谆没有受到政府打击来说明政府的立场。他同时说："只要惹耶勒南（工人党）继续坚持他那

①《李光耀40年政论选》，联合早报，第181页，1993年。
②Far Eastern Economic Review, Pg.21, 7 May, 1982. 与 Straits Times, 29.July, 1985.
③Petir, Pg.75, Nov./Dec., 1992.
④Petir, Pg.45, Sept./Oct., 1995.
⑤Lydgate, "Lee's Law—How Singapore Crushes Dissent", Pg.233, 2003.

种破坏性的做法，我们将继续打击他"。①

人民行动党对反对党的偏见与排斥，人民党领导人詹时中最有深刻的感受，他在接受新加坡国立大学政治学教授穆达立（Mutalib）采访时说："人民行动党不能容忍反对党的存在，它将会利用任何法律上许可的手段，来消灭或削弱反对党的实力。因此，如果能有选择，人民行动党将不愿意看到有反对党存在。"②

尽管许多人认为人民行动党政府对反对党存有一定的偏见与排斥，但反对党毕竟是民主制度的一部分。反对党在过去十次大选中赢得了平均三分之一的得票率，获得超过三分之一选民的支持。因此，到底反对党的功能与它在政治上的作用是什么？它的存在是阻碍国家的进步与繁荣吗？

穆达立认为："要评估新加坡反对党的功能及它在政治上的作用，首先必须考虑的是统治者为了维护它的统治地位所采用的管理方式及民主的特性。因此，新加坡反对党所处的地位，及它所应扮演的角色与它们的影响力，不是反对党自己所能决定的，而是取决于人民行动党政府。"③这种身不由己的处境，令目前所有的反对党感到无奈。

穆达立认为，人民行动党在过去的五十年里，通过现实的治国理念与统治文化，创造了许许多多优异的政绩与经济成就。此外，在一个多元种族的政体中的管理技巧，使人民行动党作为一

---

① Han Fook Kwang, "Lee Kuan Yew: The Man and His Ideas", Pg.146, 1998.
② Hussin Mutalib, "Parties and Politics—A Study of Opposition Parties and the PAP in Singapore", Pg.186, 2003.
③ 同注1，第1页。

个政党，或是一个政府，成为新加坡政治形式的决定者。[①]

二、人民行动党"对付"反对党的战略措施

新加坡的反对党一直被边缘化，只能扮演次要的角色，当然有反对党本身的原因，最重要的还是人民行动党的原因。以下几个章节将分别进行讨论人民行动党所采取的种种抑制反对党成长与发展空间的政策。

任何一个政党一旦登上执政党的地位，就是要达到执政的预期目标，及巩固自己的执政地位。要做到这一点除了要拿出政绩外，就是要排除反对党的干扰。虽然这不等于说所有的反对党都是具有干扰性的，其中也有建设性的反对党，但反对党的主要功能便是要监督执政党。因此，反对党的存在及活动，对执政党来说无疑是干扰大于支持。因此执政党如何抑制反对党的战略，便成了一个重要课题。

人民行动党对付反对党的战略政策，因政治形势的变化，大致可以分为两个不同的时期：

第一个时期是从 1965 年到 1981 年。这个时期，由于国会中的反对党的主要成员都在政府的"冷藏行动"中被逮捕或逃亡，因而溃不成军，其他的反对党在大选失败后也销声匿迹，停止活动，国会里完全没有了反对党。政府在推行各项政策时，完全不

[①] Hussin Mutalib, "Parties and Politics—A Study of Opposition Parties and the PAP in Singapore", Pg.3-4, 2003.

必在国会中面对反对党的质问与挑战。因此他们完全可以放心，实行认为对国家与人民有利的政策。尽管有些政策是不受人民欢迎的，仍然可以顺利通过与执行。因此，贝洛斯认为："人民行动党对新加坡的成功统治，应归功于政治反对力量的式微。"[①]这说明，由于没有干扰因素的存在，人民行动党能顺利与成功地实施它的政策及取得预期的成绩。

第二个时期是从 1981 年开始至今。自从第一个反对党议员在 1981 年补选中获胜进入国会之后，人民行动党开始意识到人民希望国会中有反对党的愿望，这种愿望已不能加以压制。李光耀就曾经感叹道："80 年代的新加坡人对于取缔反对党，而由老一代领导人统治的方式已经不感兴趣了。"[②]此外，孙景峰认为："人民行动党也意识到反对党适度的存在，对人民行动党的统治、新加坡社会的稳定及人民行动党在国际社会中的形象，都是大有裨益的。因此在对待反对党的态度方面多了些容忍的成分，但在战略上设立了许多行政机制。一方面降低人民对反对党作用的期望，另一方面又使反对党能够当选的机会降到最低。"[③]这样一来，人民行动党就可以一直屹立不倒？

从战略的层面看，选举所需的各项资源，如候选人的网罗、媒体的宣传、公民/基层组织与工会组织等，几乎完全在人民行动党的控制与垄断之下。在人力与物力上都非常匮乏的反对党，只能在很小的框框内活动。在人力与物力悬殊、活动范围狭小的

① Bellows, Thomas, "The People's Action Party of Singapore: Emergence of A Dominant Party System", Pg.125, 1973.
② Choo Carolyn, "The PAP and the Problem of Political Succession", Pg.39, 1998.
③ 孙景峰，《新加坡人民行动党执政形态研究》，北京：人民出版社，第 194 页，2005 年。

情况下，难免会显得力不从心。对于新加坡反对党的困境，我们可以这样来形容，新加坡反对党就有如生长在新加坡飞禽公园"东南亚珍禽园"内的飞禽，只能在一张73米高的大网内活动。网内的飞禽可以在网内自由地飞翔，但始终无法超过它的高度与网的范围。

在以下各节中，作者将从不同的方面和角度来分析人民行动党在执政期间先后实行的各种抑制反对党的政策与措施。

第三节
垄断全国精英，"惟楚有材"

人民行动党的领导人相信"有好领袖才会有好政府"。[1]根据吕元礼的看法："人民行动党的领导相信人的智力与能力主要决定于先天遗传的优生定律。因此，自20世纪80年代起就不遗余力地去发掘人才，让他们加入人民行动党，作为人才更替的政策。更重要的是它还要垄断这些人才，不让他人（尤其是反对党）有机会利用这些人才来挑战人民行动党的地位。"[2]根据吕元礼的说法："李光耀就曾明确指出，人民行动党一旦停

---

[1]《联合早报》，1994年11月2日。
[2]吕元礼，《新加坡人民行动党执政模式分析》，载《东南亚研究》第1期，第62-65页，2005年。

止罗致人才，就会变得脆弱。如果排除了这些人才，一旦国家发生危机时，他们或是一走了之，或向人民行动党的统治权挑战。因此，决定采取主动猎人的策略。不但强大了自己的政府，也使反对党因缺少人才而无法挑战它的地位。"①由此可见，人民行动党重视人才的目的，是要防止人才不为反对党所罗致，成为他们的反对力量。

人民行动党在垄断人才方面采取了两方面政策，一方面主动猎人，网罗所有有才干的人才，成为它的国会议员或部长；另一方面又惩罚异己，打击加入反对阵营的异议人士，以达到以儆效尤的效果。现分述如下：

一、主动猎人，网罗人才加入行动党

在每一次大选之后，人民行动党的领导人都在盘算如何引进新鲜血液，作为领导人更替的过程。这是因为他们相信，一直用来都是以最好的人才来治国。李光耀在国会辩论中说："人民行动党如果不网罗有才干与有坚强政治信念的才俊，因为他们与我们有不同的性格，或对人民行动党的政策有不同的看法，而将他们推向反对党阵营去，将是非常愚蠢的。"②从这里我们可以看出，人民行动党为了垄断人才资源，就连与他们有不同政策看法的

①吕元礼，《新加坡人民行动党执政模式分析》，载《东南亚研究》第1期，第62-65页，2005年。
②新加坡国会辩论记录，Government of Singapore, Pg. 356, 1999年。

人选也不放过。《白衣人——新加坡执政党秘辛》一书指出，目前担任环境及水源部长的维文（Dr.Vivin Balakrishnan）医生，在大学时是经常批评人民行动党政策的一位学生领袖；原交通部长林双吉是政论团体"圆桌论坛"创办人之一，这个论坛经常批判政府的政策；副总理兼财政部长尚达曼（Tharman Shanmugaratnam）在英国求学时，与目前流亡在英国的异议者陈华彪同属一个学习小组，他在1982年回国时曾被内部安全局叫去问话，1987年发生"马克思阴谋事件"时，他再次被内部安全局召去问话长达一周之久。这三位部长在从政以前都是经常批评政府政策的所谓"异议者"。难怪中国学者赵大生说："人民行动党集中了主要政治精英，并基本上垄断了政治资源。"①

人民行动党非常重视政治人才的识别与发掘，为了物色最好的人才来组成政府的团队，采取了所谓主动猎人的策略。即利用作为执政党的便利，主动邀请与游说合适的人才如公务员、学术界、工商界与工运人士等参政。因为他们知道，只有采取主动才能吸引这些人才从政。李光耀就曾指出："要是完全听其自然，等着积极分子毛遂自荐加入，我们的团队根本不可能成功。"李光耀在1982年出席党干部大会时说："我们把最好的人才延揽进来，这样做使反对党找不到杰出的人，那些有聪明才智的人就算不同意我们的政策，也一样可以加入进来，他可以说服我们修改政策，为人民服务，做好事。"②

①叶添博、林耀辉、梁荣锦，《白衣人——新加坡执政党秘辛》，第471页，2013年。
②《李光耀40年政论选》，联合早报，第181页，1993年。

事实上，人民行动党从 1976 年开始，就采取了一种严格的遴选政治人才的系统，所有候选人经过部长、国会议员或党的活跃分子的推荐，成为具有参政潜能的人选，然后由一个遴选委员会以"茶叙"的方式进行遴选。经过许多层次的领导面试，一层层筛选。最后还要经过心理的测试，以确定他们的心理素质和精神状况是否适合从政。[①]即使如此，人民行动党也无法确保万无一失，它的议员也会因婚外情而辞职，与反对党平分秋色。

大选小故事：

朝野平分秋色，各有一起婚外情

2012 年，新加坡执政党与反对党各有一名议员因婚外情，或被所属政党开除党籍失去议员资格，或自己承担责任引咎辞职，这凸显了新加坡对政治人物有很高的要求。政治人物不仅要具备治国理政的能力，奉公守法，还必须有道德示范作用，私德上不能有污点，必须做人民的表率。

桃色事件其中之一是执政党人民行动党榜鹅东区议员柏默（Michael Parlmar），承认与人民协会一名负责选区事务的已婚女主管有婚外情，坦率表示自己的行为是"严重失当的错误行为"，宣布辞去议员与议长一职，并退出人民行动党。人民行动党秘书长及总理李显龙形容他"以沉重的心情"接受了辞呈，并强调所有行动党议员在个人操守上，必须秉持最高标准，特别是在接触选民和基层职员的时候，而党也必须坚持对议员的这些

---

① Straits Times, Pg.6, 3 June, 2006; Pg.18, 10 June, 2006; Pg.20, 17 June, 2006; Pg.20, 1 July, 2006.

标准和要求。

柏黙是在 2011 年大选后被选为议长，是新加坡历史上最年轻的议长，可谓年轻有为，本来可以成为人民行动党的一张名片。但是现在因闹丑闻而辞职退党，对人民行动党来说肯定是不小的损失，并会对党造成一定影响。

因为在同年 1 月，国会最大的反对党工人党议员饶欣龙爆出婚外情时，由于他始终未向他的党及外界澄清传闻，导致他在 2月份被开除党籍，进而失去国会议员资格。当时，人民行动党借机大肆攻击工人党的道德水准与选人标准，他们甚至要饶欣龙所属的工人党的领导负责任。如今人民行动党也出现了同样的丑闻，难免令人觉得五十步笑百步。尤其是当时李显龙以及其他部长都不客气地批评工人党的选人制度不严格，没有树立高水平的道德标准，并因此质疑工人党是否有能力管理选区。在柏黙因婚外情宣布辞职后，不少网民用当时执政党的言辞冷嘲热讽一番，并质疑执政党的选人标准也一样有偏差。

这次事件难免会冲击行动党的形象，人民行动党第一助理秘书长兼政府副总理张志贤表示："我们尽己所能谨慎遴选候选人。没有一种遴选制度是万无一失的，有时候问题会在多年后才浮现出来。重要的是，每当有事件发生时，我们必须适当处理。最重要的是以公开和果断的正确方式回应。"

饶欣龙是新加坡后港区的国会议员，是工人党的明日之星，是工人党秘书长刘程强的徒弟。2011 年大选，刘程强率领其他四名重量级党员转攻阿裕尼集选区，把原来的工人党堡垒后港区交给饶欣龙镇守。结果饶欣龙不但成功守土，还打了漂亮一仗，赢得超过 64％的选票。但不久之后，就传出饶与一名已婚的女子有婚外情，网络上广泛散播这个桃色传闻，但饶欣龙选择了"不解释、不承认、不否认"的应对态度。工人党在别无选择下，先在 2 月 9 日宣布终止饶的党中委职务，但整个事件还在继续，六天后工人党中委会决定开除饶欣龙的党籍。工人党的做法被政治评论者认为是"壮士断腕"。因为饶欣龙始终不回应，工人党采取这种做法可谓恰当。但人们始终不明白他保持沉默不应的原因，使这起事件成为一个谜。

柏默的辞职有两重背景：一是在年初时，同样闹出桃色新闻的反对党议员饶欣龙最终落得被开除出党、丢失议席的狼狈下场；二是柏默婚外情的证据恐怕已被人掌握，为了避免对方给自己造成更大损害，柏默选择先站出来面对舆论，掌握主动权。他辞职前有不明身份人士寄黑函给媒体，他辞职后又有人迅速将绯闻女主角的图像信息放上网等情况，都说明他已没有选择的余地，只能采取具有主动权的做法。

饶欣龙的情况可能不同，他的丑闻越滚越大，实际上与他一直回避问题、诚信不足大有关系。既然执政的人民行动党当时批评工人党选人不当，工人党又做了壮士断腕的决定，因此，当婚外情绯闻也出现在人民行动党议员身上时，鞠躬下台就成了不二的选择。这可能会成为一种模式，未来任何议员惹上婚外情绯闻，都得辞职以谢天下。

两个不同党派的议员，虽然采取了不同的方式，但最终都是辞职或被开除下台，虽然法律上并没有任何条款的约束，但这种高道德标准是新加坡国会议员的特色。

人民行动党在人才的物色方面从不间断，从 1976 年开始到 2006 年大选的 30 年内，就以茶叙的方式，从上万名会见的人才中，物色与引进了 156 名新鲜血液。（参阅表 3.1）人民行动党物色的人才都是社会各阶层中在各自的工作领域杰出的人才，[①]其中最多的来自私人机构，占 61%；其次是公务员，占 21%；然后是学术界人员，占 11.5%。人民行动党在每次大选后，就开始物色下一届的候选人。李显龙在 2008 年的干部大会上就透露说："自 2006 年大选后，人民行动党已同好几百名国人'茶叙'"。[②]

由于新加坡国小、人口少、人才相对缺乏，人民行动党引进人才的方法，几乎已将所有愿意从政的人才吸收殆尽。李光耀就在一个公开演讲场合上说："反对党面对的主要问题是，许多有冲劲的人不愿从政，至于那些愿意从政的，则选择加入了人民行动党。"[③]这已很清楚地说明了反对党在吸引人才方面所面临的困境。

表 3.1　人民行动党引进新人的资历（1976—2006）

选举年	1976	1980	1984	1988	1991	1997	2001	2006
新候选人数	11	18	26	17	11	24	25	24
原公务员	2	6	5	1	4	6	4	5
私人机构	6	10	17	12	4	12	18	16
学术人员	2	2	1	3	3	4	2	1
工运人士	1	0	3	1	0	3	1	2
具本科资格	9	15	26	15	9	24	24	24

资料来源：Straits Times，14 April，2006.p.12。

---

① Straits Times, 14 Apr., 2006.
②《联合早报》，第 6 页，2008 年 11 月 17 日。
③《联合早报》，第 12 页，2008 年 12 月 7 日。

　　过去人民行动党在筛选人才方面非常严格，除了拥有优良的学术资格外，对个人的品德包括婚姻状况都要求甚高。但近年来在这些方面已不是太严格。尤其是在国会中有了反对党之后，为了不让一些有才干的人才流向反对党阵营，它甚至愿意接受观点与本党政策不尽相同的人才。新加坡政策研究所的高级研究员许林珠就指出："这表示人民行动党愿意接受不同政治意识形态的人加入，是为了不使这些人流向反对党阵营。人民行动党甚至愿意接受单身或离婚者成为它的候选人，这在过去是从未有过的。"①

　　人民行动党为了垄断人才资源，甚至接受在过去不被认可的条件，在他们看来不符合社会规范的如单身与离婚人士，或在意识形态方面与人民行动党不同的人士，也成为它的候选人。因为他们知道这些人才的流失，如果流向反对党方面，将会威胁到人民行动党的执政地位。李光耀在国会中指出："只要有诚信与有能力的反对党领导人，有能力组成一个团队，在一两次大选中推出他的影子内阁，并提出一个可以与人民行动党匹敌的团队，他们将有可能取代人民行动党。"②

　　人民行动党除了尽量网罗所有人才加入自己的阵营外，对于那些没有意愿从政的人才，也采取所谓"收编"的方法。《圆切线》林增如说："许多收编工作一直在进行，我们许多人都曾受委担任委员会成员。"③这些收编工作还包括安排他们加入政府的半官方机构、政联公司、基层组织等，以确保他们不会加入反

---

① Koh Gillian and Ooi Giok Ling, 'Singapore a Home, a Nation', In "Southeast Asian Studies 2002", Singapore: Institute of Southeast Asian Studies, Pg. 269, 2002.
② 新加坡国会辩论记录，Government of Singapore, Pg.235, 1999.
③《圆切线》，第135页，2006年。

对党的阵营。

因此，人民行动党政府尽可能将所有的人才网罗或"收编"入政府的阵营之内，让反对党无法找到所需的人才。反对党也就无法壮大它们的声势与实力。

二、惩罚异己，以儆效尤

另一方面，除了将有才干的人才引入人民行动党，对那些选择加入反对党的有才干的人才，采取对付行动和以儆效尤的手段，使其他有意加入反对党的人士必须三思而行，而形成了一种所谓的阻吓效用。[1]因此，在新加坡要加入反对党，尤其是成为它的候选人，必须有很大的勇气。曾参加工人党两次大选（1988 年与 1991 年）的候选人奈尔（Gopalan Nair）——一名执业律师，在接受著名记者 Chris Lydgate 采访时说："（当你成为反对党候选人后）你忽然感觉到朋友已不再是朋友，你的客户已不再是你的客户。"[2]因此，据 Lydgate 说："反对党在寻找人才时，经常都会面对这样的标准答案而被回绝：我必须考虑我的工作，我必须照顾我的家庭。"[3]

但其中也有不畏惧而决定参选的人士，代表民主党参加 2011 年大选的洪永元医生便是一个例子。

---

[1] Hussin Mutalib, "Parties and Politics—A Study of Opposition Parties and the PAP in Singapore", Pg. 354, 2003.

[2] Lydgate, "Lee's Law—How Singapore Crushes Dissent", Pg.230, 2003.

[3] 同注 2，第 231 页。

大选小故事：

打破"政治恐惧症"参选——民主党洪永元从政

2011年大选，反对党派出许多重量级的人物，如国际法律界的知名人士陈硕茂，曾担任前总理私人秘书的陈如斯，知名心理医生洪永元，社会知名活动者文森博士及一些曾是政府奖学金得主的前公务员。这些人的资历绝不逊于任何执政党的候选人，引起许多人的注意，也改变了过去人们对反对党人物的负面印象。

许多人都知道要参加反对党不是一个容易的决定，尤其是你在社会上已有了名声与地位。他们当中的洪永元医生是如何走上反对党之路的呢？

洪永元是英国爱丁堡皇家医学院院士。在参加反对党以前活跃于社区，曾担任榜鹅民众俱乐部管理委员会主席，也曾是甘榜景万岸区公民咨询委员会秘书。他是人民行动党政府系统下的一名资深基层领袖，并在1995年获总统颁赐的公共服务奖章。

时年55岁的心理医生洪永元曾担任新加坡武装部队的军医，军阶中校，因服务成绩优良获得公共行政（铜）奖章（军事）。在新加坡武装部队服务23年后，他在2003年离开军队，并于2005年开办了自己的心理诊疗所，业务不错，事业刚刚进入轨道，属于新加坡高收入的一群。

一个在事业上成功，又在人民行动党基层与支部活跃的领袖，为什么会在2011年大选时，与陈如斯、文森·维基新雅博士和李娟组成一个四人团队，在民主党旗帜下，挑战人民行动党由新加坡社会发展、青年及体育部长维文医生领军的荷兰—武吉知马集选区？

洪永元医生坦言，他决定出来参选，得先闯过自己的"政治恐惧症"这一关。"政治恐惧"是洪永元医生在竞选时一直强调的重点。他说："我一开始当然也害怕，参加此次大选是非常困难的决定。"一直到了大选的约三个月前才做出最后的决定。

他认为："反对党一直被人赋予非常负面的形象，在这个时候代表反对党参选，很可能会影响诊所的业务，也可能卷入政治纷争中。"不过，在好友陈如斯的劝说下，他毅然决定参选。"我原本打算先让诊所的业务稳定下来，等到 2016 年才参选。但陈如斯点醒了我，他问我'为什么要等？'我考虑了一下也发现不能再拖了，我必须尽快为人民说点话。"

他语气沉重地说："这次竞选我下了很大的赌注，我如今有了一定的名声和地位，我拥有了很多，也可能在参选后失去很多。但我坚信自己必须站出来，为民众提供一个平台，把政治权力还于民，让大众之声现于政治舞台上。"

谈起他参选尤其是加入反对党后周围朋友的反应时，洪永元沉思了许久，最后格外沉重地说道："一些公务员朋友知道我加入民主党之后十分气愤，一位朋友甚至给我发了短信，说我忘恩负义，对我感到十分失望。有些则因为害怕卷入政治纷争，逐渐与我疏离。"但他坚信，只要是个热血的新加坡公民，不论在哪个政党都能为国家做出贡献。秉持着这个信念，他不畏身边的冷言冷语，决定出来参选。

洪永元自小就对政治感兴趣，第一次向政府抗议是在1978年。当时政府为解决医生人数不足的问题，迫使所有在籍的学生签署医疗契约，让他们毕业以后必须当医生，为卫生部服务。洪永元当时已是毕业班学生，此契约对他不会产生影响，但他仍决定站出来带领医科学生向政府提出抗议。"当时毕业班学生都忙于准备毕业考试，然而身为学长，我必须以身作则与后辈一同奋斗。"

他在行医的过程中，从所治疗的病患者的情况，觉得目前实行的制度已使新加坡社会变得十分僵化，竞争取代了人情味，物质成了人们的价值标准，而一般简单的谅解与包容都渐渐地消失。这种情况的发生是由上而下的，因此要改变这些情况必须通过参政才能做到。

参加这次大选，他的团队只获得约40%的选票，但他并不以为意。他的主要目的是希望树立榜样，鼓励更多的公务员参与政治，并让民众变得更具政治参与感。

从洪永元的参政，我们知道参加反对党首先必须有很大的勇气，还必须先克服自己的恐惧心态，及周围朋友对你异样的目光，甚至会失去他们。新加坡反对党的发展正受到这方面的阻碍与限制。①

民主党秘书长徐顺全接受采访时，在提到招募民主党候选

---

① 本文资料取自黄小芳，《洪永元：打破政治恐惧，从自己开始做起》一文，网址：http://postge2011.Blogspot.sg/2013/08/blog-post.html，浏览日期：2013年12月15日。

人的困难时，根据 Lydgate 的形容，徐顺全不禁用失望的语气说：
"寻找候选人是多么困难，要参加反对党，除非你疯了。要寻找
候选人简直是一场梦魇，恐惧的因素是如此严重，甚至要给民主
党打个电话也会令人毛骨悚然。"①

　　人民行动党如此认真地阻止好的人才加入反对党，卢正涛认
为："1991 年大选时，有 4 名反对党候选人当选，他们的当选
出乎人民行动党领导层的预料之外。因此，人民行动党认为如果
不采取断然措施，继续让反对党网罗社会上的精英，就会增强反
对党的力量，从而对人民行动党的执政地位构成威胁。因此，对
于不听人民行动党领导人呼吁、胆敢加入反对党的名人施以惩罚
就在意料之中。"②

　　新加坡民主党秘书长徐顺全便是许多受到"惩罚"的例
子之一，③其他受到打击的著名人士还有工人党的惹耶勒南，
及代表反对党参加大选，同时具有影响力的异议人士萧添寿、
邓亮洪等人，④他们都被认为是反对党阵营内具有实力的候
选人。

　　徐顺全博士在 1992 年加入民主党，同年参加马林百列区
补选，是新加坡大选史上第一个代表反对党参选的在任大学讲
师。他在参选失败的三个月之后，就被他任职的新加坡国立大
学以滥用研究基金的罪名开除。卢正涛指出："这件事在新加

①Lydgate，"Lee's Law-How Singapore Crushes Dissent"，Pg.230，2003.
②卢正涛，《新加坡威权政治研究》，南京：南京大学出版社，第250页，2007年。
③同注2，第249页。
④孙景峰，《新加坡人民行动党执政形态研究》，北京：人民出版社，第196-197页，2005年。

坡社会、学界与政界引起轩然大波。"①中国台湾地区学者洪镰德在当时的《海峡时报》上指出："这种不留余地的严厉做法给人一种错觉，误以为新加坡政府借大学的手来迫害异己，特别是以杀鸡儆猴的手段，吓阻积极参与反对阵营政治活动的专业人士。"②

徐顺全被新加坡国立大学解雇，是由于大学指责他以不诚实的手段利用研究基金，而新加坡国立大学的这一做法引起了很大争议。主要是人们认为这不是一件单纯的行政行为，是参选之后的一种杀鸡儆猴的手段，惩罚参加反对党的徐顺全，目的是使其他有意仿效者引以为戒，使反对党无法吸收人才、壮大力量。因为徐顺全的不诚实行为发生在从政前的半年，却是在他加入民主党参加选举之后才被揭发的。

其他代表反对党参选并且获得高得票率的专业人士，惹上"麻烦"的还有萧添寿、邓亮洪与惹耶勒南等。

萧添寿原为律师公会会长，1988年，他第一次代表工人党与已加入工人党的前社会主义阵线主席李绍祖医生，及一名马来族的广播员，组成一个三人团队参加友诺士集选区竞选。由于这个团队实力强大，人民行动党不敢掉以轻心，担心原班候选人难以抵挡，临阵换将，改派教育部高级政务部长郑永顺领军来对抗。

萧添寿曾任职于国家检察司，曾经代表政府在调查庭显露辩才而名噪一时，他的口才非常了得。李绍祖则是政坛元老，是前

①卢正涛，《新加坡威权政治研究》，南京：南京大学出版社，第249页，2007年。
②洪镰德，《新加坡学》，台湾：扬智文化事业股份有限公司，第74—76页，1994年。

社会主义阵线主席，参政 30 年，身经百战，能言善辩。因此，他们的竞选群众大会往往出现万头攒动的热闹场面，"甚至造成交通阻塞"。①由于两人的口才、演说能力与煽动能力，使人民行动党感受到很大的压力，加上人民行动党的群众大会向来参加者不多，因此采用发传单的形式来反击，并对萧添寿个人展开各方面的攻击，几乎达到不间断的地步，这是作者在过去的大选中从来没有看到过的现象。人民行动党也从那些没有竞选的支部调派大批人手去支援友诺士支部，使这个选区成了这次大选的焦点。

这次选战的激烈也可以说是空前的。由于人民行动党采用强力的反击，竞选的结果，萧添寿的团队以 49.1% 的高得票率败北。少数票只差 1279 票，成为最高得票的落选者，有资格被委任为非选区议员。

大选过后，萧添寿即被控多项逃税控状。可能是他意识到政府的意图，以就医为名飞到美国而不应诉。但法院还是在他缺席的情况下判罪名成立。根据穆达立（Mutalib）的看法，"他之所以会受到打击，由于他曾是政府高级官员，并且能言善辩，在大选举行的群众大会上，吸引了大批群众，使人民行动党感到恐慌"②。在社会上则流传着一则消息，由于萧添寿在集选区以高票落选，根据规定有资格成为非选区议员，但人民行动党政府认为他不适合当议员，因此用逃税罪名来指控他，使他失

---

① Lydgate, "Lee's Law—How Singapore Crushes Dissent", Pg.208-209, 2003.
② Hussin Mutalib, "Parties and Politics—A Study of Opposition Parties and the PAP in Singapore", Pg.146, 2003.

去当议员的资格。这个传言无法得到证实，但时间的巧合令人猜疑！

萧添寿逃亡到美国至今，成了一名政治难民。他在参加大选之前，曾被政府以与新加坡美国使馆一名参赞有不寻常接触，依《内部安全法令》扣留了七十二天。萧添寿对《海峡时报》记者说："我的被逮捕与扣留，吓走了许多有潜质的反对党候选人。"[1]穆达立（Mutalib）则认为，人民行动党在政治上以法律手段，粗暴地对待（反对党人士），已形成一种他所谓的警惕心态（Caution Syndrome）。他说："事实是萧添寿与邓亮洪二人，因害怕被逮捕不得不逃离新加坡，对那些胆敢参加竞选与人民行动党抗争的人士，发出了一个明确的讯号。"[2]

邓亮洪原为一名著名的执业律师与华社活跃分子，他在1997年大选时，联同工人党秘书长惹耶勒南与工人党主席陈民生医生组成一个五人团队参加静山集选区的选举。这个团队集合了反对派的重量级人物，也是惹耶勒南在经过两次大选不能参选后复出的选举，因此引人瞩目，成为这届大选的重头戏，对人民行动党以李玉全部长为首的团队造成一定的威胁与压力。

人民行动党倾全力于静山集选区的选战，出动所有高级领导，包括总理、副总理、资政等来助选。在竞选一开始就集中火力攻击邓亮洪，总理吴作栋指责邓亮洪是危险分子，是大汉沙文主义者、反基督教和反马来人，[3]并说他是一个"政治投机

① Straits Times, 20 Jan., 1989.
② Hussin Mutalib, "Parties and Politics—A Study of Opposition Parties and the PAP in Singapore", Pg.354, 2003.
③ Straits Times, 27 Dec., 1996.

分子"，^①令许多受英文教育者、基督教徒与马来人感到不安，邓亮洪因此受到恐吓而向警方报案，要求保护。

人民行动党的竞选策略成功，工人党最终以 45.2% 的得票率败北，但也使人民行动党团队的得票率减少了 9.3%。吴作栋承认邓亮洪参选是一个主要因素，他说："如果邓亮洪不是工人党的候选人，人民行动党会取得更多的多数票。"^②他又说："我们选前的民调指出，指责邓亮洪是华文与文化沙文主义，静山区的华校生可能会舍弃人民行动党倾向邓，但马来族与受英文教育华人则会倒向人民行动党。"^③因此，萧添寿认为："人民行动党在选前指责邓亮洪是种族主义者，是为了争取选票的一个手段。"^④穆达立（Mutalib）则认为："吴作栋仍旧采用 1991 年大选时的策略，但无法确定这是否能扭转局势，因为反对党所举办的群众大会还是沸沸腾腾与人山人海。"^⑤

邓亮洪在参选前后就必须面对一连串诽谤的官司，"1997 年时，李光耀和吴作栋等人民行动党领袖，因为工人党候选人邓亮洪的言论，连续提出五个诽谤诉讼"。^⑥根据作者估算超过，全部赔偿额 500 万新元。最先是 11 个人民行动党议员，他们曾一

① Straits Times, 30 Dec., 1996.
② Chua Mui Hoong, "One Level Playing Field for All Races, PM Assures", Straits Times, 3 Jan., 1997.
③ Straits Times, 3 Jan., 1997.
④ Francis T.Seow, "Beyond Suspicion? The Singapore Judiciary", Pg.68, 2006.
⑤ Hussin Mutalib, "Parties and Politics-A Study of Opposition Parties and the PAP in Singapore", Pg.150, 2003.
⑥吴铭璿，《新加坡威权政治与司法诉讼实践》，台湾政治学会年会与学术研讨会论文，2009 年。网站：tpsa.hcu. Edu. tw/ ezcatfiles /b083/limg/img/1186/E3-2 pcf, 16/, 2009, 浏览日期：2013 年 1 月 1 日。

起指摘他是沙文主义者与反基督徒，要求总共高达 800 万新元的赔偿。

邓亮洪也知道，政府正在全力以赴对付他。因此，在投票日前夕的最后一个群众大会上，邓亮洪说："自从参选以来，他们就恐吓我，说在选举后就不再是英雄，但我并不想成为英雄。他们曾向你们暗示我会有麻烦，我可能从此消失。不论我当选与否，如果你们再也看不到我，我现在先向你们告别。"①

当案件还在起诉时，邓亮洪在大选揭晓后的第二天就逃离新加坡，躲在一水之隔的马来西亚柔佛州的新山市。目前据知在澳大利亚成为政治难民。李光耀因此取得庭令，查封邓亮洪及其夫人的资产，作为先前诽谤案的赔偿。邓亮洪指"李光耀等人的资产扣押令的意图是逼他放弃牵涉国家领袖的行为官司"。②至此，邓亮洪可以说因为参选而家破人亡。邓亮洪对自己的遭遇做出这样的解释，他说："人民行动党的领导人，给了一个非常明显的讯息，就是你不应成为反对党的政治家。"③

另一个在"人民行动党政府过分、执意毁灭而不被击败的政敌是惹耶勒南（Jeyaretnan）"。④他原为新加坡地方法庭的法官，在 1971 年接管了工人党并进行改组，使它日益强大。在 1981 年的安顺补选中，一举打破连续四届国会中没有反对党的纪录，成为第一个反对党议员。在这之后他就不断面对诽谤官司，被控告遭罚款或坐牢，失去议员参选资格，被国会特权委员会检

---

① Straits Times, 2 Jan., 1997.

② CNN News, 6 June, 1997.

③ 邓亮洪，《与李光耀较量：新加坡异见者邓亮洪回忆录》，2000 年。

④ Lydgate，"Lee's Law-How Singapore Crushes Dissent"，Pg.Xii, 2003.

举及被判破产等。因此惹耶勒南说："一种令人感到恐惧的阴影，防止了那些有能力的人成为反对党的党员。"[1]政治学者陈庆珠（Chan Heng Chee）教授也认同这种恐惧的存在，他说："这防止一些受过良好教育的专业人士与精英分子加入反对党阵营。"[2]

因此，惹耶勒南可以说是蒙受人民行动党打击最多的一名反对党领导人。但他是一个非常自信与坚强的人，最终能够成为在独立后第一个打破一党独大，进入国会的反对党议员，在新加坡的政治史上占有一定地位。他于 2008 年逝世。

大选小故事：
诽谤官司连连：惹耶勒南的诽谤官司

人民行动党的领导人使用诽谤法对付反对党领导人。从前总理李光耀到现任总理李显龙，对于任何可能损害其名誉的言论，一律以诽谤诉讼反击，并且往往要求非常高额的赔偿金，造成数位反对党领导人因无法负担高额赔偿而被宣告破产，更使反对党在新加坡发展困难。这也造成反对党在进行评论时，必须很小心地考量他的言论是否会有诉讼的风险，形成了一种政治性言论自我审查的文化。

惹耶勒南是第一个打破一党独大局面的反对党领导人，也是第一个面对许多诽谤官司而破产的反对党人，他从 1979 年起就面对一系列官司。我们将这些官司的事由与判决结果列下：

[1] Straits Times, 1 Feb., 1979.
[2] Chan Heng Chee, "Government and Politics in Singapore", Pg.146-173, 1985.

1. 1979 年——李光耀控告惹耶勒南诽谤

事由：惹耶勒南暗指李光耀与一家银行快速地取得设立银行执照的许可有关。

结果：初审惹耶勒南败诉，必须赔偿李光耀 13 万新元。惹耶勒南上诉后再审，败诉，李光耀获赔 50 万新元。

2. 1990 年——李光耀控告惹耶勒南诽谤

事由：惹耶勒南指李光耀与国家发展部部长郑章远（Teh Cheang Wan）自杀死亡事件有关。

结果：惹耶勒南败诉，李光耀获赔 35.5 万新元。

3. 1995 年——惹耶勒南及 4 位人民行动党的印裔议员

事由：工人党的党报 The Hammer 的一篇文章指，惹耶勒南及 4 位人民行动党的印裔议员未对提供泰米尔文做过任何行动。

结果：法院判决 A Balakrishnan、惹耶勒南和工人党需赔偿 20 万新元。

4. 1995 年——泰米尔语文周的 11 位组织委员会委员分别提起诉讼，控告工人党党报 The Hammer 的作者 A Balakrishnan、编辑惹耶勒南和工人党

事由：上述 3 的同一篇文章。

结果：1998 年，法院判决 A Balakrishnan、惹耶勒南和工人党需付泰米尔语文周组织委员会 26.5 万新元。

5. 1997 年——李光耀、吴作栋和 9 位人民行动党议员共提出八讼状

事由：控告惹耶勒南在选举的群众大会上说，邓亮洪放了两份报告交给我，报告内容是他向警方所作，要用来对付吴作栋

和他的人。总理吴作栋这种说法有如莫洛托夫鸡尾酒（Molotov Cocktail）土制炸弹。

结果：初审总理吴作栋获赔 2 万新元，上诉审总理吴作栋获赔 20 万新元。2002 年 4 月，惹耶勒南道歉后，撤回诉讼。

6.1998 年——吴作栋控告惹耶勒南

事由：吴作栋对惹耶勒南提出破产程序，要求支付 1997 年胜诉判决。

结果：在惹耶勒南付 69,000 新元分期付款后，撤回控诉。

7.2000 年——8 位泰米尔语文周组织委员会委员控告惹耶勒南

事由：要求惹耶勒南支付 1998 年法院的胜诉判决。

结果：惹耶勒南同意分期付款。2001 年 1 月，惹耶勒南被判破产，他上诉，败诉，再次提出上诉。2001 年 8 月，惹耶勒南败诉宣告破产，同时被剥夺国会议员资格。

惹耶勒南可以说是反对党领袖中惹官司最多的一位，他两次（包括非选区议员）被剥夺议员资格，也因破产失去执业律师的资格，单单以上几个诽谤案中的赔偿额就高达 132 万新元。

除了萧添寿、徐顺全与邓亮洪，其他因参与政治活动而逃亡海外的包括前新加坡大学学生会会长陈华彪，前南洋大学学生会会长及工人党候选人何元泰、律师邱甲祥、陈凤霞等。[1]

人民行动党对付反对党人的手段相当高明，穆达立（Mutalib）指出："人民行动党除了以法律与逮捕行动来对付参选的反对党人，也采用揭发与贬低那些代表反对党参选人的品德与记录的策

①张素兰、刘月玲（著），徐汉光（译），《狮爪逃生——新加坡政治流亡者思辨集》，2013 年。

略，使他们必须面对官司的赔偿，蒙受巨额的金钱上的损失；除此之外，还对反对党人士的品德广泛宣传，也使他们的家人受到牵连、蒙羞。这种种教训与讯息，对那些想参加反对党的人是一个很大的警告，因而断绝了反对党人才的来源。"①

新加坡反对党之一的国民团结党候选人戈麦斯（Gomez James）也在总结反对党的困境时说："一个强大与有诚信的反对党，要在新加坡的环境中出现是极其困难的，人民行动党采取各种手段来吓唬反对党。"②李路曲说："一位反对党人曾说，每一次大选过后都有一位反对党的名人在政坛上消失，这是新加坡选举文化中的典型案例。"③他又说："一位外国评论家说，在新加坡通过法律的程序使一些批评者破产，从而使他们退出政坛，使用诽谤罪来起诉并搞倒政敌，是新加坡高层者惯用的方式。执政党在法制的范围内，使用精致的政治策略和技术，来迫使反对党处于竞争劣势，可以说做得驾轻就熟。"④

李光耀对这些指责的反应是人民行动党可以接受那些具建设性，及认同我们的制度的反对党存在，但会毁灭那些企图破坏我们制度的反对党。他接受《海峡时报》总编辑韩福光（Han Fook Kwang）的采访时说："我们没有针对詹时中，我们也没针对蒋才正、林孝谆。工人党的刘程强我们也没有打击他，他在职务范

① Hussin Mutalib, "Parties and Politics-A Study of Opposition Parties and the PAP in Singapore", Pg.142, 2003.
② Comez James, "Publish and Perish-The Censorship of Opposition Party in Singapore", P.245, 2001.
③李路曲，《新加坡人民行动党政府的社会控制方式》，载《东南亚研究》第4期，第41页，2006年。
④同注3。

围内照顾他的选区，参与每个探丧及婚宴……但如果你是一个麻烦制造者，及对新加坡有害，我们有义务在政治上消灭你。我可以这么说，只要惹耶勒南坚持他的立场成为一个有破坏性的力量，我们会继续打击他。"①

许多政论者对人民行动党经常以诽谤法律来对付政敌使他们破产感到不满。李光耀在他的回忆录中解释道："我们的政敌总是等到大选期间才造谣诬蔑，希望能令我蒙受最大的打击，如果不诉诸法律，人们就会相信这些无稽的指控。"②

李光耀的解释虽然合情合理，但令人不解的是，诽谤案的高额赔偿往往使反对党人破产。法庭的判决已足以证明他们的正直与诚实，及对人民负责的态度。中国台湾地区学者吴铭璿在他的论文中说："诽谤诉讼影响新加坡政治发展，透过诽谤诉讼中的胜诉，来证明自己的正直和诚实……而反对党领袖和反对党则往往因诽谤诉讼败诉而破产，无法继续从事政治活动。"③

曾任新加坡国立大学法学院院长，目前担任外交部巡回大使的许通美教授，在李光耀政策研究院为庆祝李光耀九十大寿的研讨会上，提问时就问道："李光耀这种在每次大选之后就提出诽谤诉讼，有些甚至被判破产的做法是否明智？"④但也指出，他并不是说李光耀没有在法律范畴内去告他的对手，而是在其他进步

---

① Han Fook Kwang, "Lee Kuan Yew: The Man and His Ideas", Pg.14, 1998.
② 李光耀，《李光耀回忆录：1965—2000》，新加坡：联合早报，第150-155页，2000年。
③ 吴铭璿，《新加坡威权政治与司法诉讼实践》，台湾政治学会年会与学术研讨会论文，2009。网站：tpsa.hcu. Edu. tw/ ezcatfiles /b083/limg/img/1186/E3-2 pcf, 16/, 2009，浏览日期：2013年1月1日，第11页。
④ Today, 18 Sept., 2013.

的民主国家的领袖并没有这么做。[1]

原副总理贾古玛教授在研讨会上说："李光耀的做法并不是要告诉（反对党），他们不应参加选举，而是要对那些影响到他正直清廉品格的指责进行辩护。"[2]

从以上所述，可以看出人民行动党在人才的垄断上，采用了两面手法：在积极方面采取主动，通过各种管道，从各个方面去猎取人才，吸收有意从政者成为它的候选人，那些不愿从政者则安排到政府控制的其他组织中去。这个做法使有限的人才几乎都笼络在人民行动党之下，不让他们加入反对党。李显龙就曾经说过："如果我们有好的人才，我们会设法将他们收编在人民行动党之内，使他们成为我们体制的一部分……假如优秀的人才被逼加入反对党，我想我们失败了，我们做错了，为什么他们不加入我们？我们到底做错了什么？我想我们不会走这条路。"[3]

在消极方面则采用恐吓的手段，防止一些有才能的人加入反对党。为了达到阻吓的目的，对那些加入反对党的人才进行打击，让他们毁灭或消失，达到杀鸡儆猴的目的。使反对党在缺少人才的情况下，对人民行动党起不了威胁的作用。这种"釜底抽薪"式的人才垄断方法，先弱化反对党，使他们无法形成威胁。另一

[1] Today, 18 Sept., 2013.

[2] Garry Rodan, 'Election Without Representation: The Singapore Experience Under the PAP', in R.H Taylor (eds.), "The Politics of Election in Southeast Asia", Pg.86, 1996.

[3] Garry Rodan, 'Election Without Representation: The Singapore Experience Under the PAP', Pg.86, in R.H Taylor (eds.), "The Politics of Election in Southeast Asia", The Woodrow Wilson International Center for Scholars, 1996.

方面又派出所猎取的优秀人才去竞选，让选民在缺少选择的情况下投票给人民行动党，使它一直在大选中能够获得胜利。这种做法不能不说是合法与高明的，因而保证了人民行动党的政权一直屹立不倒。

第四节
消除"第四权"疑虑，合并所有报章

李光耀说："当人民行动党在 1954 年成立时，当时的《海峡时报》就一直指责人民行动党的反殖立场，及它与亲共左翼团体的合作关系，尤其是在 1959 年 5 月新加坡自治邦大选时，《海峡时报》对人民行动党的抨击更加严厉，目的是要阻止我们当选成立政府。"[1]

人民行动党因此深刻地了解到媒体对一个政党的重要性，尤其是在举行大选的时候。李光耀在人民行动党成立 25 周年的特刊上写道："在英文报章中，《海峡时报》的敌意很强……如果当时的华文报章对人民行动党的动向不曾大事报道，把群众支持的力量建立起来，是会更加困难的。"[2]有鉴于此，穆达立（Mutalib）

[1] Han Fook Kwang, "Lee Kuan Yew: The Man and His Ideas", Pg.215, 1998.
[2] 人民行动党中央委员会，《人民行动党：1954—1979》，第 34 页，1979 年。

认为：“人民行动党在组织政府之后，便采取了许多措施，来确保它的政治敌手无法通过传媒来影响国家的管理。”[1]因此，新加坡公开中心（Open Singapore Center）指责政府说：“尽管在六七十年代的新加坡，有许多具有独立立场和富有生机的报章，但慢慢地这些媒体都被政府禁止了。”[2]

一、新加坡独一无二的报业集团

人民行动党的领导人从他们的历史经验中深刻地了解到媒体在政治中的重要性。陈鼎良认为政府在对待媒体的立场上，不论是印刷媒体还是广播媒体，都非常明确。那就是媒体在广大的范围内，必须有纪律性与有秩序地确保国家的安宁与稳定，尤其是在新加坡这个多元民族、宗教与文化的国家，更是政府用来管制媒体的充分理由。”[3]

许多政治评论人士认为，新加坡媒体的地位并不属于西方国家所谓的第四权，而是一个亲政府的机构。对于媒体是国家的第四权之说，李光耀就曾直接指出：“有一种不适合新加坡的价值观，便是把报章视为第四权，自英国人统治时代起，新加坡的报章从未曾是第四权。”[4]因此，政府对管制报章的立场是非常鲜

---

① Hussin Mutalib, "Parties and Politics—A Study of Opposition Parties and the PAP in Singapore", Pg.30, 2003.

② Open Singapore Center, "Election in Singapore: Are They Free and Fair".

③ Tan Teng Lang, "The Singapore Press: Freedom, Responsibility and Credibility", Pg.2, 1990.

④《李光耀40年政论选》，联合早报，第529页，1993年。

明与明确的，那就是不允许报章成为监督政府的工具。李光耀明确地指出："我们不能允许他们（指报章）扮演美国传媒所扮演的那种监督政府、反对政府与审问政府的角色。如果我们允许他们这么做，他们就会彻底改变新加坡社会的本质。"[1]媒体人韩山元认为："人民行动党对媒体管制的立场是明确和坚定的。因此在执政后马上采取了许多措施来控制与管制媒体的运作。首个目标当然是在过去对它怀有敌意的《海峡时报》，使它转而支持人民行动党。这是因为这个由英国人创办与经营的《海峡时报》在1959年大选时，由于人民行动党的反殖立场，开足马力对它展开猛烈的攻击，目的就是要阻止人民行动党获胜上台执政。"[2]

李光耀就曾公开声言，如果在《海峡时报》处处作对的情况下仍旧获胜，事后必定会和《海峡时报》算这笔账。[3]

《海峡时报》在人民行动党上台后，因担心报复而预先将总部搬到马来西亚的首都吉隆坡。世事难料，新加坡在1965年退出马来西亚后，马来西亚政府逼《海峡时报》集团出售给巫统控制的公司。《海峡时报》因此向新加坡政府求和，李光耀不计前嫌，允许它迁回新加坡。这家在过去老跟人民行动党唱对台戏的英文报章，立场来了个180度的转变，不但不再反对人民行动党，反而在许多重大问题上支持人民行动党。[4]

---

①《李光耀40年政论选》，联合早报，第548页，1993年。
②韩山元，《新加坡人民行动党的治国理想与报业》，第259页，载赵振祥等（编）《东南亚华文传媒研究》，第258-263页，2007年12月。
③同注2。
④同注2。

在处理好《海峡时报》后，人民行动党开始处理其他语言的报章。1971 年，揭发了英文报章《东方日报》（Eastern Sun）接受外国势力收买的所谓"黑色行动"，《东方日报》的负责人被逮捕。与《东方日报》同时被处理的还有另一家英文报章《新加坡先驱报》（Singapore Herald），它被指控通过社会与新闻报道与新加坡政府作对。政府吊销了它的出版准证，理由是这家报章接受美国财团的资助与政府唱反调。①

几乎在同一个时期，新加坡两家主要华文报章之一的《南洋商报》也被指与政府唱对台戏，渲染华文问题。因此政府援用《内部安全法令》逮捕了该报的总经理、总编辑、社论主笔与人事经理。②但该报社长坚持立场，继续在报章上反驳政府的指责。政府又援用《内部安全法令》，逮捕了社长。据陈鼎良说："1970 年，援用《内部安全法令》被逮捕的新闻从业员，有《南洋商报》的四位高级人员，还有《远东经济评论》杂志的撰稿人及马来文报章《每日新闻》的两位记者。"③根据 Jothie Rajah 的看法，"1971 年的拘捕行动是要使传媒消声。"④

《南洋商报》后来在政府的压力下进行改组，更换了主要负责人。政府也在同时宣布成立一个报业理事会，负责拟定新加坡报业的方针。《联合早报》前总编辑林任君认为，这是人民行动

---

① 韩山元，《新加坡人民行动党的治国理想与报业》，第 259 页，载赵振祥等（编）《东南亚华文传媒研究》，第 260 页，2007 年 12 月。

② Tan Teng Lang, "The Singapore Press: Freedom, Responsibility and Credibility", Pg.2, 1990.

③ 同注 2。

④ Jothie Rajah, "Authoritarian Rule of Law, Discourse and Legitimacy in Singapore", Pg.287, 2014.

党第一次公开、直接地插手管理媒体的一个重大步骤。①

　　阿历佐西（Alex Josey）认为，人民行动党政府相信在一个公开与开放的社会中，传播媒介对民意的影响是非常巨大与深远的。不能让报章的出版由某一个集团或个人所控制。因此，分散报章出版的所有权是一个重要手段。1977年修改了《报章与印刷品法令》，主要是用来对付李光耀所谓的"新加坡人中的小集团"。政府也不动声色地买下当时新加坡两大中文报章之一的《南洋商报》的管理股，同时委任总理的政治秘书为公司的董事。政府也用同样的方法对付另一家主要华文报章《星洲日报》，控制了它的编辑委员会。②

　　在控制了各报章的管理权后，接下来是如何整合媒体出版公司的所有权。1982年，政府首先合并两家华文报章为《联合早报》。第二年，这个唯一的华文报集团，再与英文报章《海峡时报》及其他语言报章合并（这包含马来文报章《马来前锋报》（Berita Harian）；印度泰米尔文的《泰米尔时报》（Tamil Murasu）③成为新加坡独一无二的报业集团——新加坡报业控股集团，出版所有的新加坡报刊。委派前内阁部长林金山担任公司主席，这个集团控制了所有在新加坡国内的各语言报章的出版，是新加坡唯一的报章出版商。政府提出将所有报章合并为一家的理由是要消除无谓的竞争，确保报章的生存。但陈鼎良认为："合并是为了便于集中

①林任君，《我们的七十年华文报大事记——新加坡主要华文报简史》，新加坡报业控股，第30-31页，1993年。
②Alex Josey, "Singapore: It's Past, Present and Future", Pg.109-110, 1980.
③韩山元，《新加坡人民行动党的治国理想与报业》，第259页，载赵振祥等（编）《东南亚华文传媒研究》第261页，2007年12月。

控制。"①据陈鼎良说："人民行动党创党主席杜进才博士说：将报章锁定成为一个听话的官方喉舌，就有如苏联的《真理报》或是中国的《人民日报》。"②至此，政府已完全控制了所有新加坡报章的出版。

政府在完成对本地报章的控制后，开始对在新加坡流通的外国报章与杂志进行干预与取缔。这是因为在 20 世纪 80 年代之后，由西方国家拥有的英文报章与时事杂志，在新加坡可以自由流通，已形成了一股不可忽视的势力。这些报章与杂志不但批评政府的政策，也攻击一些他们认为与他们价值标准不符的政府措施。如 1986 年，新加坡政府指摘美国的《时代周刊》刊登了一篇题为《钳制异议者的声音》的文章，政府认为该文歪曲事实，要求更正，但遭到拒绝。③因此，在 1986 年时，通过修改《报章与印刷法令（修正）》，授权交通与新闻部长，可以对那些干涉新加坡内部事务的外国出版商进行制裁。④制裁的方法包括限制销量或发行量，有了这个法律依据，政府下令限制《时代周刊》的发行量，从原来的 18,000 份减半，1987 年再减到 3000 份。其他先后遭到制裁的外国出版报刊有《亚洲华尔街日报》（1986 年）、《亚洲新闻》（1987 年）、《远东经济论坛》（1987 年）与《经济学人杂志》（1993 年）等。⑤政府采取限制销量的办法，而不是

① Open Singapore Center, "Election in Singapore: Are They Free and Fair", Pg.7, 2000.
② Tan Teng Lang, "The Singapore Press: Freedom, Responsibility and Credibility", Pg.7, 1990.
③王靖华，《新加坡对大众传媒的法律管制》，载《东南亚纵横》第 2 期，第 34 页，2005 年。
④ Chua Beng Huat, "Communitarian Ideology and Democracy in Singapore", Pg.196, 1995.
⑤王靖华，《新加坡对大众传媒的法律管制》，载《东南亚纵横》第 2 期，2005 年。

禁售，是因为政府相信这些外国报章或杂志刊登歪曲报道，目的是要刺激销售销量，从而吸引更多广告收入。因此，限制发行量将会使他们蒙受经济损失，知难而退，这不愧是一种明智与有效的做法。

二、最早开始监控新兴媒体的政府

电子媒体的出现被认为是能够打破威权政权在政治上控制的一种力量，及促成更大的民主化。这是因为威权政体对异议信息流通的控制能力，不论是信息的数量与形式都大大地被削弱了。[1]

电子媒体对选举的作用，韩国学者 Lee Keehyeung 以 2002 年韩国总统选举为例来说明。在这次选举中，开始时形势对卢武铉非常不利，但他的支持者通过网络发表政治论文及动员自愿工作者，使卢武铉后来逆转而获胜。因此，网络被认为在这次选举中，发挥了社会动员与政治影响力的重大作用。[2]马来西亚在 2008 年的大选———一个被媒体称为大海啸的大选中，反对党取得重大胜利，不仅打破了过去执政党在国会中三分之二的多数，还赢得五个州的执政权。很多政治评论者认为是反对党充分利用网络的效果。新加坡李光耀政策研究所副所长 Arun Mahizhnan 认为，"网

① Garry Rodan, 'Election Without Representation: The Singapore Experience Under the PAP', In R.H Taylor (eds.), "The Politics of Election in Southeast Asia", Pg. 63, 1996.
② Lee Keehyeung, 'Net Power and the Politics of the Internet Media in South Koera', in Chua Beng Huat (eds.), "Elections as Popular Culture in Asia", Pg.163, 2007.

络能起这么大的作用，是因为人民现在能通过这个视窗，从政府
所控制的媒体宣传中觉醒过来"。[1]

人民行动党政府对新兴媒体互联网的兴起，当然也不敢掉以
轻心。无国界记者组织（Reporters Without Borders）报道说："对
互联网的监控，与其他传统媒体没有两样，但新加坡政府是第一
个认识到这种媒体在社会中传播讯息重要性的政府。"[2]1998年，
政府通过了两项法案，一项是《电脑滥用法案》，使警察拥有广
泛的权力，可以干预讯息的流传。另一项是《商业电脑法案》，允
许警察可以在没有搜查令的情况下，没收与搜查电脑。1990年，
政府将互联网的监控改由广播管理局负责，除了可以审查网站所流
通的讯息内容，还可以要求网站的供应者（ISP）封闭他们认为含
有不良内容的网站。为了监控网站的供应者，所有网站供应者都
必须领取执照，要求他们装有过滤器以封掉含有色情的材料。除
政党以外，禁止其他任何人在网上进行政治性的宣传，尤其是在
举行大选期间。[3]这个限制在2011年大选时解除，它的解除对2011
年大选的结果是否起了作用，双方各有说法，目前尚未有定论。

为了进一步对互联网进行管理与控制，政府在2002年成立
了媒体管理局，将所有对网络媒体的监控工作放在同一个机构内。
这个机构成立后，就要求网站供应者封掉约100个他们认为含有
不良内容的网站。2003年，政府又进一步修改电脑法案中的15

---

① Straits Times, 4 Dec., 2010.
② Reporter Without Border, 2004.
③ Cherian George, 'Control Shift: The Internet and Political Change in Singapore', in Chong Terence（eds.），"Management of Success: Singapore Revisited", Pg.257-271, 2010.

条款（a）项，授权网站监视者利用即时监视器软件及逮捕任何企图犯法者。人民行动党的议员何玉珠在国会辩论这个法案时，形容这个修正法案是电脑的内部安全法令。①

由于新加坡对网络媒体控制的成功，它的控制模式对亚洲的一些威权国家有很大的启示与影响。1996 年，亚细安的文化与讯息委员会同意进行研究如何控制互联网的传播。

网络科技的出现及新媒体不受规范限制的特性与日益普及的特点，挑战与危害了人民行动党政府对新闻时事报道、评论与专利的权益。新媒体的负面新闻与评论，提高了人民对社会困境的认知层面。在虚实新闻舆论对比之下，人们可以从不同的报道中比较，事情的是非真假便无所遁形，过去一手遮天的控制失去了它的效力。

因此，研究员陈赞浩（Tan Tarn How）认为："网络媒体的出现，会对平面媒体造成一种压力，使它们无法隐瞒或不报道任何发生的事件。以 2006 年大选时发生的一个事件为例来说明，网民在博客上发表了反对党群众大会上人山人海场面的图片，这张图片后来在网上广为流传，本地主流媒体因没有报道（这条新闻）而感到尴尬。"②这是因为像这类发生在后港广场的轰动新闻，按照一个不成文的指示，是不会公开发布的，所有的报章与广播媒体都遵守不报道反对党群众大会上观众的情况。③这是因为反对党的群众大会在声势上往往超越了执政党，这种报道恐怕会使人

---

①新加坡国会辩论记录，Government of Singapore, Pg.453, 1998.
② Tan Tarn How, 'Singapore Print Media Policy-A Nation Success', in Chong Terence（eds.），"Management of Success-Singapore Revisited"，Pg.254, 2010.
③同注 2，第 257 页。

形成一个错误的印象。以下的叙述可明白执政党不愿让媒体报道群众大会的苦心。

大选小故事：
大选群众大会，一个反对党造势的平台

群众大会是新加坡政党在大选时表现的平台，在短短九天的竞选期内，各政党只有八个晚上可以举行群众大会。以 2011 年大选为例，从 4 月 28 日至 5 月 5 日，各参选政党共举行了 67 场群众大会，其中人民行动党最多，共 26 场，民主党 9 场，工人党与国民团结党各 8 场，革新党 7 场，人民党 6 场及民主联盟 3 场。

群众大会是反对党在选举时最有力的武器，也是他们造势的平台。这是因为主流媒体的立场偏袒政府，反对党无法通过媒体来向人民表达他们的主张与诉求，群众大会可以使他们直接与民众沟通。此外，在短短的竞选期内，如何向人民提出诉求，批评政府的表现，一个几千至几万人出席的群众大会便是一个直接与有效的途径，使他们可以听到人民的心声，看到人民的反应。

在非竞选的日子里，要举行一个群众大会几乎是一个不可能的任务。此外，主流媒体基本上只是传达政府的观点，反对党表达的空间非常小，只有在大选期间，他们才能通过群众大会来传达他们的见解；对政府的政策和社会问题进行讨论和批评。在新加坡，群众大会现场那种热血沸腾的气氛，也只有每五年才能感

受一次。

在群众大会上，各政党各施本领、见招拆招。有人苦口婆心，有人危言耸听，更有人借题发挥，夸大其词，煽动人心，混淆视听。因此许多人喜欢出席群众大会，不想错过大会的感人气氛与热闹场面。

群众大会所凝聚的人气，是否就是选票的表现？事实证明二者并不相等，在过去所举行的大选中，反对党所举行的群众大会的观众人数往往比执政党多，但这些人数并不能表现在投票的结果上。主要原因是人们想知道反对党的主张与看法，这在平时与大选时主流媒体很少报道，而执政党的主张与人选几乎天天见报；其二是要借反对党候选人攻击政府，来抒发一下自己的怨气与不满。但在2011年大选的群众大会上所引爆出来的强烈不满情绪，出乎人民行动党的预料，使执政党失去了6个议席及一个集选区，及创了新低的得票率，又使人觉得群众大会的反应不能忽视。

2011年大选人民行动党的竞选群众大会，一般是一至两千人左右，而反对党的群众大会则在五千人左右，工人党的群众大会则可以高达万人以上。这也说明了还是不能完全否定群众大会的作用。

以下是各反对党与执政党群众大会的不同。作者亲历了反对党的群众大会，而执政党则根据新加坡国立大学东亚研究所研究员的描述。

1. 工人党群众大会，日期：2011年4月28日，地点：后港大草场由于前往会场的时间正是交通高峰期，加上前往群众大会的车辆，周围道路非常拥挤。我在傍晚7点半才到达后港大草场，举行群众大会的草场已挤满了观众，简直可以说是人头攒动，水泄不通，只看到讲台前的一点儿灯光，周围都是黑漆漆的一片。在讲台附近也看到一个临时架台，相信是警察人员在进行录音与摄影记录，周围也看到一些在值勤的警员，周围的气氛还是和平的。

会场周围也设有一些桌子，一些党工在售卖党报、小党旗、印有工人党标志的雨伞等，出席者都能大方地购买当作捐款。

出席大会的人士以华族居多，男比女多，在昏暗的灯光下可以看到上了年纪的人较多，相信他们大都是附近的居民。他们许多穿着随意，在场内自由走动。从穿着上估计他们大多是中下层人士，我也在人群中发现不少中层阶级的年轻人，估计他们应是公务员、专业人士，中间也有其他少数民族出席了这个群众大会。

在演讲者演说时，当演说者触及民生问题，如批评生活费高涨、组屋翻新问题时，可以听到有些听众的呼应，或喊反政府政策的口号，或挥舞手中的小党旗、雨伞来发泄心中的不满情绪。这时观众的情绪开始高涨，但随着演讲结束，情绪也慢慢缓和。当党秘书长刘程强到来时，情绪又再度高涨，不断以英语高喊"工人党"，气势非常澎湃。

整个群众大会情绪高昂，但非常有秩序，也很自律，在这段时间也可以看到人们离开，但有更多的人涌进来。周围的马路旁站满了人，虽然大会已进行了约一半，周围的交通仍旧阻塞。但在散场后出席者也和平地散去。根据作者观察，大多数人走回邻近的组屋区去了。

2. 人民行动党群众大会，日期：2011 年 5 月 4 号，地点：金文泰草场

傍晚 7 点，大会并没能准时开始，会场上只有少许人，警方人员及一些工作人员在排椅子，我在广场旁的 310 座组屋旁观察。到了 7 点 30 分，看到一批老妇人列队进场，每人手中拿了一包食物，进来后坐在排好的椅子上。

7 点 30 分后，两位司仪上台吁请徘徊在组屋周围的人进入会场，然后开始呼喊居委会的名称，如正华居委会来了吗？裕华居委会请你回应！武吉知马居委会请出声！观众群只有稀落的掌声，大多数在看手机。

我在人群中看到一个年约 60 岁的老妇拿了标语牌，向一位年约 50 岁的妇女说：我老了应由你来拿。较年轻的妇女回答说不用一直拿，只要有时拿一下就可以了。年老妇女耸耸肩，然后继续吃她的盒饭。我要求给她拍张照，她同意拿起标语牌让我拍照，但叫我不要拍她的脸。根据我的观察，这些标语牌似乎出自同一人之手，与一般的影迷情况一样。这与工人党的群众大会情况有很大不同。

在候选人到来之前，先由四到五人演讲，他们貌似退休校长与基层领袖，他们不谈大选课题，主要是讲过去的情况，人民行动党如何改善人民的生活情况。他们大多以华语或方言发言，只有一位较年轻的演讲者说反对党要求改变，改变并不重要，重要的是要进步。

　　这时候观众的人数已增加到八百至千人，有工作人员开始分发哨子与掌声棒，我拿到一个非常好看的青色哨子。

　　武吉知马集建区的候选人在 8 点 15 分抵达，司仪吁请观众欢迎他们。人们开始吹哨子及摇动掌声棒，但这些声音似乎只来自听众中的一个角落。

　　与其他反对党不同的是，人民行动党的群众大会不卖党的物品，没有小旗、雨伞、笔，甚至没有候选人的履历与宣传单。他们也许不需要筹款或者不想让人破坏，或者二者都有。

　　我总体的印象是这个群众大会缺少群众基础、冷清，却是一个组织完善的集会。[①]

　　从两个不同的群众大会中，可以看出人民行动党的群众大会只是为了举行而举行，而反对党的群众大会除了造势，还要借群众大会来寻求人们的支持。一些有素质的候选人能获得更多的掌声，群众大会对他们还是起着作用的。

　　随着网络的普及，这种不报道群众大会新闻的做法，不但不能一手遮天，也已不合时宜。Cherian George 认为："主流媒体的自我管制是异常的。"[②]这是因为管制者随时可以命令网络或内容提供者，删除他们认为是违反公众利益、公共安宁与和谐、低

[①]根据 Terence Chong 'Performances in Dissent, Identity, Personalities and Power'一文资料，原文载于 Kevin Y L Tan & Terrence, 'Political Shift: Singapore's 2011 General Election', in "Voting in Change-Politics of Singapore's General Election", Pg.128-129, 2011.

[②] Cherian George, 'Control Shift: The Internet and Political Change in Singapore', in Chong Terence (eds.), "Management of Success: Singapore Revisited", Pg.257-271, 2010.

品位或不适宜的内容。

出人预料的是，政府在 2010 年 4 月修改国会选举法令，允许在大选时可以使用网络和社交媒体与直接录像播放，大大放宽了过去的限制。[①]不过，2011 年 1 月 11 日，要求新加坡最大的社交网络之一的网络公民（The Online Citizen）登记为政治团体，因为网络公民能影响它的网民，造成严重的政治后果，但在登记后可以继续它的社交媒体活动。[②]这种将政治博客与一般网络划清界限的做法，明显是要影响它的立场与生存，因为在《政治捐献法令》下，任何政治团体接受外国资金的捐助都受到限制。根据作者的观察，自从登记为政治团体后，网络公民对政府的批评已不如过去尖锐与频繁，明显比过去收敛了许多。

人民行动党知道，网络媒体的普及对人民尤其是年轻人的影响越来越大。2011 年大选后的一项调查发现，年轻的读者群（21 ~ 34 岁）利用互联网作为获取国内政治新闻的主要渠道者有 36.5%，而利用报纸的只有 35%。[③]根据 Mahizhnan Arun 的说法："网络上的社交媒体所反映的民情次数，比主流媒体在过去 35 年所反映的还要多。"[④]

人民行动党政府知道，主流媒体在管制之下，已不会对政府

---

① Kai Portmann, "The Role of the Internet in Singapore's 2011 Election"，网页：http: //www.fesmedia-asia.org，浏览日期：19, Sept., 2013。

②《联合早报》，2011 年 1 月 12 日。

③ LKY School of Public Policy's Seminar on "The Influence of Political Cynicism and Political Efficiency on Media Use: Futher Findings from IPS Survey on 14 Sept., 2011.

④ Mahizhnan Arun 在新加坡管理大学的演讲，"Media in Election: Becominga Normal." Nation"，原文刊于网站：http: //www. spp. nus. edu.sg/ips/ocs /enew /etter/jun2011/AM_media /20in20the%20election_ 270511.pdf，浏览日期：2011 年 5 月 27 日。

及它的政策做出不利或有害的报道，渐渐地失去了吸引力。新媒体一般都对政府的政策做出严厉的批评，有时也会做出越轨的报道。新媒体的发展已吸引了更多读者，尤其是年轻的读者。如果不对新媒体做出一些管制，让它自然地发展下去，一旦新媒体的读者越来越多，甚至超过传统媒体，一定会对人民行动党的下一次选情造成不利的影响。2006 年大选的结果，让他们提高了警惕之心。

政府虽然想尽办法来控制新媒体，但在 2011 年大选时，人民行动党仍旧必须面对新媒体的困扰，一名新候选人就遭到了新媒体的攻击。

大选小故事：

网民群攻，陈佩玲到底惹了谁

2011 年大选时，人民行动党按照惯例在大选前介绍下届大选的新候选人，当介绍陈佩玲后，马上惹来网民的群攻。

展示时尚产品、摆 V 型手势扮可爱、抱着毛绒玩具天真傻笑等照片先后被上传到网络；她在自我介绍时因语塞直跺脚的视频也在网上广为流传。这些都是她学生时代的照片，是许多年轻人都有的记录自己年少时有趣的生活照。网民对她无情的炮轰排山倒海而来——爱炫、没料、装可爱、娇嗔、扮天真等一系列负面形容词在网上频频出现。

许多网民因此认为她太年轻，出任国会议员不够成熟和老练。这是因为人民行动党的新候选人一直都给人一本正经、成熟、稳重与睿智的形象,与她只有 27 岁、稚气未脱、露出可爱笑容的形象有很大差距。虽然人民行动党在过去也曾推出年轻候选人,但没有像她一样受到人们如此多的攻击。

副总理张志贤把攻击陈佩玲的网络言论形容为恶毒,对鼓励年轻人参政没有帮助。他说认识陈佩玲很多年,经过仔细考虑后,才决定派她上阵。也有人认为,网民如此拿私人生活来炒作,阻碍了鼓励国人尤其是年轻人从政的意愿。

是什么原因使陈佩玲的参选受到如此的对待?她并没有干什么坏事。有人认为对她百般嘲讽的背后,其实是在宣泄对执政党的不满情绪。人们知道她不可能在单选区竞选,一定会在一个集选区在部长的护航下顺利进入国会,觉得很不公平。另外一方面,她的丈夫是总理的首席私人秘书,因此质疑她是因为这个身份才有机会成为执政党严格挑选的候选人的,事实是她已活跃于人民行动党的青年团多年。

正如人们所料,她加入由国务资政吴作栋领军的马林百列集选区团队。这个团队在 2011 年大选中,只取得 56.6% 的低得票率,是吴作栋参政以来最低的得票率,相信这与网民对他团队成员之一的陈佩玲的负面攻击有关。另一方面,在一定程度上与对手国民团结党的年轻候选人佘惠玲有关。在"双玲之争"中,年轻貌美的佘惠玲赢得了更多选民的欢心与支持。相信这两个因素与马林百列集选区的低得票率有关。

媒体发展局在 2013 年 5 月 28 日宣布,在网上密集报道新加坡新闻与分析文章的网站,如果连续在两个月内,每周平均发表一则关于新加坡的报道，并在两个月内吸引了5万个不同用户的网站点阅，需要向政府注册，并缴纳5万新元的履约保证金。媒体发展局强调，修订条例不是要压制互联网的自由。受影响的10个新闻网站中，7个是报业控股经营的报章网站及雅虎网站，[①]这个规定引起许多网民的不满，认为他们将是下一群受管制者，因此有约150个新加坡知名网站在6月6日暂时关闭网站24小时，表示抗议与要求网络自由，约2000名网民于6月8日在芳林公园举行抗议大会。[②]

马来西亚知名网站——当今大马说："竞选的一大胜算就是控制媒体、影响媒体，因此要把自由竞争变成垄断竞争。"[③]目前逃亡在英国的异议分子陈华彪则认为政府是为了下一次大选做考量，他说："人民行动党肯定知道此举将激怒网民，但为了避免在2016年大选遭遇更大的败仗，唯有出手限制网络空间……与其任由网民虚拟运动继续成长，不如冒着激怒网民的风险，立法限制网络空间。"[④]

三、媒体以政府的意见为依归？

从以上所述，我们相信新加坡的执政党基本上控制了所有媒体的操作，媒体与政府的关系又如何？媒体是否只为政府工作？

①《联合早报》，2013年5月27日。
②《联合早报》，2013年5月7日与2013年5月9日。
③当今大马网站，http://www.malaysiaokini.com/news/221970。
④同注3。

吴作栋资政在回答这个问题时说："我不希望媒体成为政府的宣传工具，我也不喜欢一个只为政府工作的媒体。一个不会思考的报章对新加坡没有好处。"①吴作栋的讲话阐明了政府的立场。有14年工作经验的新闻工作者蔡美芬（Chua Mui Hoong）是《海峡时报》的言论版编辑，对政府的隐形控制深有体会，她说："我的答案是有与没有，政府控制了媒体执照的发放及媒体董事局的主要成员，却没有审查媒体的内容，但它与其他新闻工作者一样，会设法去影响它。"②担任《海峡时报》总编辑多年的张业成，在出席亚细安的新闻工作者研讨会时，对媒体与政府关系的课题发表意见时说："当媒体与政府的意见发生冲突时，以政府的意见为依归，因为这是报章的责任，反映政府的政策。"

根据维基解密透露："《海峡时报》驻美国办事处主任蔡振丰（Chua Chin Hon）说，编辑都被培养为亲政府的支持者，他们很谨慎地确保在报道本地的新闻时，尽量靠拢政府的底线。政府会对《海峡时报》的编辑施压，以确保他们所发表的文章，遵照政府的底线。"③

新加坡现任总理李显龙认为媒体所扮演的角色是很明确的，他指出媒体是协助政府通知人民政府的政策，而不是让他们去鼓励支持反政府的行动。他说："是谁投票选举了媒体？又是

---

① Straits Times, 11 Nov., 2005.

② 同注1。

③ Geraldine Phneah, "Why I Want Freedom of Press in Singapore"，发表在社交网站 The Online Citizen，网址：http://www.onlinecitizen.com/2013/05/why-i-want-freedom-of-press-in-Singapore，浏览日期：2013 年 9 月 19。

谁给了媒体批评政府的权力？"[1]因此，政府的立场是明确的，媒体无权批评政府，也不让媒体被反对势力利用进行反政府的活动。

新加坡的传媒当然以政府的意见为依归，在这种情况下要批评政府的政策就必须有很好的拿捏。有几十年经验的新闻工作者赵振群对这种情况做了很好的总结，他说："人民行动党按新加坡的国情及与传媒打交道的经验，建立了一套行之有效的管理报业的机制，确保报业不会成为'麻烦制造者'，而是一个促成民族和谐与国家安定的协作者。虽然说政府可以接受善意的批评，及给恶意的攻击不留情地反击，但什么是善意的批评，与什么是恶意的攻击，二者的判断未必能一致。"[2]因此，张业成所管理的报章自然以政府的看法为依归了！原来，这位《海峡时报》的总编辑还是由政府选定委任的。他在出版的回忆录《言论界限，我的海峡时报故事》中，记述了许多与政府互动的鲜为人知的内幕。

大选小故事：

《海峡时报》总编辑回忆录，解密政府与媒体关系

2012年12月19日，《海峡时报》总编辑发行了他的回忆录《言论界限，我的海峡时报故事》（*OB Markers, My Straits Times Story*）。回忆录中叙述了许多新加坡模式媒体与政府的互动过程，当中不乏鲜为人知的内幕，其中之一是他本人受委总编辑的经过，

---

[1] Straits Times, 9 June, 1997.

[2] 韩山元，《新加坡人民行动党的治国理想与报业》，第259页，载赵振祥等（编）《东南亚华文传媒研究》，第261页，2007年12月。

生动地说明了政府在大众媒体中所扮演的角色。

在殖民地时代，《海峡时报》曾被认为是统治者和特权阶级的喉舌，对当时反殖民主义者的活动与言论深怀敌意，尤其是1959年人民行动党上台执政前，二者的关系已经对立。李光耀指责《海峡时报》肆意挑拨行动党与巫统的关系，声称执政后将把任何破坏新马关系的人逮捕归案。时任《海峡时报》总编辑的 Leslie Hoffman 把李光耀告到国际报业协会（International Press Institution）。人民行动党上台后，Leslie Hoffman 害怕报复，把《海峡时报》总部迁往马来西亚首都吉隆坡。

新加坡政府对媒体的政策非常明确，完全不认同西方社会的所谓第四权力的存在。政府心目中理想的新加坡报章就是：可靠但不媚俗，具批判性但不中伤政府的政策，聪明地、生动地支持政府的目标。因此，曾任总编辑的林廷龙（Petel Lim）曾感叹地说："我们做的可是全世界最难的编辑工作！发达国家的报人不必担忧政府如何看待他们的工作，相反地，政府害怕他们。一旦媒体对某个政治人物发难，他们就会成功把他拉下马。而我们必须满足两种顾客：读者和政府，而他们的看法和利益经常相互违背。就以语言政策为例，把英语当作工作语言的决策令华文教育者失望。为了做到客观，华文报章冒着触怒政府的风险表达了公众人士的怨气。他们因此被指责中伤政府的政策，因为这样的报道方式会煽起公众对政府的不满。"

张业成的前任林廷龙就因为编辑方针与政府有过多次摩擦，如政府不满林廷龙处理以色列总统访问新加坡的新闻，不能有效地反映马来西亚对此事的激烈反应，让人民了解政府不会屈服及

此区域发生的事实。1984 年大选时，李光耀指明反对党候选人
詹时中（Chiam See Tong）的中学会考成绩不如人民行动党的马
宝山。但林廷龙拒绝发表詹时中的成绩，认为会对人民行动党造
成负面效果，也使人误会报章在抹黑詹时中。《海峡时报》与政
府的关系因此恶化。

政府与《海峡时报》的关系闹僵后，政府曾考虑派遣一队由
常任秘书郑东发率领的公务员到《海峡时报》接手管理，正如政
府在 1974 年时派一队公务员接手新加坡巴士公司的管理一样。
但林廷龙与《海峡时报》总裁 C. Holloway 在会见总理后，同意
让政府先派一位监督员，去看看新闻室是不是无法控制。这人就
是后来担任总统的纳丹（S.R.Nathan），让他去担任非执行主席。
政府派人监督是要确保报纸遵照政府的路线行事。

林廷龙后来辞职，张业成被委为总编辑，他的委任别有趣味。
根据张业成的回忆录，1987 年 12 月，他以随行记者身份随副总
理吴作栋访问缅甸，访问结束返程时，当时随行的国会议员詹德
拉（Chandra Das）对他说："老板要见你。"然后带他到头等舱
坐的吴作栋身旁。吴作栋直接邀他出掌《海峡时报》。张业成后
来正式出任报业集团英文与马来文报章总编辑，负责《海峡时报》
（The Straits Times）、《商业时报》（The Business Times）、《新
国家午报》（The New Nation）及《每日新闻》（Berita Harian）
的编务工作。

张业成揭露的故事令许多人感到惊讶：政府可以选择由谁来
担任新加坡唯一的英文报章的总编辑。

张业成坦言，记忆中政府对待媒体的强硬态度一直是新闻

室里的一道阴影。正如世界上的许多国家一样，新加坡的新闻从业者与政府经常会发生摩擦。他称 20 世纪 70 年代为铁拳套（knuckle-dusters）时代。他用铁拳套形容是因为那时他担任《星期天国家午报》（Sunday Nation）的编辑，有一天在总统府，李光耀总理责备报馆编辑缺乏政治敏感，他说要是编辑们要与他斗的话，他用的将是铁拳套。张业成叙述第一次如何尝到铁拳套的滋味，生动地把读者带入不同的历史现实场景。当时他刚刚担任记者不久，一次在中华总商会的集会后，由于新闻不能马上刊登，他被告知："如果你先刊载，我会扭断你的脖子。"他的回忆录揭示了多项鲜为人知的内幕，阐述政府如何以家长式作风对待报人。

张业成说，他面对的最大难题是如何处理本地政治的报道，要使读者对报章有信心，同时又不会触及政府的铁拳套。他回忆说，当 1976 年詹时中参选时，他认为詹时中有别于其他的反对党候选人，同时《新国家午报》又不是主要报章，因此将詹时中与他的甲壳虫作为头版照片。这个报道触动了政府的神经，当天就被指摘企图声援反对党。

张业成坦承，新一代政治领导团队接班后，媒体与政府的关系进入一个新阶段，铁拳套时代显然过去了。报业与政府通过频繁对话，建立了具有建设性的关系。他以 2011 年大选的新闻报道为例，说明言论限制的尺度确实放宽了许多。

研究员陈赞浩认为，新加坡政府有许多政策对媒体进行限制，这些强加的规定与规则及其他形式的控制，包括所有媒体必须每年领取更新及随时可以取消的执照。而新加坡唯一的报纸出版商——新加坡报业控股的领导层是亲政府的。①

由于政府被指对媒体的高度干预与媒体的亲政府立场，使得一向在国际排名榜上许多方面都名列前茅的新加坡，媒体的自由指数却几乎忝为末席。无国界记者组织（Reporters Without Borders）于 2005 年发表了"新闻媒体自由指数"，在 176 个国家中，新加坡排名第 140 位，比许多发展中国家与威权国家还来得低。但吴作栋对此不以为意，他引用李光耀资政在 1959 年对一个外国通讯员的谈话说："你将不能针对我们该如何治理国家而向我们说教，我们没有那么愚蠢，我们了解我们的利益并尝试去维护它。"②以回应记者对新加坡在国际媒体中落后的排名。

2013 年，新加坡的"新闻媒体自由指数"再次下降，排名第 149 位，这是新加坡有史以来最低的排名。根据无国界记者组织的说法，新加坡得分这么低，是因为新加坡没有独立的报纸、电台与电视，以及有关新闻的刑事责任、媒体的自我审查、国营媒体完全不让反对党使用，等等。③

四、媒体是否公平对待各政党

新加坡所有主流媒体已被认定为受政府控制及立场是亲政府

---

① Tan Tarn How, 'Singapore Print Media Policy-A Nation Success', in Chong Terence (Eds.), "Management of Success-Singapore Revisited", Pg.254, 2010.
②《联合早报》，2005 年 11 月 11 日。
③ Straits Times, 9 June, 1997.

的，因此报章领导层的亲政府态度，使人民行动党在对付反对党方面处于更加有利的地位。由于政府对媒体有效的控制，使反对党在宣传他们的主张与立场及赢取选民的支持上感到困难而产生不满。由两位反对党领袖组织的新加坡公开中心（Open Singapore Center）认为："政治领袖需要媒体的协助，向他们的读者散播他们的看法。"因此，新加坡的反对党对媒体受到政府控制深表不满。①

新加坡报章的亲政府立场也引起了读者的不满，一位读者投信《海峡时报》说："西方的新闻从业员，对世界新闻的报道比《海峡时报》更加客观，这是因为政府对新加坡报章所强加的限制的结果。"②新加坡的媒体除了亲人民行动党外，对反对党的态度也与政府一致。除了尽量减少反对党的曝光率，不让人民有更多的机会了解反对党的政策与主张及对政府政策的批评外，也尽量暴露反对党及其领导人的缺点及宣扬他们的短处。工人党秘书长刘程强是众人皆知的一个不爱接受媒体采访及打交道的反对党领袖，他接受《新明晚报》记者采访时，提到他在1991年第一次当选为后港区国会议员时，有记者在计票站外采访他，问他觉得自己为什么会获胜。他回答说因为他没有接受媒体的采访，没有被抹黑。③这是因为刘程强在出道前，一直低调地在当时的工人党秘书长惹耶勒南手下工作，没有引起媒体的注意。

---

① Hussin Mutalib, "Parties and Politics: A Study of Opposition Parties and The PAP in Singapore", Pg.10, 2003,
② Straits Times, 6 April, 1998.
③ 叶伟强专访刘程强，《看尽反对党起落，知道问题所在》，载《新明日报》，2011年9月4日。

民主党秘书长徐顺全指责电视台在报道国会辩论的节目时，将反对党议员呈现为一个"无能的笨蛋"，而对执政党的国会议员的报道都是正面的。[1]人民党秘书长詹时中也在 1987 年国会辩论交通与新闻部的预算案时说："身处反对党阵营，我几乎每天都受到伤害，（传媒）故意歪曲或误解我们所说的，或夸大我们所犯的小小错误。"[2]一年后，他在国会再次指责传媒不敢报道人民行动党的负面新闻。他说："任何对人民行动党不利或在政治上有害的新闻，虽然并不违反法律与构成诽谤，媒体也会让它在人民的眼球中消失掉。"[3]

除了新加坡三个主要反对党的领导人对媒体的抱怨外，政治学者也有他们的观察。政治学教授穆达立（Mutalib）以《海峡时报》为例，来说明新加坡的媒体在对待反对党时是如何缺少公平，甚至可以说是严重的偏袒。[4]他以《海峡时报》在 1995 年 11 月 11 日对民主党在国会遴选委员会上表现的报道为例，《海峡时报》的报道出现了以下两则大标题：

"After the humiliation, what next for the SDP？"（在屈辱之后，民主党接下来还有什么？）及 "SDP Comedy of Errors"（民主党错误的喜剧）[5]

除了大幅报道这则新闻外，还插入卡通漫画对民主党大肆羞辱，使民主党无地自容。虽然说民主党在国会遴选委员会上

---

① Straits Times, 17 Aug., 1995

② Parliament of Singapore, 1987, Volume 49, Mar.20, Pg.764.

③ Parliament of Singapore, 1988, Jan.27, Pg.453.

④ Hussin Mutalib, "Parties and Politics: A Study of Opposition Parties and The PAP in Singapore", Pg.305-306, 2003.

⑤ Straits Times, 11 Nov., 1995.

提供了错误的数字，及表现令人失望，但这种有意识的大肆宣扬与破坏个人形象的做法，令人不敢苟同。尤其是在接近 1997 年大选时，将使民主党在大选时面临更大的困难，从而失去选民的支持。

另一个媒体利用反对党所发生的事件来对反对党进行嘲谑的例子是，当民主党发生党争时，《海峡时报》以不同的标题报道并调侃甚至诋毁它的领导人。以下三则报道便是许多例子的一部分：

"Why Dr.Chee Is A man can't be Trusted？"（徐博士为什么不值得信任？）[1]

"With or Without Chiam, The Opposition Will Still Groping in the Dark"（有无詹时中，反对党还是在暗中摸索）[2]

"What Should You Expect From an Opposition Candidate？"（你对反对党的候选人能有什么期望？）[3]

另一位学者陈鼎良则指出，许多批评者都有这样的印象，新加坡的新闻从业员都是听话的一群人，因为有了这个先入为主的印象，使他们认为本地报章都是亲政府的，尤其是在报道或评论有高度政治敏感度的问题时，他们的亲政府态度更是明确。陈鼎良列举《海峡时报》在报道 1988 年大选时说："《海峡时报》的亲人民行动党的态度更是明显，并将它转化为在报道或评论时的偏袒，甚至可以说在拉拢选民投票给人民行动党，

---

[1] Straits Times, 14 April, 1993.
[2] Straits Times, 7 July, 1993.
[3] Straits Times, 15 Jan., 1994.

尤其是在反对党竞争激烈的选区。这种情况让人觉得它是在为执政党的胜利拉票，这种选择性的报道已不顾及会牺牲报章的信誉。"^①这些学者的批评，很清楚地说明了媒体偏袒的状况。

社交媒体对媒体的偏袒立场也有不同的观察，新加坡著名社交网络"淡马锡评论"（TR Emeritus）读者，在观察了 2011 年大选时媒体报道的情况后写信说："观察了一阵子主流媒体对选情的报道，发现他们对执政党和反对党实行差别待遇，如对执政党候选人给予最正面的介绍，打出他们的高职和新近得到的基层职衔。对反对党则用'插旗'、划分势力、三角战等这些含有贬义的文字，来报道反对党间发生的纠纷。"^②

报章对反对党做负面报道是习以为常的，在媒体工作的曾昭鹏说："一般反对党被媒体报道的时候，是没有什么好事的。"他也举例说："媒体是怎样用一些嘲笑的语气来讲陈力学（民主进步党候选人）穿拖鞋，站在肥皂箱上。"^③

主流媒体除了对反对党人抹黑外，更在报道上偏袒人民行动党，大力报道攻击反对党领袖的言论。如在 2001 年大选时，《今日报》（Today）在 2001 年 10 月 29 日刊载了许多攻击民主党领袖的言论，并且在一些方面歪曲了他们的谈话。时任民主党秘书长的詹时中就感叹地说："新加坡的新闻工作者已无法应用他们

---

① Hussin Mutalib, "Parties and Politics: A Study of Opposition Parties and The PAP in Singapore", Pg.8, 2003.
②《主流媒体对选情报道实行差别待遇》，2011 年 3 月 7 日发表于《淡马锡评论》，网址：www.tremeritus.com，浏览日期 2013 年 9 月 21 日。
③《圆切线》，第 119 页，2007 年。

的专业判断，因为他们受到某种限制。"[1]工人党也曾公开指责传媒说："由政府控制的电台与电视台，只给反对党很少的时段，而报章则凸显行动党领导人的谈话，歪曲反对党所说的任何谈话。"[2]

根据穆达立（Mutalib）教授所讲，"在 2002 年，由民意处理组（现称民情联系组）成立了一个称为'政治事务与媒体的小组委员会'，这个委员会在它的报告书中证实了反对党在媒体上所面对的困境及媒体的公正性问题。"[3]反馈报告（Feedback Report）也指出："反对党缺少有效的途径来与媒体接触，而媒体对反对党的报道也不完全是公正不偏的。"[4]

政党通过媒体来宣传自己的政纲与打击甚至抹黑对手的做法，原本是无可厚非的。但新加坡的情况有所不同，新加坡只有一家主流媒体，如果执政党通过传媒的力量来打击反对党，反对党却没有同等的机会来反驳、辩解，使选民信以为真，是不应该与不公平的。帮助执政党打击反对党不应该是媒体的工作，新加坡主流媒体的做法让人觉得它是在替人民行动党做宣传与企图操纵民意，违反了在只有一家媒体时媒体应在政治上保持中立的原则。

① Straits Times, 24 Mar., 1987.
② Straits Times, 1 Feb., 1978.
③ Hussin Mutalib, "Parties and Politics: A Study of Opposition Parties and The PAP in Singapore", Pg.308, 2003.
④ Political Matters and Media Group Sub-Committee's Report, P.5.

五、媒体是政治打手？

除了以上所举民主党的詹时中被抹黑的例子外，工人党也不例外。在 2012 年的后港补选中，工人党候选人方荣发也被抹黑。选举期间，《联合早报》与《我报》就以大标题暗示，方荣发不仅是一个失败的商人，同时又是机会主义者，指摘他在 1990 年时已是 11 家公司的董事、执行董事与股东。但从 1990 年至 2002 年的 12 年内，其中 8 家公司已结束营业，只有 3 家仍在经营。[①]

另一方面，2011 年方荣发代表工人党在东海岸集选区中以高票落选。因为非选区的名额只剩下一个，工人党派其中最年轻的一位严燕松代表出任，导致资深党执委陈恩忠退党。副总理张志贤指出，方荣发并不是因为不同意非选区议员制度退出受委任，而是没有被选派担任，[②]以说明方荣发不是最好的人才。方荣发加以否认，但一个自称"藏镜人"的人寄来一份工人党的会议记录。记录显示方荣发并没有退出选举，还获得一票的支持，以证明方荣发说谎，这是一个关系到候选人诚信的问题。因此，工人党刘程强指责《联合早报》在还没有证实所获得的消息来源是否准确，甚至在还不确定提供消息者的真正身份时，就大肆报道匿名者不利于某人或政党的言谈，不但误导读者，更会使媒体失去公信力。他指责主流媒体是"暗箭的射手"。[③]

---

① TR Emeritus, 15 Nov., 2012, 浏览日期：21 Sept., 2013.
② 在竞选期间，张志贤指摘方荣发不是工人党的最佳人选，因为他没被选派为非选区议员。
③《联合早报》，2012 年 5 月 29 日。

由于不满媒体在后港补选时抹黑工人党候选人，及在报道后港补选时有偏袒，刘程强在后港补选胜利后举行的记者招待会上，高调批评新加坡的主流媒体是人民行动党的"政治打手"。①

官委议员陈庆文副教授在 2012 年 11 月 14 日举行的国会中，询问通讯及新闻部长雅国博士（Yaacob Bin Ibrahim），政府是否在今年（2012）5 月的补选中，操控或影响媒体的报道。雅国部长予以否认，认为主流媒体有他们的职业操守，不公平与不客观的报道会使人转向其他媒体。他指出，根据 Edelman Trust Barometer（埃德曼信任晴雨表）的调查，新加坡有 65% 的人相信媒体，这比美国、英国与澳大利亚 37% 到 45% 之间的信任水平要高。②

新加坡的媒体对反对党的指责与外界的批评并不认同，他们否认偏袒执政党。《海峡时报》在回应批评时说："我们不是拍马屁的人，相信大家记得我们曾经对政府的政策与决定提出过建设性的建议，甚至一些部长曾经公开感叹说，他的部门受到报章的责难，媒体对他们的批评并不仁慈。"③

《海峡时报》原总编辑冯元良也对人们的批评提出反驳，他说："不管是在本地，在纽约或在马尼拉，当人们要抨击我们时，我们经常被批评者称为是政府的哈巴狗。"④

新加坡媒体的亲政府立场是否如一般人与反对党所指责的那

---

① 《联合早报》，2012 年 5 月 28 日。
② 国会会议记录，14 Nov., 2013。根据讯息，雅国所提的 Edelman Trust 是一家公关公司，许多政府部门都是它的客户，因此调查结果缺少公信力。
③ Straits Times, 3 June, 1993.
④ Straits Times, 12 Aug., 1995.

样，是受到政府控制的，是亲政府及在报道上偏袒政府的？外国传播机构及南洋理工大学师生在不同时间进行的三个调查结果可见其端倪。

第一个调查是在 1991 年，亚洲大众传播研究与信息中心（Asian Mass Communication Research and Information Center）展开的调查，对报章与电视在 1991 年大选时给予人民行动党与反对党报道频率的比较。调查显示，报章与电视倾向于给人民行动党更多时间与更多版面，在报道上也更加详尽。表 3.2 的调查结果显示，报章与电视在给人民行动党报道的百分比上，比反对党多了一倍以上。这个结果说明，执政党在媒体的宣传上，比反对党占有更多的优势。

表 3.2　1991 年大选媒体对各政党报道的百分比　　单位：%

政　党	报道百分比（报章）	报道百分比（电视）
人民行动党	35	59
其他反对党	17	35
二者同时报道	14	6
对象不明确	34	0

资料来源：Mirror On The Wall, P.29.

第二个调查是在 1995 年，南洋理工大学侯晓明讲师做的调查，目的是要调查报章对反对党的报道是否公平与客观。结果指出，只有区区 17% 的受调查者认为，报章对民主党与工人党的新闻报道是公平与客观的，而认为不公平与不客观的有 45% 之多，38% 的受调查者无法肯定。①

第三个调查在 1997 年，南洋理工大学的大众传播系做的

① Straits Times, 18 July, 1995.

调查，该系主任郭振羽教授在接受《亚洲商业新闻》（*Asia Bussiness News*）采访时说："从某些方面来说，报章的评论，采取亲政府的立场。"[①]同样的调查也在 2011 年的大选时举行，调查也指出"报章在报道选战时，如与反对党比较则更偏袒人民行动党"。

以上三个由学术界做的调查，证实了新加坡传媒的亲政府立场。它们在大选时给反对党报道的频率远不如执政党，使反对党的政策与主张无法广泛、有效地通过传媒传达给人民，让人民对他们的政策与主张做出比较与选择。因此，反对党对报章与电视的亲政府立场非常不满且指责不断。除了它们的亲政府立场，还有对反对党新闻的自我审查与歪曲报道等，使人民对反对党产生错误与不好的印象。时任国民团结党秘书长的孙宏凯就曾提出，要求媒体公平地报道双方的政治辩论，由人民自己决定要支持哪一方。[②]民主党秘书长徐顺全在接受采访时说："为了突破新加坡主流媒体的局限，民主党将主打网络管道。"[③]

除了反对党的指责，政治学者、官委议员也提出类似的看法。官委议员楚其斐在国会辩论时说："电视与广播为政府所拥有，报章的评论则采取亲政府的立场。"[④]政治学者穆达立（Mutalib）

① Asia Business News, 5 June, 1997, 12: 30 Hrs and Kavita Karan, Eddie CY Kuo and Lee Shu Hui（2005），Singapore General Election, 2001: Study of the Media Politics and Public, P.57.
② Straits Times, 27 July, 1991.
③《联合早报》，2010 年 3 月 1 日。
④ Asia Week, 27 Mar., 1998.

也指出，执政党充分利用媒体的优势，明显不利于反对党。此外，有许多新闻工作者被人民行动党罗致为候选人，如1997年大选时4名马来族新候选人中，就有2名是新闻工作者，而在现有的11位马来族候选人，有一半在从政以前曾经是新闻工作者。因此这些人与媒体的密切关系是可想而知的。[①]

反对党说媒体亲政府及对反对党不友善，而媒体则坚称他们是公正的。谁是谁非？亚洲大众传播研究与信息中心（Asian Mass Communication Research and Information Center）对1991年大选时媒体操作所做的调查报告书中有几点观察，从中可以看出它的结果。[②]

（1）媒体对人民行动党的报道超过它所应得到的，这次大选，人民行动党参选候选人只有40人，反对党则有45人。

（2）排在报章头版的人民行动党新闻有12%，而反对党只有区区的2.2%。

（3）以人民行动党候选人名字为头条新闻的有65.5%，反对党方面只有30.2%。

（4）报道大选的电视新闻共有169条，人民行动党占了59%，反对党方面只占30.2%。

（5）在电视新闻方面，人民行动党有更高与更长新闻曝光率，超过四分钟的占31%，超过五分钟的占50%，而反对党不超过

① Hussin Mutalib, "Parties and Politics: A Study of Opposition Parties and The PAP in Singapore", Pg.7, 2003.
② Kuo E.C.Y.Holladay and Peck, "Mirror on the Wall: Media in Singapore Election", Pg.26-30, 1993.

四分钟的只占 92%。

郭振羽教授在结论中说: "很难得出证明,传媒的报道没有偏袒人民行动党。同时也很难得出证明,反对党所指责的传媒有偏袒。" ①

这个调查同时也证实了报章与电视是人们在大选时主要的信息来源。它们在大选中扮演了一个非常显著与重要的角色。

作者认为,既然人们在大选时主要的信息来源是报纸与电视,因此,如果传媒在报道立场上或评论不公正,或在数量上偏袒某一方,就有可能影响人民的投票倾向。尤其是一些中间选民,他们很容易受到当时传媒报道的左右,中间选民的人数一般在 20% ~ 30%,这个数目的选民足以影响到选举的结果。由于人民行动党对新加坡媒体的控制与垄断,已使反对党在这方面处于绝对劣势。

新兴媒体的兴起,破坏了执政党对社会信息全面垄断的局面,并给了反对党一个有效的政治信息交流的平台,改变了政党政治竞争上原有的资讯不平等与全面垄断的状态,为人民提供了较平衡的信息。这也是反对党在 2011 年大选中能够有所突破的主要原因之一。

---

① Kuo E.C.Y.Holladay and Peck, "Mirror on the Wall: Media in Singapore Election", Pg.26-30, 1993.

第五节
基层组织也是政府机构

公民团体或基层组织一般指的是这些团体为了共同的兴趣与目标而组成的群众组织。在新加坡，这样的组织主要有代表华族的华人同乡会馆或其他种族的团体；代表工商业的公会或行业组织，代表工人利益的职工会；代表社会服务的志愿团体。在新加坡也存在由政府组织的所谓基层组织，包括：选区公民咨询委员会、民众联络所管理委员会（或称民众俱乐部）、居民委员会等。根据谢志淼（Seah Chee Meow）的观察，自从人民行动党 1959 年上台执政后，这些原来只是促进个人兴趣与文化推广，联系同乡、同业感情或新加坡人的团结与融合的团体，变成了一个含有政治性的组织。这是因为政府需要这些组织的合作与支持，以对抗已受亲共组织渗透的团体与组织，这就是所谓的"动员与参与的政策"。①

一、建立基层控制网络

人民协会是所有基层组织的枢纽，成立于 1960 年，是当年政治大环境下的产物，也是李光耀用来进行政治斗争的最重要的

---

① Seah Chee Meow, 'Para Political Institution', in Jon Quah, Chan Heng Chee and Seah Che Meow（eds.）, "Government and Politics of Singapore", Pg.174, 1985.

组织工具。人民协会成立初期是由总理公署直接领导，一直到20世纪90年代才由负责社区组织的部门接管，目前负责的部门是文化社区与青年部。

成立人民协会的目的，根据陈庆珠(Chan Heng Chee)的说法，执政后的李光耀为了阻止左派势力的扩张，选择了利用政府的行政权力进行政治活动。换言之，李光耀相应地削弱了党组织的政治功能。[1]这种以政府的行政权来组织活动的结果，按美国中央情报局的报告所说："混淆了政府与政党的角色，使人民错以为活动是政府主办的，虽然表面上这是两个不同的组织，由政府出资但被政党所利用的人民协会是一个很特殊的组织。"[2]最早的基层组织是与人民协会同时成立的民众联络所管理委员会，组成这些委员会的成员大都是那些被人民行动党认为是"准备挺身而出、可以信赖的、有地位的社区首领，在开始阶段，挺身而出组织总理下乡访问欢迎委员会的成员"。[3]

1964年，新加坡发生了严重的种族冲突，政府动员联络所的管委会、宗乡组织及地方领袖一起来维持种族的和谐，他们也同时协助政府反馈居民的要求，这个组织后来就成了公民咨询委员会的前身。这两个由政府成立，并以公民社会组织形式出现的团体，实际上是人民行动党政府在当时的情势下，在与左翼势力公开斗争的情况下，对于为那些不愿卷入这种斗争、不敢公开支

① Chan Heng Chee, "The Dynamics of One Party Dominance: The PAP at the Grassroots", Pg.101-105, 1976.
② Walter B. Kimball (2011), "Singapore Peoples Association-Countering City in Surgency: A Case Study in Urban Nation Building", Online Press, CIA View of the Singapore Peoples Association, 23 Aug., 2011.
③ People's Association, "The First Twenty Year", Pg.8, 1980.

持与参加人民行动党的人，为了保护同时又能动员他们，成立了这两个公民社会组织。①

到了 20 世纪 70 年代，随着组屋区的兴建，绝大多数居民已居住在政府所建的组屋里，这与过去居住的地理环境与人文环境已大不相同。因此一个较小规模的基层组织诞生了，这个称为居民委员会的组织是以组屋的楼幢为单位，一般几幢或十几幢的组屋就成立一个居民委员会分区，居民人数从三千至五千不等。居民委员会在开始时，是以管理组屋的居住环境，如卫生、设备与设施的维修等基本民生问题为主。根据组屋的数目，通常在一个选区内有几个到几十个居委会组织。因此，每一个选区都设有由人民协会控制的居委会秘书处来协调与管理。

到了 20 世纪 80 年代，政府又成立了以各种族为基础的自助会，如回教社会发展理事会（1982 成立）、印度人发展协会（1991 成立）及华族自助理事会（1992 成立）。政府设立这些以种族为基础的自助会，据李光耀说："这是因为马来族学生的数理成绩一直比华、印族学生差，因此希望通过社群的自助团体来协助族群中成绩较差的学生。由于这个计划取得了良好的效果，便延伸到其他族群。"②有许多人认为，政府设立这些以各种族为主的自助组织，会造成种族间的分化，与要建设一个多元种族的国家宗旨背道而驰。新加坡《联合早报》在社论中说："以族群的力量协助自己的族群的理念，与新加坡的多元种族社会并没有矛盾。难能可贵的是，各族群的自助努力殊途同归，没有偏离基本立场，

---

① People's Association, "The First Twenty Year", Pg.8, 1980.
② 李光耀，《李光耀回忆录——1965—2000》，联合早报，第 234-241 页，2000 年。

最终是以国家社会的利益为依归。"[1]作者认为，设立这些族群组织有它的政治目的。这些组织的出发点是要使学业较差的学生提高成绩，而这些学生又绝大多数来自低收入家庭。因此，通过提高他们的学业成绩，将来可以改善他们的家庭收入，在这方面，它的政治意义是很明显的。另外一个原因，是 1991 年大选时，人民行动党失去 4 个议席及得票率创新低，时任党主席的王鼎昌认为，原因之一是华族社会中一些低收入家庭的不满。[2]

1997 年，政府又在成立市镇理事会（Town Council）（成立于 1988 年）的基础上，再成立一个规模较大的社区发展理事会（Community Development Council），以提供有如地方政府的服务功能，如拨发救济金给失业人士，协助他们寻找职业等。成立社区发展理事会的意义，我们可以从时任副总理暨人协副主席黄根成的谈话中找到蛛丝马迹，他强调"社区发展理事会的主席不能由反对党的议员担任，因为这是政府的一项计划"。[3]

市镇理事会的主要功能是控制、管理、维修与改善组屋居住环境，管理包括商业在内的公共配套设施，推进旧组屋及其公共设施的翻新计划。将这些原本由建屋发展局执行的管理组屋区的权力，下放给各选区的民选议员，最主要的目的是要提醒选民，选议员时必须谨慎和理性。因为，议员要负责市镇会的管理工作，所以必须具备治理选区的能力，而不单是在国会中能言善辩。换句话说，如果选反对党，你的选区组屋管理将可能会出问题。因

① 《联合早报》，2012 年 5 月 23 日。
② Hussin Mutalib, "Parties and Politics: A Study of Opposition Parties and The PAP in Singapore", Pg.387, 2003.
③ Straits Times, 22 Mar., 1997.

此，成立市镇会的政治目的是不言而喻的。一份国家发展部市镇会检讨小组[①]报告就指出："成立市镇理事会是为了达到政治目的。"[②]

两个反对党选区成立了市镇会，虽然起步艰难且面临许多挑战，但还算称职，没有把他们管理的组屋区变成"贫民窟"。政府企图利用市镇会的管理，让人民相信反对党没有管理市镇会能力的目的无法达成。因此，又在九年后成立了一个社区发展理事会。政府将新加坡分为五个区，即中区、东北、西北、东南与西南，分别成立五个社理会，每个社理会有一名市长，由国会议员担任，每个社理会包含三到六个集选区不等。

中国政治学者高奇琦认为："人民行动党通过这些基层组织与团体，来发布政府的发展计划信息，及让人民了解有关在生存上所面对的问题，是人民行动党在 1962 年与左翼的社会主义阵线斗争时所取得的经验。由于当时社会主义阵线的支持者控制了大多数支部、左翼的工会与团体，政府当时为了争取与马来亚合并而举行的全民投票，就必须借助这些团体来散布有关争取合并斗争的信息，寻求它们会员的支持。尤其是在这个时候的新加坡，电视与报纸还不普遍，或完全未受政府控制的情况下。因此，这些基层的公民团体便被政治化。"[③]正如新加坡学者谢志森（Seah Chee Meow）所说的："这些团体，甚至被当成国家的机构，或执政党在公民社会的延伸机构。"[④]Milne & Mauzy 称这些机构为

[①]这个由总理委任的调查委员会，原来是李显龙总理于 2013 年 1 月委托国家发展部，全面检讨人民行动党市镇会在 2010 年将市镇会管理系统以 14 万新元出售给行动党旗下公司 AIM 的交易是否违法的问题。
[②]《国家发展部市镇会检讨小组报告》，《联合早报》，2013 年 5 月 5 日。
[③]高奇琦、李路曲，《新加坡公民社会组织的兴起与治理中的合作网络》，载《东南亚研究》第 5 期，第 32—36 页，2004 年。
[④]《联合早报》，2010 年 3 月 1 日。

"半政治组织"（Para Political Institution）。①由于这个原因，基层组织与人民行动党的关系非常密切，不容其他政党，甚至是当选的反对党议员染指。因为自基层组织成立以来，当选国会议员都被委任为自己选区的基层组织的顾问，因此一般人都把当选的国会议员视为当然的顾问。但是当工人党的惹耶勒南与民主党的詹时中在1984年当选为国会议员时，却被拒绝参与基层组织的工作。时任人民协会副主席的李玉全在国会受质询时回答说："联络所是政府机构，只有政府有权使用。"②这个回答很明显不令人满意。

反对党非常不满不能参与基层组织的工作，因为他们知道，基层组织不论是在平时或大选时，都对选民有很大的影响作用。因此，民主党的国会议员詹时中在1994年国会辩论预算案时，再次提出要求参与基层组织的活动。他说："人民协会一年的预算开支是1.32亿新元，只是为了人民行动党的利益。"③时任人协副主席的黄根成在回答时说："政府让人民协会为居民组织活动，居民们感到满意，并没有什么不对。（因为）政府为他们做了好事，因此他们在投票时支持政府，对此，我并不感到抱歉。"④这个回答默认了人们对人民协会角色的评论。

人民协会在委任执政党议员当顾问的正当性时为政府辩护说："人协与基层组织收集人民的反馈，以改进政府的政策与想法，同时又向人民解释政府的政策与计划。人民协会与基层组织也协助政府实行社会凝集力与安全的保障，顾问则负责指导的责

① Milne R.S.and Mauzy D.K., "The Legacy of Lee Kuan Yew", Pg.55, 1990.

② Straits Times, 25 Mar., 1987.

③ Business Times, 22 Mar., 1994.

④ Straits Times, 22 Mar., 1994.

任，因此不可能委任反对党议员为顾问。因为我们不能要求反对
党议员去协助政府与居民有更好的联系，或要求协助执行与改善
他们反对的政府政策。"①

当然，基层组织与作为基层顾问的议员，有时也会因为争取
居民的利益而采取不寻常手法，最为人乐道的是发生在白沙集选
区的"白象事件"。

大选小故事：

基层领袖与议员，共同为居民争取利益的"白象事件"

所谓"白象事件"是指在地铁东北线通车前，白沙集选区曾
传出位于该选区新建的万国地铁站不会开放使用的谣言。当时负
责这个集选区分区的人民行动党的张有福议员向新捷运公司求
证，收到新捷运的回复说，地铁站肯定会开放使用。他和基层领
袖随后安抚居民，要居民不要相信谣言。结果新捷运过后反悔，
万国地铁站并没有开放。居民以为张有福和基层领袖欺骗他们，
对他们失去信心。这对他和基层"简直是巨大打击"。他说："我
们的诚信一夜间荡然无存，每个人都说我们是骗子。"

张有福在了解了新捷运不开放的原因后，在权衡新捷运关注
的经济效益和居民的需求后，决心带领基层向业者力争。由于正
常途径争取无法取得成果，他和基层领袖别无选择，只好采取其
他表达看法的手段。就在这时，维文（Vivin Balakrishnan）部长
在部长访问选区计划下访问该选区，基层组织在万国地铁站外放

---

① Straits Times, 5 Sept., 2011.

置了八个造型逗趣的纸板白象，讽刺万国站是个精心设计却没有实际用途，建好了却不开放让居民使用的"白象工程"。

这起议员与基层领袖的抗议事件引起极大反响，由于新加坡法律规定没有准许证不能在公众场地随意张贴标语，张有福与基层领袖甚至被叫去警局问话。李显龙总理也指责他的行为有些过火，在2006年的竞选群众大会上，却公开肯定张有福主动为民请命的精神。这事也造成了一些"牺牲者"，负责协调选区事务的选区经理被调职，一些参与的基层领袖则被警告，但也让人民对基层领袖的态度有所改观。基层领袖给人留下的印象经常是政府说什么就做什么的刻板形象，这次事件显示了基层领袖还是会把居民的利益放在第一位，原本对基层领袖没有信心的人开始改变态度。

许多人对部长有关不能委任反对党议员的回答并不认同，尤其是政府委任败选的人民行动党候选人为顾问更令人感到不解。当然，人民行动党委任败选候选人是希望通过为选区提供服务，在下一次大选时有更好的机会当选，同时也让该区的居民可以越过反对党议员所提供的服务。作者认为，人民行动党显然已改变了原来的策略，因为当反对党的惹耶勒南第一次进入国会成为反对党议员时，人民行动党曾恫吓撤离所有在该选区的服务，包括幼儿园、接见民众等活动。但后来发觉了它的反作用效果，因而改变了策略。委任败选候选人为顾问，继续照顾该区，以期在下一次大选时有望夺回。

穆达立（Mutalib）认为，人民行动党政府之所以牢牢控制住基层组织，是因为它可以通过这个管道，向人民发布、教育与说服人民接受政府的政策。经过多年的实施后，不但证明了行之有效，并且对党与国家都做出了贡献。另一方面，它也剥夺了反对党一个非常重要的社会支持力量。[1]

许麦克（Hill Michael）与连贵弟（Lian kwen Tee）则认为："政府将基层组织机构化，封闭了反对党提出他们的政策的渠道，使他们无法接近这些中层组织。"[2]由于无法接近这些中层组织，更不用说能得到他们的选票，工人党因此指责政府，认为反对党无法在大选中获得更多席位，是人民行动党利用基层组织与媒体力量的结果。"[3]中国政治学者高奇琦则从新加坡公民组织的角度批评说："因为它膨胀的政治功能和对政府的附庸，几乎覆盖了它应具有的、为代表的群体进行利益诉求的社会功能。"[4]

由于人民行动党对所有基层组织的控制与垄断，中国学者卢正涛认为，这使"反对党发展的空间环境相当艰难，在一个很小的国度里，人民行动党及其政府几乎控制了各种的基层、民间、工会等组织。其控制体系之有效，控制程度之高，在资本主义世界中难以找出第二个与之相提并论的国家"。[5]相反"反对党已没有发展另一套与人民行动党抗衡的基层组织的空间。这是因为人民行动党政府不但切断了反对党与基层组织、民间社

---

[1] Hussin Mutalib, "Parties and Politics: A Study of Opposition Partie and The PAP in Singapore", Pg.288, 2003.

[2] Hill Michael & Lain Kwen Tee (eds.), "The Politics of Nation Building and Citizenship in Singapore", Pg.176, 1995。

[3] Milne R.S.and Mauzy D.K., "The Legacy of Lee Kuan Yew", Pg.74, 1990.

[4] 高奇琦、李路曲，《新加坡公民社会组织的兴起与治理中的合作网络》，载《东南亚研究》第5期，2004年。

[5] 卢正涛，《新加坡威权政治研究》，南京：南京大学出版社，第207页，2007年。

团、工会的联系，有效地阻止了反对党在民众中扩大影响的能力，同时也通过法律手段，限制一些专业团体如律师公会涉及政治领域的讨论。①对于政府的做法，时任内政部长的贾古玛（S. Jayakumar）在国会中说："政府不能容忍的是，有些政治活动分子，在专业团体及真正的社团中隐瞒自己的身份，建立起自己的影响力，来掩护它进行政治活动的目的。"②这无形中阻止了政治压力团体的成长。从动员群众支持的角度来看，对反对党来说是一个很大障碍。因此卢正涛认为，反对党要能有所作为，"除非人民行动党政府主动弃权、削弱，或者放弃现有的控制体系，重新回到同一个起跑线上做公平竞争。或者让反对党有机会可以建立起自己的民间支持系统，及让反对党议员可以担任自己选区的顾问。"③这个建议可以说是缘木求鱼。作者认为，人民行动党费尽心思建立起来的基层组织，保证了人民行动党长期执政的机制，是不可能让反对党坐享其成的，因为这无异于让他们放弃与让出政权。因此，人民行动党对基层组织的控制与垄断，已将反对党的双手与双脚加以捆绑，使反对党不能有所作为。

二、反对党被拒于基层组织门外

人民行动党非常成功地控制与垄断了所有基层组织，根据作者的观察，它对自己党支部的组织反而不重视，它的党支部

---

① Jothie Rajah, "Authoritarian Rule of Law, Discourse and Legitimacy in Singapore",2014. Jothie Rajah认为1987年及1988年修正律师专业法案是要专业分子灭声。
② Parliament of Singapore, Pg.105, 1986.
③同注1。

除了每周一次或两次接见民众的工作之外，几乎没有什么活动。这是因为它在 1962 年与党内的左翼决裂时，在所有的 51 个支部中有 35 个倒戈相向，[1]有超过 80% 的党员退党加入社会主义阵线，[2]使整个党组织近乎瘫痪。这个历史教训让他们将重点放在控制与垄断基层组织上，并且牢牢不放。

对人民行动党不重视党的活动，原副总理拉惹勒南（S. Raja-ratnam）在人民行动党十五周年的谈话中解释，"人民行动党作为一个政党，之所以不再扮演重要的政治角色，是因为政府已经掌握了新加坡政治方向的话语权。由于是政府而不是党在影响社会各个阶层的活动，所以党的重要性也日益缩小，最后剩下的工作也只是进行下一次的竞选准备。"[3]拉惹勒南的解释证实了政府把重点放在基层组织上的说法。

控制与垄断基层组织对人民行动党的作用，可以从以下两个方面来衡量：

一是剥夺了反对党广大基层与开发支持资源的力量——人民行动党以精心策划的基层组织网络，通过教育与宣传的方式，引导人民接受、拥护他们的政策。这些基层组织无疑给政府提供了一个平台，成为一个社会化过程的代理机构，让人民拥护政府，从而巩固了他们的政权。李光耀就曾说："人民协会旗下的联络所的职责，是作为政府和人民的桥梁，以便上情下达，下情上传。

① Pang Cheng Lian, "Singapore's People's Action Party: 1954—1963", Pg.152, 1971.
② Hussin Mutalib, "Parties and Politics-A Study of Opposition Parties and the PAP in Singapore", Pg.83, 2003.
③ Chan Heng Chee, "The Dynamics of One Party Dominance: The PAP at the Grassroots", Pg.101-105, 1976.

从而确保国家的生存,搭建桥梁所需的工具与人才,由公务员和党干部提供。"[1]相反,反对党不但没有这种便利,政府还千方百计地不让他们去接近这些基层组织。Hague Shamsul 说:"除了所有基层组织的领袖都由人民行动党的国会议员提名、总理公署委任外,他们的背景也经过内部安全局与贪污调查局的审查,以确保他们的诚信与廉洁。"[2]穆达立也说:"相反,反对党议员除了不能担任基层组织的顾问外,也不许使用联络所的设施来进行活动。"[3]甚至通过各种方法不让反对党议员参与人民的活动,工人党的陈硕茂便是一个被拒绝参与民间组织中元会的议员。

大选小故事:

选区办中元节晚宴 陈硕茂被拒于"宴"外

工人党议员陈硕茂原本受邀出席中元会的一个晚宴,不过主办者过后通知他,不能按原定计划邀请他。

新加坡居民一般都在农历七月举行中元会,通常在祭拜后以晚宴收场,以此联络感情。由于不想让这种活动扰民,每一个选区都会划定一些活动地区供主办者申请。主办者申请市镇会或警方准证必须由该区的议员或顾问同意,因此主办者和往年一样,打算在组屋区的球场举行晚宴,却被巴耶利峇公民咨询委员会告知,若要委员会批准他们使用这个场地,就不能邀请他们的议员出席活动。

---

① People's Association, "The First Twenty Year", Pg.30, 1980.
② Hague Shamsul, 'A Grassroots Approach to Decentralization in Singapore', in "Asian Journal of Political Science", 4 (1), Pg. 67, 1996.
③ Hussin Mutalib, "Parties and Politics-A Study of Opposition Parties and the PAP in Singapore", Pg.289, 2003.

陈硕茂说："主办者为此感到非常抱歉，他们在通知我时觉得很难堪，让我也觉得不好受。"这样的事件已不是第一次发生。为证明这点，他上传了另一个主办者的邀请函和道歉卡，上面清楚地说明，由于与巴耶利峇公民咨询委员会出现了一些"分歧"，因此他们取消了对陈硕茂的邀请。

陈硕茂"被拒"出席中元晚宴的原因是阿裕尼集选区有26个公共场所管理权，在大选后更换给人民协会之前，由阿裕尼市镇理事会管辖。用于主办社区活动的26个公共场所，在大选后被建屋发展局租借给人民协会，不再由该区市镇会管理。原本要在这些地点举办活动的主办者因此须先获得人协属下的公民咨询委员会批准，条件是不得邀请该区国会议员出席。结果，这引发了阿裕尼集选区议员陈硕茂"被拒"出席区内中元晚宴的风波。

公民咨询委员会副主席李木利说："我们从不限制主办单位请谁或不请谁，因为这是他们办的活动，我们没有权力这么做。"他的说法也正确，问题就出在他们可以不再推荐准证的申请，主办者不得不考虑这个问题。不过巴耶利峇公民咨询委员会《申请使用社区场所来办宗教或其他活动》的申请表格，清楚地列出13个需要征求委员会批准使用的公共场所。表格上也说明不能为政治用途申请场地，违例者将立刻不被允许使用场地，来年无法申请，定金将被没收。申请必须获得当时巴耶利峇基层组织顾问败选前议员潘惜玉和巴耶利峇公民咨询委员会主席的签名批准。

阿裕尼—后港市镇会主席兼工人党主席林瑞莲指责建屋局滥用权力，协助人协取得政治目的，阻止当选议员在这些适中地点主办活动。但建屋局说，它经常会根据有关机构与民间组织的合法要求，调整市镇会管辖的公共场所名单。阿裕尼区的一些公共场所被转交给人协，是因为人协要求在这些地方举办社区活动。它表示，人协经常使用这些地点办活动。任何人需要使用这些地方，都可向人协申请。建屋局说，作为宗教用途的庙宇和教堂等，还有联络所，不在市镇会的管辖内。

作为接受场地管理的人协却说，基层组织为居民举办了很多活动，许多是在联络所或居委会举行的。但一些活动需要更大或户外场地进行，因此公民咨询委员会向有关机构申请租借场地。这不是一项新的安排，也不仅发生在阿裕尼集选区。公民咨询委员会时不时会向各机构租借场地，作为社区活动。人协表示，人协与基层组织是无党派（non partisan），不会允许任何政党或议员在人协的场地举行活动，包括人民行动党。

林瑞莲管理的阿裕尼—后港市镇会在6月21日接到建屋局的电邮，列明那些不在阿裕尼—后港市镇会管辖的地点，其中有26个原本属于之前的阿裕尼市镇会管理。这些地点分别在5月底与6月租借给了人协，但未解释原因。工人党认为，将这些原本属于市镇会的地点转交由人协管辖，与全国大选结果有关。林瑞莲曾向建屋局要求与人协商讨共用场地的可能性，人协回复，它将不允许工人党租用这些地点。

林瑞莲指出，中元节期间，他们接到基层通知，若在之前租用这些地点举办活动，须向巴耶利峇公民咨询委员会申请，但这些地方是通过市镇会申请的。居民反映，他们得到口头上的指示，若在这些地方举办活动，不得邀请该区的国会议员，否则接下来几年的申请都有被拒的可能性。林瑞莲说，居民对公民咨询委员会的新条例感到不解，并为人协基层组织的政治动作感到愤怒。她还套用大选的时候杨荣文的话说："居民感到撕裂，情感上困惑。"

工人党认为，建屋局在未与阿裕尼—后港市镇会或该区国会议员讨论的情况下，就做出这样的安排是有政治动机的。它阻止议员在自己的区内举行活动，减少他们的能见度。人协作为一个由纳税人资助的机构，似乎在滥用它与政府的亲密关系。让人协接管之前原属于市镇会管辖的地点，并允许人民行动党的前议员以基层组织顾问的身份出席社区活动，让行动党党员在社区的能见度上占优势，是为下届大选做准备。潘惜玉暗指陈硕茂把事情政治化。

受访的政治观察家、新加坡管理大学法学院陈庆文助理教授认为，工人党反映这个现象，要让大家关注背后可涉及的不公平待遇。工人党目前在国会的议席增加了，发言权相对以往会更强而有力。他相信，他们这么做是迫使政府正视一些问题，确保当局在划定一些规则上保持公平，不偏袒任何政党。

政论博客作者区伟鹏也表示，工人党有必要向居民解释来龙去脉，这是对居民的责任，也呼吁当局提高透明度。

主办过中元节晚宴的罗炳森表示，未曾在申请场地上遇到类似问题，即使是在反对党区。据他所知，若是在组屋外的草场上，一般是向建屋局申请，而组屋底层或一些多用途广场，则是向市镇会申请。罗炳森认为，中元晚会属于宗教活动，公民咨询委员会应该无权干涉居民邀请自己的议员出席。他透露，即将举行的晚宴，尚未决定是否邀请该区的议员。那个地点刚好是需要征求公民咨询委员会批准使用的其中一个公共场所。

　　其次是让基层组织提供直接利益为社区赢取选票——基层组织中的公民咨询委员会提供奖学金与助学金给区内需要援助的学生，及在佳节时发放红包给区内贫苦的居民，并在发生灾难时发给援助金。此外，公民咨询委员会也可以向政府申请社区发展基金，为区内居民提供一些利民的建设，如组屋区内的有盖走廊、儿童游戏场等，让人民直接享受到政府的利益。[①]人民感激政府的恩惠，因此在投票时就会有知恩图报的行为。反之，由反对党管理的选区，由于得不到区内公民咨询委员会与基层顾问的支持，往往无法获得政府的任何拨款。人民行动党政府公开表示，如果反对党在某个区选举中获胜，政府将很难为该区拨款以改善生活条件。如 2001 年和 2006 年大选时，在反对党长期当选的波东巴西选区和后港选区，都发生了人民行动党把公共政策与竞选策略挂钩的情况。[②]各选区的市镇会根据组屋的类型，得到拨款资助区内的改进。这个称为社区改进计划委员会（Community Improvement Project Committee），拨款由国家发展部负责，市镇会可以申请拨款改进区内的设备，但必须先得到区内公民咨询委员会与其顾问的批准。时任波东巴西区议员的詹时中指出：他所在区的顾问是被他打败的候选人，因此，在 1994—1995 的财政年度，他的市镇会没有得到任何资助，四个反对党的选区也没有。[③]

　　根据《海峡时报》的政府 2005 年财政年度记录，对时为人

① People's Association, "We are one: the People's Association Journey 1960—2010", Pg.74-79, 2011.

②《人民行动党在新加坡政治体制中的主导地位》，中国中央党校《学习时报》第 23 期，2008 年。网页：http://www.studytime.com，浏览日期：2013 年 9 月 23 日。

③ Singapore Parliament Reports, 9 Nov., 1990.

民行动党的阿裕尼选区的资助是户均 560 新元，而反对党的波东巴西选区为户均 113 新元，后港选区则为 111 新元。[1]根据曾任国立大学法律系主任的张黎衍（Thio Li-Ann）的看法："这种对自己议员与反对党议员的差别待遇，反映了政府对政党与政府融合的偏好。"[2]这种差别待遇的结果，选民当然可以从社区的建设中感觉到，尤其是一些对选区建设有要求的选民，影响将会更大。

从 1996 年开始，政府成立社区发展理事会，并让其接管发放社区救济金或辅助金给区内需要援助的居民，及发放由政府每次大选之前所发放的辅助金，如教育储蓄金等。[3]这使基层组织的工作更深入人心，并在大选时转化为支持的选票。相反，反对党不但没有这种便利，也没有这个能力为人民提供福利，因此对于一些注重利益的选民来说，在选举时所做的选择是很明显的。

人民行动党政府对控制与垄断基层组织对人民行动党与选票的关系，可以从 1980 年李光耀第一次安顺补选败给工人党后，向补选工作人员的讲话中得到证明，他说："我们在安顺区的民情反映系统已经没有那么有效了，由于居民搬迁的关系，居民委员会分布网又没有建立起来，那里的公民咨询委员会和民众联络所管委会，已失去跟基层的联系。安顺区是一个过渡时期的选区，它的回馈系统不够。"[4]

[1] Straits Times, 25 Mar., 2006.

[2] Thio Li-Ann. "Neither Fish nor Fowl: Town Council, Community Development Council and the Cultivation of Local Government in Singapore"，网站：http://www.academia.edu/601385，浏览日期：2013 年 9 月 23 日。

[3] Asia Week, Pg.118-141, 5 June, 1992.

[4]《李光耀 40 年政论选》，联合早报，第 168 页，1993 年。

第六节
人民行动党与职工会的共生关系

在新加坡的政治历史上，工人所组织的职工会扮演了一个非常重要的角色，在 1955 年林德宪制下举行的第一次选举，根据穆达立的看法，当时的劳工联盟就将胜利的原因归于工会的支持与职工会在动员方面的协助。同样，当人民行动党在 1954 年成立时，也是得到了工人与职工会的支持，[①] 当时的公务员工会《政府雇员联合会》秘书长哥文达三美（G.Kandasamy）说："绝大多数出席成立大会的人是我们工会的会员；除此之外，在创党的14 名委员中，其中一半是工会的会员。"[②] 李光耀当时也承认，在争取自治的过程中，不可能明确地将这些领导人划分为政党与工会，他们是同一批人。[③]

曾任全国职工总会秘书长的蒂凡那（Devan Nair）就工会与政治关系的问题明确地表明立场，他说："在民主政治制度的基础上，任何政治集团如希望统治新加坡，必须得到工人的支持与好感，因为在新加坡的选民中，大约 70% 是受薪阶级。"[④] 从蒂凡那的谈话中，我们可以知道，新加坡的职工会，作为全国唯一的职工

---

① Hussin Mutalib, "Parties and Politics-A Study of Opposition Parties and the PAP in Singapore", Pg.292, 2003.
② Asia Week, 5 June, 1992.
③《奋斗报》，1979 年第 5 期。
④《敬业与乐：蒂凡那总统言论集：1959—1981》，新加坡职工总会，第 98 页，1983 年。

组织，在新加坡的政治过程中扮演着重要角色。这就是人民行动党政府坚持要加以控制及不容他人染指的背景与原因。

一、政府部长是职工总会秘书长

政治学者 Raj Vasil 说："人民行动党在 1959 年上台后，首要的工作之一就是先管理与控制非共的工会组织。然后再通过各种手段来对付亲共的工会组织。"[1]首先在 1959 年 8 月通过《职工会修正法令》，授权社团注册官拒绝与撤销工会的注册。Raj Vasil 说："政府又在 1960 年通过《工会法案》，这个法案规定一个注册的职工会至少要有 250 名会员，把小的工会先消灭掉。又规定所有工会必须属于 19 种行业内的职工会，同时要附属于一个总工会（即全国职工总会）。"[2]这个法令的实施成功地消除了亲共的左翼小工会，只剩下一个亲人民行动党的全国职工总会（NTUC）的工业工会，并成功地将左翼的职工总组织——全国工友联合会（SATU）关闭。

Bellows 认为，在这个时候，人民行动党与全国职工总会之间已建立起一种共生的关系。它的秘书长由政府委派，当然在形式上也是由职工会大会的选举通过，[3]但从来没有他人参选这个职

① Vasil, Raj, "Governing Singapore", Singapore: Times book International, Pg.147, 1988.
② Vasil, Raj, "Governing Singapore", Pg.149, 1988.
③ Bellows, Thomas, "The People's Action Party of Singapore: Emergence of Dominant Party system", Pg.110, 1973.

位。许多国会议员也在工会理事会中任职。从 1980 年起，人民
行动党进一步巩固了它与职工会的关系，将职工会的秘书长纳入
内阁，成为政府内阁中的不管部长，隶属总理公署。[1]此外，内阁
部长与国会议员也分别出任职工总会的主要部门首长及属下工会
的顾问或执行秘书，进一步使人民行动党紧紧地控制了工会的组
织与活动。不但使工会成为人民行动党的一部分，确保工会会员
在大选中支持它，另一方面，在国家层次上也使新加坡长期维持
了非常良好的工业关系。

人民行动党机关报《行动报》（*Petir*）指出，为了使工会与
人民行动党的关系建立在长期与坚固的基础上，政府将二者之间
的关系加以制度化。[2]这就意味着，反对党想通过工会的途径寻求
工人支持的机会越来越渺茫。这对反对党来说是一个非常严重的
障碍，因为他们与工人联系的渠道基本上已被封塞，无法通过工
人的组织取得支持，而绝大多数工人已加入了全国职工总会属下
组织。另一方面，穆达立指出："由于人民行动党控制了工会的
组织，因此工会在制定他们的工作目标时，也是以如何协助工人
支持人民行动党作为它的主要目标。"[3]

1969 年，政府通过职工会的现代化计划，设立社会企业，
成立了许多合作社。时任职工总会秘书长的蒂凡那解释成立合
作社的原因时说："由于工会人数的减少，工会的社会与政治
影响力也大大减退。研究了北欧、西德及以色列等国的工会，

---

①《敬业与乐：蒂凡那总统言论集：1959—1981》，新加坡职工总会，第 98 页，1983 年。
② Petir, Dec., 1982.
③ Hussin Mutalib, "Parties and Politics-A Study of Opposition Parties and The PAP in Singapore", Pg.296, 2003.

在参与经济活动的过程中，不但有强大的经济影响力，也获得政治家的重视。"[1]在这个计划下，职工总会除了负责工业关系外，也进行企业化活动。在新加坡由工会主办的企业共有十二种之多，有超市、保险、饭店、幼儿园、托儿所、游乐园、牙科诊所、交通、产业开发，甚至包括殡葬业，等等。[2]

例如，由职总成立的职总平价超市（Fair Price）及方便店（Cheer），在新加坡共有230个分店，分布在新加坡每个角落，是新加坡最多与最大的超市，成了人们每日生活采购必需品的中心。它的托儿服务中心——My first Campus，共有50家，是新加坡许多年轻家长上班时寄放孩子的中心。职总保险（Income）提供各种低额保单，已成为新加坡受保户最多的保险公司。因此，工会设立的企业不仅随处可见，而且与人民的生活息息相关。人们已把职工总会与职总的超市连为一体，又把职总与人民行动党连为一体。以下两个例子很好地说明了人民对职工会角色改变的印象；职总附属工会——新加坡蚬壳雇员工会秘书长汤姆斯（Thomas Thomas）说："职总的社会企业已超过它的工业关系工作，这是因为它的社会服务设施随处可见，而工业关系工作则只能在幕后进行。"[3]

另一个附属工会——工业与服务雇员工会（SISEU）会长则说："当我介绍自己时，只能说自己是SISEU的会长，因为如果

---

① 新加坡职工总会，《敬业与乐：蒂凡那总统言论集：1959—1981》，第78页，1983年。

② http://www.ntuc.org.sg.

③ Tan Tarn How（2010），'Singapore Print Media Policy-A Nation Success？'，in Chong Terence（eds.），"Management of Success-Singapore Revisited"，Pg.254, 2010.

说是全国职总领导，他们就会问我是在超市还是职总保险工作。"[1]
由此可见，职总的社会企业已使人民产生社会认同，并对工会的
存在与所提供的服务产生一种归属感。这种归属感在大选时可能
转化为对执政党的归属感。政府在这方面的工作可以说用心良苦。
此外，为了吸引年轻人参加工会，职工会也成立职总俱乐部（NTUC
Club）、职总乐怡世界（Downtown East）俱乐部和高尔夫球俱乐
部等组织，来迎合与满足年轻人的需要。因此，职工总会成立各
种社会企业，可以让工会在经济上能够独立，及让更多的工人通
过工会的渠道感受到政府为他们提供的福利，从而支持政府。

  除了在利益输送上让工人感受到参加由人民行动党支持的
职工会所带来的好处外，人民行动党也通过法律的保障，不使工
会受到反对党的影响。因此通过授权职工会注册官与人力部长有
拒绝工会注册的绝对权力，阻止任何可能支持反对党的工会的成
立。同时，为了阻止职工总会与属下工会的执委支持反对党，任
何表明支持反对党或成为反对党候选人的，都会被开除。1985年，
就有两位职总属下工会的执委因成为反对党民主党的候选人而遭
到开除会籍的处罚。2001年11月，职工总会属下的电子与电气
工友联合会主席穆罕默德·亚里（Muhamad Ali Aman），获选为
民主联盟副秘书长与马来民族机构秘书长时，就被告知选择离开
反对党或向工会辞职，[2]他最终选择离开工会。相反，人民行动党
的议员公开在职工总会担任要职，并从职工会中遴选工运领袖代
表人民行动党竞选。Raja Vasil指出，从1968年至1997年，总

---

①同注1。

② Today, 22/24 Nov., 2002.

共有 18 位工会领袖成为人民行动党的候选人。①

反对党对职工会与人民行动党的关系不满是可以理解的。还指责人民行动党剥夺了工人自由组织工会的基本权力。工人党指出，除了共产党国家之外，在世界上没有其他地方的工会领导人是内阁部长。②它的秘书长刘程强进一步说："所有的工会，在许多方面都受人民行动党控制。"③民主党秘书长徐顺全指出："工人们的心声应有一个独立的管道来反映，因此由政府来控制所有的工会是说不过去的。"④人民行动党对政府控制工会的指责采取轻描淡写的回应，曾任职总秘书长及人民行动党主席的王鼎昌说："我们不能控制工会，所有的中央执行委员会，包括人民行动党的国会议员在内，都必须通过秘密投票的选举才能选出。如果我们没把工作做好，如果我们只会压制工人，我们就会在中委会的选举中被淘汰。"⑤

另一方面，全国职工总会也不忌讳他们公开支持人民行动党的立场。时任职总副秘书长的吴志伟同时也是政府的政务部长，公开表明说："职工会的活动不允许那些公开反对人民行动党的人任执委，这是因为职工总会与人民行动党的政治理念相同，及它们之间有着紧密的联系。"⑥

穆达立认为："虽然说职工会与反对党对政府控制工会的说法各执一词，但政府对工会所提供的各种服务与基础设施的援助，及

① Vasil, Raj, "Governing Singapore", Pg.160, 1988.
② Straits Times, 1 May, 1984.
③ Asia Week, Pg.10, 5 June, 1992.
④ Chew Soon Beng, "Trade Unionism in Singapore", Pg.151, 1991.
⑤ Asia Week, 24 Jan., Pg.24, 1992.
⑥ Straits Times, 7 Nov., 1988.

从工会中遴选国会议员的做法是非常明显的。这种关系不仅阻止了反对党为工人提供服务与争取福利的机会,也使新加坡的工业关系成为世界上独一无二的模式。虽然说政府与工会的良好关系,让新加坡能在经济发展中取得非常优异的成绩,但这种成就是在牺牲一个独立的工会组织与衰弱的反对党政治的基础上取得的。"[①]

由于人民行动党基本上控制了整个国家的工会组织,使得反对党在争取工人阶级的支持时无计可施。作者认为,如果一个政党无法在占有百分之七十的选民的工人群中取得支持,甚至无法去接近他们去为他们服务,如何能赢得他们的选票,并在大选时取胜?因此,人民行动党对工会控制,是为了保护政权的目的再明显不过了。

二、反对党与职工会绝缘

反对党不止一次地申诉政府控制了工会的组织,不仅垄断了反对党的政治资源,也剥夺了工人自由组织工会的权力及对社会应尽的义务。这种做法对反对党的影响如何?我们可以从以下几个方面来加以说明:

首先,由于工会的组织完全在政府或人民行动党的直接控制之下,反对党根本没有办法,也完全没有机会争取到工人组织的支持,而工人又占了选民人数的七成,反对党无形中失去了这个

[①] Hussin Mutalib, "Parties and Politics—A Study of Opposition Parties and the PAP in Singapore", Pg.299, 2003.

巨大的票源。

其次，工会的组织由一名内阁部长及多名国会议员领导，有如政府的一个部门，因此工会的各种活动与组织完全遵照政府的政策与方向，政府也通过工会提供更多福利给工人。工人因此对人民行动党心存感激，在大选时知恩图报是一种自然的趋势。

再次，负责工人组织的政府部长有绝对权力可以拒绝新工会的注册申请，或取消工会的注册。因此任何被认为亲反对党的工会要申请注册，或任何已注册的工会想要改变立场，将会面临被拒绝、撤销注册或领导人被逼辞职的风险。因此，反对党想要通过工会的途径寻求支持的机会是微乎其微的。

最后，任何想要成为反对党候选人的工会领袖将会被开除会籍。1988 年大选时，就有两位原工会领袖乔治·西达（George Sita）与穆罕默德·沙里（Mohd Shariff Yahya），因为成为反对党民主党的候选人而被职工总会开除。[1]在这种情况下，任何想参加反对党或成为它的候选人的工会领袖，都必须考虑退出或辞职，否则就要面对被开除的厄运。因此，通过工会组织来赢得它的会员支持是非常困难的。职工总会的机关报《职总会讯》就公开表示："职总将会除掉那些成为反对党的候选人来对抗人民行动党的野草。"[2]

人民行动党与新加坡职工总会的共生关系的存在，及政府在各个方面给予职工会的大力支持与利益，使反对党没有机会与工人或他们的工会取得联系或赢得支持，更不要说能为工人去争取利益。这样一来，反对党就无法在这个主要票源上取得支持。作

[1] Straits Times, 22 Oct., 1988；26 Feb., 1988.
[2] NTUC NEWS, Pg.2-3, Oct., 1988.

者认为，这是反对党无法突破目前困境的最大障碍之一。

总之，人民行动党的战略，就是要将反对党排斥在现行体制之外，不让反对党有机会成为挑战现行体制的力量。另一方面，他们对反对党普遍存有藐视与偏见，认为反对党对一个好的政府没有什么作用。这与西方民主国家将反对党视为一个制衡与替代政府的力量的态度完全不同。

在这种态度下，人民行动党在执政的 50 多年里，以各种手段与政策抑制或限制反对党的成长与壮大，只能让它们以衰弱的反对党形式存在，作为新加坡是一个民主国家的象征，但不会影响或威胁到他们的执政地位。因此，政府采取四个战略层面的措施来边缘化反对党。这四个战略层面的措施包括：

一是通过主动猎人及惩罪异己的手段，垄断了人才资源，使反对党人才调零，无法形成一股反对力量；

二是通过控制国内所有的媒体，使他们在报道上偏袒政府，歪曲或抹黑反对党的形象，使它们无法在人民中建立起信誉；

三是垄断所有公民团体与基层组织，使它们成为半政府的组织，限制了反对党发展的空间与政治资源；

四是垄断并与职工会建立起共生关系，并通过注册的手段，消除反对党与职工会建立联系的机会，切断了在政治上最有影响力的政治资源。

这些做法已消除了反对党挑战人民行动党的政治资源与机会，使他们永远处在边缘化的地位，并永远确保人民行动党的执政地位。

新加坡特色的选举制度

第四章

选举制度的技术操作

　　新加坡所实行的相对多数决的选举制是有缺陷的，选举的结果造成席票严重偏差，加上集选区制的实行与执政者握有无限制的选区划分权力，以及各种选举技术的操作与运用，使五年一次的大选成了人民行动党执政地位的确认仪式。选举制度的技术操作是如何有效实行的呢？

一个国家选举制度的抉择与设计，通常反映出该国的历史遗产、国际社会化、政治文化及当时国内政党或政治精英个人的意识型态、偏好及理性抉择后的均衡结果。[①]新加坡是英国的前殖民地，因此很自然地就继承了英国所实行的单一选区相对多数决制。[②]这种选举制度习惯上被称为"领先者当选制"（first-past-the-post）。换句话说，在众多参选者中，只有得票最高的当选，但得票不一定要过半，因为当选名额只有一个，所以赢者全拿。因此，不论这个候选人的得票数，是只比其他候选人多一票，还是在一个多角竞争的选区中，其他落选人的总票数可能比他还多，只要在众人中他的得票数最高，他就能当选。因此，这个制度也被称为"赢者全拿"。由于这个制度的缺陷，造成国会中没有或只有极少的反对党。1984年，政府修改了选举制度，增加非选区议员制，从落选的得票最高的候选人中选出非选区议员，以使国会中最少有3名反对党议员的名额。1988年，在全部单一选区的基础上增加集选区制，每个集选区的议员从3名到

①王业立，《比较选举制度》，台北：五南图书出版股份有限公司，第8页，2008年。
② Yeo Lay Hwee, 'Electoral Politics in Singapore', In Aurel Croissant, Gabriel Bruns and Matei John (eds.), "lectoral Politics in Southeast and East Asia", Pg.204, 2002.

6 名不等，使新加坡的选举制度变得复杂，但赢者全拿的原则并没有改变。

在这一章里，我们将从技术的层面分析新加坡的选举政治与选举制度，从选举规则中的相对多数当选、选区划分、选票上的编号、分区计票、集选区制度、非选区议员制、官委议员制等的实行来分析这些制度对新加坡的政治形态，尤其对反对党所形成的影响与作用。

第一节
选举规则的缺陷

政治学者张佑丞认为选举制度的设计与评估，主要有两方面的考量：一是政治稳定性（或可治理性），二是分配的比例性。[①]

在选举规则中，如何按所得的票数确定是否当选，是一个非常重要的因素。从理论上说，根据不同当选规则产生的代表所组成的议会，是否能显示选民的真正意愿。换句话说，这个议会是代表多数或代表绝大多数，还是基本上代表了全体选民。这就是分配的比例性，分配的比例性越高代表性就越高，反之

①张佑丞，《选举制度与结果的比例偏差：以台湾立法委员选举制度为例（1992—2008）》，台湾政治大学硕士论文，2009 年 6 月。

则低。

政治稳定性对一个国家的发展有着关键性影响。中国改革开放的总设计邓小平认为，评价政治制度质量的标准"关键看三条，第一是看国家的政局是否稳定；第二是看能否增进人民的团结，改善人民的生活；第三是看生产力能否得到持续发展。"[1]可见政治稳定的重要性。新加坡首任总理李光耀也把政治稳定列为首要任务，他说："在新加坡，英国人给我们留下了他们的议会政府结构，我们的问题一直是如何维持稳定。因为这个具有不同种族、语言和宗教的新社会中存有一人一票的不稳定因素，我们不得不把政治稳定当作首要任务。[2]

新加坡自独立以来，一直由人民行动党一党独大统治，在政治上一直保持了一种非常稳定的状态，这种状态使新加坡的经济高速发展。因此，它一直在选举制度上保留了多数决制，因为它有利于第一大党保持一种非常稳定的状态，而不利于其他小政党。因为在单一选区相对多数决的制度环境下，只有一位得票相对最多的候选人可以当选。对选民来说，由于害怕自己的选票被浪费，他们会进行策略性投票，将票投给自己心仪的候选人中最有机会胜出的那位，而不是自己最中意的那位候选人。这就是选举中所谓的心理因素。既然小党的候选人胜出的机会小，选民就倾向于在大党的候选人中做选择。这种投票心态及其他因素，使作为小党的反对党一直不能进入国会。到了 20 世纪 90 年代，国会中开始有了反对党议员，之后才慢慢有了转变。这

---

①《邓小平文选》第三卷，北京：人民出版社，第 215 页，1993 年。
②《李光耀 40 年政论选》，联合早报，第 562 页，1993 年。

个转变使人民行动党于 1984 年与 1988 年在选举制度上做出重
大修改。

一、相对多数决制是席票失衡的主因

从相对多数决制的选举规则来看，这个制度的特性使获胜政
党能取得全部议席，但这个政党不一定需要赢得绝大多数选票。
因此有时落选政党虽仅以微差少于获胜政党的票数，却得不到任
何议席。因而许多小党在国会中所拥有的议席，并不能反映出它
应有的民意支持度。例如 1983 年的英国选举，第二大党工人党
获得 27.6% 的选票，却拿下了 650 席中的 209 席（占 32.2%）；
第三大党自由党虽然获得 25.4% 的选票，但仅赢得 23 席（占 3.5%）。
虽然两党的得票率差距只有很小的 2.2%，但在得席率上的差距高
达 28.7%。又如马来西亚 2013 年大选，赢得执政的国民阵线只
获得 45.74% 的总得票率，反对党民联获得 53.29% 的总得票率，
但国阵以多得 5 席而执政。[1]马来西亚与新加坡同是英国的前殖
民地，政治与选举制度与新加坡非常相似。

政治学者道格拉斯·雷伊（Douglas Rae）认为，这是由于
相对多数决制的目的是要创造"捏造的多数"（Manufactured
Majority）。[2]选举学者诺瑞斯（Pippa Norris）则认为，这会造

---

①王业立，《比较选举制度》，台北：五南图书出版股份有限公司，第 47 页，2008 年。
及吴彦华、潘永强（编），《未完成的政治转型——马来西亚 2013 年大选评论》，华社
研究中心，第 5 页，2013 年。
②Rae Douglas W., "The Political Consequence of Electoral Laws", Pg.74-77, 1971.

成获胜政党的得票率的影响力膨胀的倾向，以产生出有效运作的多数政府。[1]但是这种选举规则的设计，造成得票率无法真实反映在席票的比率上，产生了国会的席次分配不成比例的现象。

事实上，相对多数选举制最令人所诟病的是，它往往造成严重的比例性偏差问题。因此，诺瑞斯（Pippa Norris）认为，如果国会是反映选民的社会构成，让所有人的利益都能在立法过程中表达，那么，这个制度很明显地给了大党过多的红利。在缺乏商议与妥协的情况下，容易出现"独裁的选举"（An Elected Dictatorship）。[2]另一方面，小党或实力较小的少数联盟要取得议席相对困难，往往被系统性地排除在代表主体之外，无法充分反映它应有的民意支持度。

这种相对多数决制的特性，可以从新加坡的选举结果中看出。新加坡的反对党，从1984年至2011年的七次大选中，平均得票率是34.9%，但它的得席率只有区区的3.25%。这种席票严重失衡的情况，完全不能反映它的民意支持度。相反，人民行动党虽然只获得65.1%的选票，却得到国会中97.6%的议席数。因此，新加坡目前的选举制度，除了席票严重失衡外，也不符合票票等值的原则。

以1988年大选为例，人民行动党在这次大选中总共赢得了63.17%的选票，但在国会中获得81个议席中的80席，占总席位的98.8%。反对党赢得38.2%的选票，但只得到1席，占总席位的1.2%。按照特里梅万（Tremewan）的说法："人民行

---

[1] Pippa Norris, 'Choosing Electoral System: Proportional, Majoritarian and Mixed System', in "International Political Science Review", Vol18 No3, Pg.297-312, 1997.
[2] 同注1，第311页。

动党平均每个议员只需 12,290 票就能当选，而反对党议员则需 494,406 票，约等于人民行动党议员所需票数的 40 倍。"[1]这种巨大差异与票票等值的选举原则并不符合。

另一个明显的席票不成比例的例子是 1963 年的大选，在这次大选中，由人民行动党分裂出来的社会主义阵线，在大选中赢得 33.3％的选票，在 51 个国会议席中获得 14 席，只占所有议席的 27.5%。而人民行动党虽然只获得少于半数的 46.96% 的选票，却获得 37 席，占所有议席的 72.5%，并因此赢得执政权。这次的选举结果决定了新加坡未来的政治发展方向。

值得注意的是，人民行动党在 1963 年大选中获得的 37 个议席中，几乎有一半（18 名）议席的得票率少于 45%。在这种情况下，新加坡国立大学法学院前院长陈有利教授认为，当选的议员不能说充分代表大多数，因为有 55% 的选民投了反对票。[2]这 18 名议员中，5 位当了内阁部长，占了内阁人数的 40%。

1963 年大选席票的严重偏差，除了制度的原因之外，还由于这次选举的参选政党，每一个选区中至少有 3 至 6 个政党参加，选票被严重地分散了。从这个例子中，我们可以看出相对多数当选的制度，也很容易造成所谓的"鹬蚌困局"。这种困局可以自然形成，也可以是人为的布局。这种困局的前提必须是执政党与反对党的候选人都势均力敌，二人得胜的机会相等，因此假如有第三势力加入，不论是自然的还是人为的，只要这

[1] Christopher Tremewan, "The Political Economy of Social Control in Singapore", Pg.169, 1994.
[2] Tan Yew Lee, 'Parliament and the Making of Law in Singapore', in Tan Yew Lee (eds.), "The Singapore Legal System", Pg.129, 1999.

第三势力是以反对执政党的姿态出现，就会形成一个所谓的散票僵局，分散反对党的选票，让执政党能坐收渔人之利，甚至以低于一半的得票率当选。新加坡的 1963 年大选便是一个典型的例子。

因此，在实行相对多数当选制的国家，执政党就可以很容易地利用鹬蚌困局的策略，让反对党无法取胜。[①]虽然这么做会使它本身的得票率降低，但却是一个维护政权的有效策略。这样的结果造成了大部分选民的利益不能在国会中得到反映，及使人民所投的选票浪费等不公平的现象。

新加坡的反对党就曾对这个选举规则的缺陷在国会中提出要求检讨。前社会主义阵线主席李绍祖医生曾在 1991 年的国会辩论中说："目前的相对多数决制，是一个最不民主与不公平的制度，它造成了不公平与不平等的代表选民的愿望，新加坡的选举与国会中不平等的代表，是新加坡最不公平与不民主的象征，政府是否愿意成立一个委员会来研究或考虑实行比例代表制。"[②]

相对多数决制除了造成严重的票席比例失衡外，也会对反对党发展造成一定的影响。政治学教授穆达立认为这种制度是阻碍反对党发展的许多原因之一，虽然它与西方民主国家所实行的制度并没有本质上的差别，但在不同的政治形态下，它对反对党所造成的惩罚性影响大不相同。[③]另一政治学者陈庆珠（Chan Heng

①赵心树，《选举的困境——民选制度及宪政改革批判》，成都：四川人民出版社，2003 年。
② Parliamentary Debates Official Report, 1992, Vol.57, Pg.406-409.
③ Hussin Mutalib, "Parties and Politics-A Study of Opposition Parties and the PAP in Singapore", Pg.284, 2003.

Chee）也同意这个看法，她说：“这种由选举与国会制度所造成的不公平现象，是造成目前反对党当选的机会减少与发展受阻的原因之一。”[1]

相对多数当选制度所造成的不公平现象，除了学者、法律界与反对党都认为应加以检讨外，根据穆达立教授所说，2002年，由当时的政府民意处理组（现改称民情联系组）成立的政治事务与媒体小组，也在他们所提呈的报告中指出：“国会的构成，应以投票的情况相近为理想。”[2]他们所说的国会构成，指的就是国会中席票不成比例的情况。

相对多数决制不仅造成席票失衡的情况，而且同时可以被操纵成鹬蚌困局。因此成了新加坡反对党所面对的最大障碍之一，使反对党在大选中无法取得与得票比例相等的席位，同时也阻碍了他们的发展与壮大。

二、比例代表制不适合新加坡？

要消除相对多数当选的得票与席位不均衡的现象，反对党与学者都曾经提出建议，实行比例代表制。比例代表制，顾名思义就是强调选举制度中的比例性，根据中国台湾地区学者谢复生的解释，比例代表就是每一个政党所得议席占总议席的比，应

---

[1] Chan Heng Chee, "The Dynamics of One Party Dominance: The PAP at the Grassroots", Pg.188, 1976.
[2] 同注1，第284页。

与它所获选票占总选票之比相吻合，目的是减少选票转化为议席时的不公平现象。在比例代表制下，为了达到比例代表性，选区规模一般较大，而且在一般情况下，选区规模越大，比例性越高。因此，有些国家以全国作为一个选区，如以色列、荷兰与意大利等。[①]

中国台湾地区专门研究选举制度的王业立指出：实行比例代表制的国家，一个政党只要能跨过当选门槛，就可按所得票的比例，在国会中拥有与得票率相等比例的议席。在这种情况下，小党得以存活。优点是少数声音与特定团体在国会中拥有各自的代言人，缺点是会产生许多独立的小政党。[②]

执政的人民行动党当然不会赞同比例代表制的建议，因为这个制度对他们不利。时任总理的李光耀对提出建议实施比例代表的人批评说："发表这些意见的人似乎没有看到比例代表制所带来的危险与陷阱，尤其是在我们这个多元种族、多元宗教与多元文化的国家，新加坡不适合实行比例代表制。"他举出两大不适合的理由：

（一）这会造成具有种族、语言和宗教色彩的政党出现，这样一来选举期间所进行的竞选活动，就会以极端主义和沙文主义情绪为号召。

（二）实行比例代表制的西方国家的经验显示，比例代表制几乎总是导致软弱政府的出现，使得联合政府十分普遍。实际上在一些国家如意大利，在某个时期里出现的政府，多过那个时期

---

①谢复生，《政党比例代表制》，台湾：理论与政策杂志社，第8页，1992年。
②王业立，《比较选举制度》，台北：五南图书出版股份有限公司，第49页，2008年。

的年数。[1]

不可否认，单纯的比例代表制有它制度上的缺点，但是与以上所提出的相对多数决制的各种缺点看，显得微不足道。因此，结合制度的优点、消除或减少它的缺点的混合型制度，便成了许多人采用的办法。王业立认为："结合了单一选区和比例代表制的特征，取二者的优点而成的单一选区比例代表混合制，是目前被认为在席票比例上较为公平的制度。"[2]这是因为它的比例代表性介于两者之间。

最早采用混合制度的是联邦德国，日本在随后采用。这个制度的运作是国会中一半的议席，由各选区选出。国会中的另一半议席是根据各个政党所得选票的百分比产生。在这个制度下，每个选民可以投两张选票，一票投给所属意的选区候选人，一票投给所喜欢的候选人。[3]这个混合制度的好处是，可以消除由单一选区相对多数制所造成的选票与席次不成比例的情况，避免执政党有超比例的议席，反对党只得到低于比例代表的议席，因而只有利于执政党的不平衡现象。同时，门槛的规定也能有效地抑制小政党生存的空间与机会。

作者认为，混合制度把比例代表制的精神纳入了相对多数当选的制度中，有半数的议席是根据各政党的得票比例分配产生，适度地调和了单一选区相对多数决制下席票不成比例的偏差程度。另一方面，也避免了单纯比例代表所造成的多党或小党

①《李光耀40年政论选》，联合早报，第187页，1993年。
②王业立，《比较选举制度》，台北：五南图书出版股份有限公司，第60页，2008年。
③同注2。

林立及激化族群对立，使政局因此发生波动的弊病。因为只有一半议席按比例产生，加上最低得票门槛的规定，只有得票超过5%的政党才能分配得到席位，因此，可以避免少数小党过多的弊病，也遏制了只代表极少数人或族群利益的极端小政党的形成与发展。

从德国与日本的经验来看，这个混合比例制成功地避免了过度分裂的多党局面，形成了温和的只有3到5个有效政党的多党制。同时，各政党的国会议席又能合乎比例原则，确保票票等值，增强选举的公平性和合理性。

潘永强指出：20世纪90年代，混合制度在俄罗斯、意大利、新西兰、日本、韩国等国家实行。[1]根据王业立的研究，目前全世界已有超过30个国家，在其下议院、上议院或地方议会选举中使用各式各样、不同搭配比例的混合制，并取得了良好的效果。[2]

混合制当然也有它的缺点，缺点之一是得票最高的政党，可能要求政党比例分配时拥有更多议席。其次，政党门槛的规定，可以影响国会中政党政治的生态，及选民分散投票的行为。但这些缺点远比采用相对多数决制所造成的不公平与不平等的议席分配来得轻微。

如果新加坡按实行混合比例制的方法计算，作者以新加坡2006年大选时各政党的得票率作为基点，并假设各政党候选人的得票率与政党得票率相同，以不同程度比重的混合比例，模

---

①潘永强，《马华政治散论》，马来西亚：燧人氏事业，2005年。
②王业立，《比较选举制度》，台北：五南图书出版股份有限公司，第35页，2008年。

拟出每个政党可得的议席。模拟结果显示，新加坡的国会中，可以至少有 16 位，多至 22 位的反对党议员。这样的议席分配不仅公平地反映了选民的选择与意愿，而且，如果国会中有这些数目的反对党议员，按照杜弗杰法则（Duverger's Law）的（心理性因素）的作用，人们不会担心选票浪费而不投票给反对党，新加坡的反对党将大有机会发挥它们的作用，从而发展与壮大起来。

第二节
选区划分与它的政治效应

选区是直接选举产生国会议员的基本单位，选区划分的基本点，在于如何通过合理划分选区，使选举产生的代表更具有广泛的代表性。因此，选区划分的方式，在民主的选举制度中，是一个很重要的影响因素。何俊志认为选区划分的原则，除了要维护公正与公平外，还要考虑每个选区的人数大致相同，选区的地域保持完整与连接，及符合自然疆界等因素。[①]

选区划分的出发点是为了选举的公正，但因为选区的划分方式具有很大弹性，使它在选举政治中成为最容易被操纵的环

①何俊志，《选举政治学》，上海：复旦大学出版社，第 141 页，2009 年。

节之一，并能在选举的关键时刻起到扭转乾坤的作用。[①]虽然单从表面上看，选区划分就是对地理空间进行分割，但这种分割不仅仅具有地理上的意义，还会对某些个人或政党产生一定的政治效果，改变政党在地理空间上的分布，进而影响到政党对议席的获得。

因此，掌握选区划分的主导权者为了自身的利益，常常会设法操纵选区划分，使它偏离公正的轨道。这种人为的操纵与做法，普遍存在于世界各地的选举政治中。

一、选区划分直接影响选举结果

选区划分的方法，每个国家因国情不同而有差异，绝大多数是采用按地域划分的方法。为了实现选举的公正和平等，一般都遵循一人一票，及同等数量的代表必须由同等数量的选民选举产生的原则。因此，当人口产生变化时就必须重新划分，以保持代表与选民数量的准确性。

胡盛仪等认为，由于选区本身与选举结果的密切关系，各政党为了在大选中获得胜利，围绕着选区划分大做文章。1812年，美国发生了选举史上最著名的一个例子，当时的马萨诸塞州（State of Massachusetts）州长杰利（Elbridge Gerry）为了胜选的考量，将选区划分成奇怪的形状，使得自己的支持率在这些选

①严海兵，《选举操纵的技术与实践——以选区划分为例》，《华中科技大学学报》第23卷第4期，第59—64页，2009年。

区内形成相对多数，并将对手的选民分散到若干不同的选区，形成相对少数。由于选区在划分后形如蝾螈，被称为杰利蝾螈（Gerrymander）。[1]

杰利蝾螈原本是指为了自己党派的政治利益而不规则地划分选区的行为，随着选举政治的发展，人们渐渐把一切为了某一部分人的利益而操纵选区划分的做法都称为杰利蝾螈。

关于操纵选区划分的具体方法，即杰利蝾螈技术，通常可以分为以下三种：

第一种是堆积（stacking），即把对手的多数选票集中到特定选区中去，使其成为少数；

第二种是集聚（packing），即把对手的选票集中到少数几个选区中去，使其在这些选区成为多数；

第三种是裂化（cracking），即把对手的选票分散到多个选区中去，使其在每个选区都不占多数。[2]

这种操纵选区划分的技术，可以用弗兰泽奇（Frantzich）的说明来解释，他说："比如说政党甲是一个在选民中占有明显多数的政党，擅自划分选区后，使它在每一个选区里都占多数。同时在一个更具竞争性的选区，就运用'集聚和裂化'战略。这样一来，反对党乙政党，占有多数的选区就被'集聚'在一个区之内，使乙政党必须浪费很多票数来赢得那个选区；另一方面，乙政党在其他地区的支持票就被'裂化'而分散掉，并

①胡盛仪等，《中外选举制度比较》，北京：商务印书馆，第116页，2005年。
②严海兵，《选举操纵的技术与实践——以选区划分为例》，载《华中科技大学报》第23卷第4期，第59-64页，2009年。

结合到甲政党的主要支持区内，这样一来，甲政党就可轻易地赢得该区。"①

我们可以用图 4.1 的两个图形来进一步说明选区划分的方式，如何用来控制与影响选举的结果。

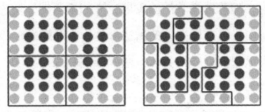

图 4.1　选区的划分方式对选举结果的影响

图 4.1 中的左图与右图，都有相同的开票统计结果，但因选区划分的方式不一样，而造成了不同的选举结果。左图的四个选区的支持率都是 8∶8，投票结果是二党平手。同样的选民结构在经过选区划分后的右图里，有三个选区的支持率是 10∶6，另一个为 2∶14，因此二党的得席比是 3∶1，选区划分能够有效地影响投票的结果。因此，赵心树认为在相对多数决制度下，拥有选区划分权的官员，有时可以在实质上否决选民的意愿。②

二、新加坡式的蝾螈

根据新加坡宪法第 39 条 1 项（a）节的规定，民选议员的数

---

① Stephen E. Frantzich，"Congress: Games and Strategies"，Pg.146, 2010.
② 赵心树，《选举的困境——民选制度及宪政改革批判》，成都：四川人民出版社，第136页，2003 年。

目必须与选区的数目相等，选区的数目可由立法机关来决定，但选区的划分则不必经立法机关通过。按照新加坡法律，处理选举事务的法律是国会选举法令（Parliamentary Election Act）。

国会选举法令第 8（1）条规定：为了选举的需要，部长可随时在宪报上宣布新加坡选区的名称与范围。相同法令第 8（2）规定：按该法令第 8（1）条的规定，选区的数目与所划分的选区必须相等。这个法令的意思，根据陈有利教授的解释，主管的部长只需要规定选区的名称与范围，而无须经国会的批准。[1]

这种选区划分的规定，是当时英国殖民地政府在所属的殖民地内实施的，因此，在现在的英联邦国家中广泛使用。陈有利教授指出，这种制度在其他国家中并不受欢迎。虽然如此，由于它对执政党绝对有利，执政的政党不会轻易更改。[2]

在这种选区划分制度下，选区可以因人口的变动与选举办法而重新划分，可以使用增加、减少它的范围，或并入其他邻近选区，或分割并入邻近选区，或取消原有选区等种种办法，以达到"选民与议席比"的要求。至于选区应在什么时候划分，国会选举法令并没有规定，执政党可以按照自己的意愿，选择最有利于自己的时间。相反，新加坡的原宗主国英国在这方面则有详细的规定。1992 年之前，选区划分为每隔 10 至 15 年一次，之后改为每 8 至 12 年一次；在美国和日本，则按照每 10 年一次的人口

---

[1] Tan Yew Lee, 'Parliament and the Making of Law in Singapore', in Tan Yew Lee (eds.), "The Singapore Legal System", Pg.129, 1999.
[2] 同注 1。

普查统计资料，重新划分选区。[①]

在新加坡负责选举事务的是选举局，而选举局隶属总理公署。因此，执政党的总理同时掌握了选区划分的权力。李路曲认为："新加坡的选举委员会（应为选举局）与很多国家不同，它不是中立的。"[②]按照目前的做法，总理在大选前委任一个选区审议委员会，负责审查目前的情况并进行划分选区的工作，然后向总理提出他们的建议报告，由总理批准后就可公布实行，完全不需经过国会的辩论与批准。由于选举法令中并没有规定应公布的日期，总理就可行使自由裁量权。这个选区审议委员会主要由公务员组成，虽然每次的成员不尽相同，但他们基本来自相同的部门。以2006年的选区审议委员会为例，它的成员有：

（1）总理秘书兼内阁秘书（召集人）；

（2）土地管理局总执行官；

（3）建屋发展局副总执行官；

（4）统计局总统计师；

（5）选举局局长（委员会秘书）。

从委员会的成员来看，它的组成完全符合选区划分功能上的需求，也符合当前法理上的要求，但缺少制衡的因素，缺少反对党及公民社会的参与，因此也缺少了协商因素与透明度。最令人关注的是，委员会的报告只需得到执政党总理的批准，缺少了独立性与公平性。

---

①严海兵，《选举操纵的技术与实践——以选区划分为例》，载《华中科技大学学报》第23卷第4期，第59-64页，2009年。
②李路曲，《新加坡人民行动党政府的社会控制方式》，载《东南亚研究》第4期，第40-46页，2006年。

选区审议委员会只需按宪法的规定，那就是至少有八个单选区及四分之一的议员来自集选区（以 2006 年大选的规定为例，每次选举可能有不同规定）。因此委员会按新加坡有资格投票的人口及 84 名议员的基数计算，定下每个选区的平均选民数为 26,000 人，同时为了计算上的方便，允许每区人数可以有上下 30% 的浮动。因此每个选区的选民数介于最少的 18,200 人至最多的 33,800 人之间，而集选区则以一个单选区的人数乘以议员人数计算。例如，一个 5 人集选区的选民数介于 91,000 人至 169,000 人之间，等于五个单选区人数的总和。但在实际操作上，与这个计算法有出入。根据新加坡管理大学法学院陈庆文（Eugene K.B.Tan）教授的观察："目前选区的选民人数最大与最小的差别可以高达 86%。"[1]

由于委员会允许每个选区人数有 30% 上下的浮动，理论上每个选区人数差异的上限可高达 60%，根据作者的观察，实际上存在着更大的差异。以 2006 年的选区划分来说，在单选区中，最大选区义顺东有选民 32,585 人，最小选区波东巴西有选民 15,888 人，之间的差异高达 105%；在集选区方面，最大集选区巴西立—榜鹅选民有 178,443 人，最小集选区惹兰勿刹选民有 93,025 人，在考虑议员人数后，它们之间的差异也高达 60%。这种巨大的差异不但不符合委员会自己的规定，更不符合一人一票与同等数量代表必须由同等数量的选民选举产生的原则。

在选区人数的问题上，主要依据的是要求每一位代表背后选民数量要尽量相等，因此产生了各种不同的分配方法。美国

[1] Today, 1 Nov., 2010.

使用过的方法包括汉密尔顿法（Hamilton's method）、杰佛逊法（Jefferson's method）、韦伯斯特法（Webster's method）与亨廷顿法（Huntington's method），各种方法都有其优劣点，大体上是类似比例代表制中各种商数法或余数法的计算方式。黄纪与游清鑫认为，选区人数的分配差异问题，在美国不仅学术界讨论，也长期经法庭审议，大致上同意选区间人口之间的差异愈小愈好，而5%似乎是一个可被接受的"安全港"。[①]新加坡管理大学教授陈庆文（Eugene K.B.Tan）认为："30%选区人数的差异太大，英国正在讨论减少选区人数差异的百分比，减少至5%，新西兰、澳大利亚的差异是10%。如果拥有广大人口的大国的差异是在5%至10%的范围，小而拥挤的新加坡30%的差异显得太过宽大。"[②]根据报道，2011年，英国国会正式通过法案，国会议席的选民数必须在每个议席平均选民的正负5%之内。[③]因此，新加坡30%差异的规定，及在实际划分上大大超越这个规定的做法，有必要加以检讨，以符合票票等值的原则。

新加坡选区划分的做法，一直以来受到反对党的质疑。新加坡公开中心（Open Singapore Center）就指责说："选区重新划分是一个特别重大的问题，不仅它的过程不透明，划分的结果也只在选举之前很短的时间内才发布，一些反对党获胜的选区，或与人民行动党的得票非常接近的选区，（在下次大选时）不是被划

---

①游清鑫，《如何评估选区重划的政治效果》，载黄纪、游清鑫（编）《如何评估选制变迁：方法论的探讨》，台北：五南图书出版股份有限公司，第25页，2008年。

② Today, 1 Nov., 2010.

③《东方日报》，2013年6月18日。

掉或分解，就是被并入集选区。"①

反对党的申诉不是没有根据的，如独立后反对党获胜的第一个选区——安顺选区，1986年，它的议员惹耶勒南被判罪悬空后，一直没有进行补选；并在1988年大选的选区重新划分时，被分割并入邻近几个人民行动党的选区，从此消失，反对党可以得胜的机会又少了一个。因此，1988年大选的结果是，反对党的席位只剩下一个。1991年大选时，有6个单选区反对党的得票率达到44%至48%（见表4.1），但这些选区在1997年的大选时被并入集选区。

表4.1　1991年大选时6个单选区反对党的得票率

1991年大选选区	反对党得票率
布莱德岭选区	48%
武吉巴督选区	48%
樟宜选区	47%
义顺南选区	47%
乌鲁班丹选区	44%
裕华选区	44%

资料来源：Pugalethi, Sr（1996）②

政治评论员德里克·达·库尼亚（Derek Da Cunha）认为："假如选区划分是中立无私的，这些以微差取胜的选区就应保留，让反对党有机会去攻打，但情况并非如此。1997年大选的选区划分，及选举法令的修改（指增加集选区的人数），让人民行动

---

① Open Singapore Center, "Elections in Singapore: Are They Free and Fair", Pg.17, 2000.

② Pugalethi, Sr, "Election in Singapore", Singapore: V.J.Time, 1996.

党在单选区中进行攻击战，却逼使反对党进行防卫战。"[1]

在每次大选前，人民行动党不断重复用选区划分的方法来减少反对党获胜的机会。《海峡时报》就曾批评人民行动党这种"怕输"的心态，并举出两次大选时选区划分的例子来说明，如在 2001 年大选时，一些被认为"危险"的和反对党的强区，或反对党在上届大选中的高得票区——如静山集选区，被分割、并入人民行动党的"安全"与强区内。静山集选区在 1997 年大选时，反对党工人党以 45.2% 的得率票，成了人民行动党一个很大的威胁。因此，静山区在 2001 年的大选中被分割，并入周边的人民行动党选区。同样，1991 年在友诺士集选区，反对党取得 47.62% 的得票率，它在 1997 年大选时也被分割掉。这两个名噪一时的集选区的名字也从此消失[2]。

时任民主联盟秘书长的詹时中就曾公开指责人民行动党，利用变化不定的选区划分来打击反对党，并形容这是一场不公平的反对党和人民行动党的足球赛。詹时中说："我们在踢一场足球赛，但人民行动党却没有固定的龙门，他们用流动的龙门，所以我们很难瞄准射球。"[3]

第一任总理李光耀并不否认人民行动党利用选区划分的手段来使自己占优势，他说："我们在选区划分上使自己占优势的程度，只不过是别人的十分之一。"[4]时任人民行动党主席暨总理公

---

[1] Derek Da Cunha, "The Price of Victory: The 1991 Singapore General Election and Beyond", Pg.14, 1997.
[2] Straits Times, P.18, 18 Oct., 2001.
[3] 联合早报，2001 年 11 月 28 日。
[4] 韩福光等，《李光耀：新加坡赖以生存的硬道理》，新加坡：海峡时报，第 56 页，2012 年。

署部长的林文兴在 2006 年大选的选区划分公布时，对人们对于选区划分的批评反驳说："我不明白公众对过去选区划分所产生的怀疑。我相信（选区审议委员会）必须遵循每个选区必须有多少选民的原则，这个办法一直在实行，现在也一样。也许这次人口的变动较少，而不必做更大的改变。"他进一步解释反对党选区波东巴西区没有变动的原因，他说："严格地说，根据原则它应并入其他选区，委员会如果这么做，就会引起公众的批评，因此，这是相当敏感的。"①林文兴这番"此地无银三百两"的谈话反而引起了人们更深的疑虑。《海峡时报》评论员蔡美芬（Chua Mui Hoong）就问道："这么说来，委员会也会考虑到公众的情绪？他们当然也会考虑到其他非地域与非统计数字上的因素。因此要如何确保这个选区划分的更改，对每个政党都是公平的？"②

除了通过选区划分的手段，人民行动党也企图通过其他手段，来分散支持反对党的实力，其中之一是以进行发展计划为借口，拆除反对党选区内的组屋。反对党议员刘程强就曾指责政府说："人民行动党应让反对党有更大的政治活动空间，而不是任意地划分选区。政府准备拆除后港区内九幢组屋，我虽然并不反对发展计划，但这些居民将被分散到新加坡各地。"③很明显，他是在指责政府企图通过拆除组屋的计划来分散与减少他的支持者。

对选区划分最彻底的一次，是在 1997 年。由于在 1991 年大选时人民行动党一下失去 4 个选区，是自 1963 年大选以来失去

---

① Straits Times, 6 Aug., 2006.
② Straits Times, 7 Aug., 2006.
③ Straits Times, 31 July, 2006.

最多席位的一次，因此，为了确保 1991 年大选的效应不会继续蔓延，利用选区划分作为工具，使 1997 年选区范围发生了很大变化。可以从 1991 年与 1997 年这两次大选时选区划分后的地图（见图 4.2 与图 4.3）中，看出选区划分变化的程度。两张选区图是如此不同，令人无法相信选区划分是由于人口的变动所致。在这两次大选相隔的五年中，并没有证据能够说明新加坡人口有大幅度的流动，或在地理上有任何的改变，因为在新加坡唯一能造成人口大量流动的因素，是由建屋发展局建设新镇或新组屋所引起的。根据建屋发展局年报资料，从 1994 年到 1996 年的三年中，组屋只增建 44,561 个单位，以 26 个组屋区分配，平均每区只有 1713 个单位。增加最大的是兀兰区（10,306 单位），其次是淡宾尼区（8724 单位），因此除了兀兰组屋区与淡宾尼组屋区内的选区，因人口增加较多需做调整外，其他选区相对变动非常小，没有做重大改变的理由。新加坡虽有填海但不会使疆域发生如此大的变化，以至使选区划分必须做出这么大的变动。因此唯一的解释，造成这次选区大幅度重新划分的主要原因是政治因素。对于选区重新划分的疑虑，政论团体"圆切线"说："目前选民确实只能从报章上获得类似 '选区重新划分是为了配合五年来人口改变与搬迁的发展形势' 一句语焉不详的解释。"[1]

---

[1]《圆切线》，Apr. No.4, 2002.

图 4.2　1991 年大选选区划分

图 4.3　1997 年大选选区划分

图 4.2 与图 4.3 资料来源：达·库尼亚（Da Cunha），1997，PP.11–13.

　　新加坡是否存在着蝾螈（Gerrymander）式的选区划分现象呢？政治学教授费兹（Fetzer）认为："人民行动党政府的官员，为了让它的候选人赢得更多席位，随意划分选区。我们只要随意地检查 2006 年选区的形状，就会怀疑蝾螈的存在。"[1]他列举出两个选区的图形（见图 4.4）来证明蝾螈的确在新加坡的选区划

----

① Joel S.Fetzer, 'Election Strategy and Ethnic Politics in Singapore', in "Taiwan Journal of Democracy", 4（1）, Pg.143–144, 2008.

分中发生。

马林百列是东海岸一片填土而成的选区，原来是一个长方形的选区，但在 2006 的选区划分后，根据乔尔·费兹（Joel S.Fetzer）教授的形容，好像一只米老鼠的侧影。而荷兰—武吉知马集选区却像一只友善的怪物在弯身系鞋。而在它中间的"眼睛"（空白部分）就是特意划出的武吉班让单选区。

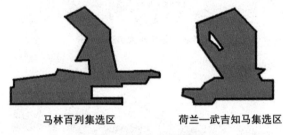

马林百列集选区　　　　　荷兰—武吉知马集选区

图 4.4　新加坡式的蝾螈

资料来源：Fetzer，2008，PP.143–144.

马林百列集选区是人民行动党的强区，带领这个集选区的是前任总理、现任国务资政吴作栋。而划入马林百列的布莱德岭选区，在 1991 年大选时，反对党候选人获得了 48% 的高得票率，这个结果令人民行动党觉得很不放心，因为只要反对党在下次大选时增加超过 1% 的选票，就会失去这个选区。因此在 1997 年大选时将它并入马林百列集选区，因为选民觉得"有位德高望重的总理在这个集选区，能为他们带来威望与好处"。[1]由于布莱德岭的加入，使这个集选区的形状像一只米老鼠。[2]根

---

① Straits Times, Pg.27, 22 Oct., 2010.
② Joel S.Fetzer, 'Election Strategy and Ethnic Politics in Singapore', in "Taiwan Journal of Democracy", 4（1）, Pg.143-144, 2008.

据作者估计，布莱德岭选区距离位于东海岸的马林百列集选区约有 10 公里，在南北距离只有 26 公里的新加坡，十几公里的距离不能说不远，更何况它是位于东南的一个海边。难怪政治专栏记者就以调侃的语气说："实龙岗（属布莱德岭选区的主要地区）的居民现在可以在售屋广告上说，他们的房子是位于靠近海边的选区，以吸引购屋者。"[1]

选区划分使它不断扩大，也使选区产生新的问题。马林百列集选区由于是面积较大及由不同居民构成的大选区，为选区带来了居民认同的难题。[2]此外，选区划分与选区名称频繁更改，让选民无所适从，也有与地方的历史失去了联系等问题。

大选小故事:

选区划分划出了什么问题？

自 1984 年新加坡执政党大选，有两位反对党议员进入国会以后，人民行动党就采取各种策略阻止更多的反对党当选，其中之一便是通过选区划分的方法。由于选区划分频繁，选区检讨委员会在人数与选区数的规定外，可以任意划分。不过在实践中，影响选区划分的不仅仅是人口，还有其他许多因素，如历史文化传统、街道等。因此，在过去的选区划分中出了许多问题。

以下举三个例子来说明这些问题的存在:

---

[1] Cherian George, "Singapore: The Air-conditioned Nation", Singapore: Landmarks Book, Pg.193, 2000.
[2] Straits Times, Pg.27, 22 Oct., 2010.

例一：住在同一地方，却接连反复换了几个选区。

作者在过去的二十年都住在同一地方、同一间屋子，从来没有离开过，却经历了几个不同的选区，并且有换了再换回的情况，令人无所适从。尤其是许多老选民，一直以为自己还属于同一个选区，却不知道从 1984 年至 2011 年的七次大选中，已经换了三次，其中三次是如切单选区、三次是马林百列集选区、一次是东海岸集选区，具体如下：

1984 年大选——如切单选区；

1988 年大选——整个选区并入马林百列集选区；

1991 年大选——保留为马林百列集选区，没有改变；

1997 年大选——分割出来并入东海岸集选区；

2001 年大选——分割出来恢复为如切单选区；

2006 年大选——保留为如切单选区；

2011 年大选——一部分分割并入马林百列集选区，如切单选区保留。

例二：如切路不在如切选区。

如切区是一个很有特色的地方，有许多土生文化的遗产，现在还保留了许多土生文化的建筑物及土生文化与美食，政府也把它列为文化遗产加以保留。因此许多人在想到土生文化时，便会想到如切区。但现在如果你提到如切选区，却找不到土生文化的遗产，虽然著名的如切应犹在，只是选区改，而著名的地标如切路、如切坊与如切径还是依旧，但已不在如切区内了。这种任意划分选区，把文化与历史硬生生分割开的做法是否明智？这是有关当局必须严肃考虑的问题，免得如切区议员在问到如切的土生文化时不知如何回答!

事实上,划分后选区的命名也让人匪夷所思。如2011年新设的一个四议席集选区摩绵—加冷集选区,是由现有的惹兰勿刹集选区和丹戎巴葛集选区中的一个摩绵分选区合并而成的,而它的名称是摩绵—加冷集选区。

这个新名称一出炉,立刻就有行动党基层表示不满,认为选区名称应以惹兰勿刹为主或一般人所熟悉的地区名称加冷区开头,称为加冷—摩绵集选区更为恰当,但结果都不是。

例三:房子在马林百列选区,我住在海边吗?

马林百列是东海一片填土而成的选区,原本是一个长方形的选区,但经过2006年大选前的选区划分后,便成了一只米老鼠的侧影。这只米老鼠有一只很长的脚,可以一直延伸到实龙岗花园,一个距离马林百列约有10公里的地方。由于马林百列是一个沿着海岸线兴建的新镇,它的旁边便是号称世界最长的东海岸滨海公园,因此有人戏称,当实龙岗花园的居民要卖屋子时,可以说"我的房子是在马林百列区",暗示我的房子靠近海边,应可卖个好价钱!

由于实龙岗距离马林百列太远,很难形成选区的凝聚力,在接下来的大选中便被划入附近的阿裕尼集选区了。

以上随意列举了选区划分产生问题的趣事,但一个更加严重及对人民行动党形成不利影响的是,选区的任意划分已使得它在过去所建立起来的基层组织产生了变化。由于选区划分,使许多公民咨询委员会与居民委员会都必须重组、取消或分裂,除了影响凝聚力的成长,也造成许多基层老领导的流失,使基层的力量越来越薄弱，对选情产生了冲击。

许多人都认为选区划分对反对党不利，完全没有想到执政党内也有人不满。国务资政吴作栋指出，选区划分对人民行动党也有不便的地方。吴作栋举例说，加基武吉的一部分并入阿裕尼集选区，另一部分纳入马林百列集选区，人民行动党需要为这个改变设立新的支部，为选民服务。

以微差险胜的人民行动党如切单选区议员张有福也说选区划分对他不利，一些支持人民行动党的区域这次被划入马林百列集选区。这次大选中人民行动党候选人张有福仅以382票的微差险胜工人党候选人余振忠。张有福告诉《今日》报，选区划分其实对他不利，是导致他选票低的关键因素。张有福说，选区重新划分后，如切路并入马林百列集选区，至少三分之一的"真正如切人"都归入马林百列，而这里恰好是前议员曾士生照顾的区域。曾士生在这里服务多年，照顾区内居民，帮助他们解决问题。

执政党人的抱怨，说明了选区划分对反对党的不利是有过之而无不及。事实上，新加坡的选区是怎么重新划分的，又是根据什么原则来命名的，从来没有说明过。如2006年大选前公布的选区划分，这次的选区划分结果是新设了八个单议席选区，而原有的五个单选区则被并入邻近的集选区。大家自然都很好奇，想知道这些新选区是怎么划分出来的，其他选区又为何消失？

选区划分是一项重大工作，反对党一直指责选区划分不公，现在连人民行动党议员也抱怨，我们是否应考虑使它更透明呢？

新加坡政策研究所的研究员许林珠与黄玉琳认为："社区受到选区划分经常改变的影响，对培养服务社区精神有妨碍。"[1]新加坡管理大学法学院教授陈庆文（Eugene K.B.Tan）也提出同样的观点。[2]根据作者的观察，选区的基层组织因选区频繁地分割，导致社区领袖变动而受到一定影响。

从表4.2中可以看出，在集选区实施以前的1984年大选，反对党得票率超过30％的选区，有四分之三的选区被取消或合并，而在反对党得票率低的选区，只有四分之一左右有变动。在1988年大选实施集选区之后，由于选区规模扩大，选区的变动率提高到三分之二，受到影响的选区已不局限于反对党的得票率较高的选区了。

表 4.2　历届大选（1984—1997）选区变动情况

反对党得票率	选区的变动情况	1984	1988	1991	1997
反对党得票率超过30%	总数	33	36	18	11
	取消／合并	25	24	12	5
	保留	8	12	6	6
反对党得票率低于30%	总数	15	13	7	4
	取消／合并	4	9	5	2
	保留	11	4	2	2
更动／保留百分比		60.4：39.6	67.3：32.7	68.0：32.0	46.7：53.3

资料来源：作者根据选举局资料（1984—1997）整理而成。

人民行动党逐渐将反对党得票率高的选区并入邻近选区的结果，根据杨丽慧（Yeo Lay Hwee）博士的看法，在选区划分成差不多相等后，平均法则对多数党有利，而小政党则需要在空间中

① 《圆切线》，Apr. No.4，第 79 页，2002 年。
② Today, 1 Nov., 2010.

去寻找更多的支持者，尤其是在以相对多数决当选的选举制度中，如果支持者被分散，这些政党将很难获得席位。[①]以目前人民行动党获得多数支持的情况下的选区划分，反对党担心支持他们的地盘将被蚕食掉。由于选区的划分在不断地进行，使反对党的支持地盘不断地被吞食掉，组织群众的工作也越来越困难。换句话说，反对党每次都要在一个新的选区中参加竞选。也许有人认为这也适用于执政党，其实不然，因为执政党有"选党不选人"及作为执政党的各种优势。

另一方面，选区的划分期限在其他许多国家中都有硬性规定，如英、美与日本从 8 年至 12 年不等。但新加坡自 1968 年以来，选区划分在每一次大选时从不间断，只是规模大小有别。随着人民行动党得票率逐年下降及反对党议席的增加，划分的幅度也越来越大。根据政策研究所的张俪霖的看法，在其他国家虽然也重新划分（选区），可是他们有限期，每 10 年才划分一次，或者划分后不是在直接的大选中实行。[②]因此，选区的频繁划分让反对党无法巩固自己的地盘。这也许能解释为什么反对党虽然获得约40% 的选票，却只能获得很少的席位。正如中国学者李路曲所说："选举委员会（应为选区审议委员会）总是根据有利于执政党的原则来划分选区。"[③]

---

① Yeo Lay Hwee, 'Electoral Politics in Singapore', in Aurel Croissant, Gabriele Bruns and Matei John（eds.）, "Electoral Politics in Southeast and East Asia", Pg.219, 2002.

②《圆切线》, Apr. No.4, 第 79 页, 2002 年。

③ 李路曲,《新加坡人民行动党政府的社会控制方式》载《东南亚研究》第 4 期, 第 41 页, 2006 年。

三、选区划分从公布到选举只有八天

政府在什么时候必须公布选区重新划分的结果，在法律上并没有明确的规定，这是新加坡在选举法上不完善的地方。由于法律上没有规定，执政者可以选择在对自己有利的时间内公布，而不让反对党有充分的时间来熟悉新选区与新选民。更重要的是，不让这些选民来认识新的候选人与他的政策，尤其是反对党在媒体方面还缺少应有的便利，要在很短的时间内让人们熟悉他们和他们的立场并不容易。

从过去十次选区重新划分公布的日期来看.（见表 4.3），大致可以分为两个时期。1984 年以前，也就是国会里没有反对党的时期，选区划分平均在大选提名日前的 215 天前公布。但在

表 4.3 历届大选（1968—2006）选区划分公布日期

大选年	大选日期	提名日期	公布日期	距离选举日
1968	1968.04.13	1968.02.17	1967.08.25	238 天
1972	1972.09.02	1972.08.23	1971.01.03	207 天
1976	1976.12.23	1976.12.13	1976.05.07	238 天
1980	1980.12.23	1980.12.13	1980.06.02	190 天
1984	1984.12.22	1984.12.12	1984.05.21	205 天
1988	1988.09.03	1988.08.24	1988.06.14	71 天
1991	1991.08.31	1991.08.21	1991.08.08	13 天
1997	1997.01.02	1996.12.23	1996.11.21	32 天
2001	2001.11.03	2001.10.25	2001.11.17	8 天
2006	2006.05.06	2006.04.27	2006.03.03	59 天

资料来源：White paper on the report of the electoral boundaries delineation committee（1968—1984）& The report of the electoral boundaries review committee（1988—2006）.

1988 年之后，国会中开始有了反对党，选区划分公布的日期只有平均的 36 天，是之前的六分之一。其中有两次公布的日期距离大选提名日非常短，只有 13 天（1991 年）及 8 天（2001 年）。

从政府公布选区重新划分的日期可以看出，政府是在国会中有了反对党之后，态度上有了改变，选区公布的日期与反对党在选举中的表现有直接关系。如果反对党得票率提高，选区划分的规模就大，公布结果的日期也相应地缩短，让反对党措手不及，不能好好准备一次大选。虽然说政党应为大选随时做好准备，但因竞选活动只有区区的 9 天，很难让选区的人民有机会认识反对党及他们的候选人与候选人的主张和政策。

因此，选区划分公布的日期如果太短，就如中国学者李路曲所说："各党只能在大选前的 10 天内进行竞选活动，这实际上使反对党没有多少时间争取选民。"[1]尤其是选区范围做了很大的变动后，要重新认识选区、了解选区必须有很大的人力与物力。以目前新加坡反对党的人力与物力来看，这是一个艰难的任务，这也是为什么在 1991 年至 2006 年的四次大选中，反对党无法全面参选，让人民行动党在许多选区中不劳而获的原因之一。

黄纪与游清鑫认为："对选区划分的政治效应的评估，如果单纯地检验选区重划后政党（尤其是主导选区重划的政党）多赢得几个席位，或少数政党损失多少席位是不够的，这些数字的

---

[1]李路曲，《新加坡人民行动党政府的社会控制方式》，载《东南亚研究》第 4 期，第 41 页，2006 年。

变化乃是总和式的数字变化，无法细推到个别选区层级的变化状况。"[1]换句话说，选区划分的作用与影响，关系到整个选举的结果。

每一个政党的候选人都必须花费时间与精力去经营他有意竞选的选区，让选民了解他的服务热忱、他的政策及他所代表的政党。此外，他们必须有充足的时间去了解这个选区的情况与选民的不满与要求，联系选民，与选民对话，选区范围的任何改变都会对这些情况产生重大的影响。

作者认为，一个公正与平等的竞争，双方必须站在一个平等的水平上。虽然说选区审议委员会是由总理委任，由在政治上独立的公务员组成的委员会，在理论上这个委员会应该是超越政治与政党的，但李光耀有一句名言，"我没有必要去辩护，人民行动党是政府，而政府就是人民行动党。"[2]已把政府与政党混淆了。因此，从选区划分及选区划分后延迟公布的情况看，无法让人相信没有受到政治的影响。

因此，人民行动党一方面通过选区划分的方法，不让反对党有机会去经营获得高票的选区，另一方面在时间上也不让反对党有充分的准备。从这两方面来看，对反对党获选的影响是存在的。

---

①游清鑫，《如何评估选区重划的政治效果》，载黄纪、游清鑫（编）《如何评估选制变迁：方法论的探讨》，台北：五南图书出版股份有限公司，第 25 页，2008 年。
②《行动报》，人民行动党机关报，1982 年。

第三节
选票系列编号与分区计票

一、让人畏惧的选票系列编号

根据新加坡选举的投票程序，合格选民到指定投票站投票时，都会发放一张印有选票系列编号的选票。这张选票是从一本选票簿上打洞打印后撕下的，存根上也印有选票上的系列编号这本存根簿由选举局保留作为记录。因为这个记录上的编号及选票上也有相同系列的编号反对党因此指责选票上的系列编号，违反了选举是秘密的原则。这是因为在理论上，政府可以根据这个编号找出这张选票是投给什么人的。杨丽慧（Yeo Lay Hwee）认为，"虽然说政府这么做的可能性并不大，但使选民在心理上对投票给反对党候选人存有戒心。"[1]曾经担任国会反对党领袖的前工人党秘书长惹耶勒南在国会辩论中说："有一部分选民仍旧怀有真正的恐惧，如果他们投了政府的反对票，他们将有可能被发觉，并使他们成为受害者。人们对政府的恐惧是因为选票上有编号，我知道这是英国人所遗留下来的。1997年时，新加坡驻美大使许通美教授就曾指出，在人民中有一种真正的、无理性的恐惧，那就是如果他们投反对党的票，将

---

[1] Yeo Lay Hwee, 'Electoral Politics in Singapore', in Aurel Croissant, Gabriele Bruns and Matei John (eds.), "Electoral Politics in Southeast And East Asia", Pg.219, 2002.

可能被发觉并遭到迫害。"[1]

反对党对选票上有编号的担忧不是没有根据的。因为一个民主的选举，有四个基本原则必须遵守，那就是：（一）普遍选举，（二）平等选举，（三）直接选举，（四）秘密投票。[2]秘密投票指的是选民按选举法的规定，按自己的意愿，秘密填写选票做出选择，然后再投入密封的票箱，选民的选举意愿向所有人保密。要实现秘密投票的原则，选举的过程必须加以标准化和规范化，包括选票的采用、隐蔽的写票室和密封的投票箱。因此完善的选举制度是保证一个公平与民主的选举的基本条件。只有完善的选举制度，才能减少与避免选举时可能产生的各种弊端及所产生的问题。

新加坡选举局对选票上系列编号的解释是："选举造假与在票箱中预放选票的弊端，无法完全消除。所谓的'串通投票'（Chained Balloting）如预先在选票上画号，就可能会发生如向刚离开投票站的选民购买选票或冒名投票等行为。在选票上编号是消除这些弊端最有效的方法，因为选票上的编号可以用来计算与核对所发出的选票、所投入票箱的选票数，及冒用他人名字投票等弊端。"[3]

对于投票的秘密性，选举局的解释是："在理论上，任何人都可以根据选票上的编号，找出投票人的身份。但这必须通过一个非常严格的程序，使找出投票人的身份更加困难。（这是因为）

---

① Parliament of Singapore, vol.46, 14 May., 1985.
② 胡盛仪等，《中外选举制度比较》，北京：商务印书馆，第 83 页，2005 年。
③ 新加坡选举局网站：http://www.eld.gov.sg，浏览日期：2009 年 10 月 1 日。

在投票结束后，投票箱在高等法院内保存六个月后销毁。在这六个月之内，票箱只有在庭令之下才能开启检查，而法院只有在满足所有条件的情况下才会同意开启票箱。自 1948 年以来，法院从来没有下过这样的庭令。因此，选票上的编号是用来保护民主的选举，而不是要用来摧毁选举的秘密性。这种做法在英国的选举中还在实行。"①

另一方面，《海峡时报》记者在采访选举局的报道中也为选票的秘密性做辩护说："为了保护选民的身份，当选民在投票站将选票投入票箱时，必须先将选票对折。计票时，计票人员不允许将它翻转过来看选票的编号，因为这些编号只能在发生纠纷时使用。"②作者认为，选举局对选票上必须有编号的解释是符合常理的，但对投票秘密性的辩解，不能令人完全放心与信服。因为在理论上可行的事是可能发生的，只能通过法庭的保护，而它又不是完全透明的，这显然并不够。因此，人们对选票上的编号存有戒心是可以理解的。

新加坡国立大学民主社会主义者俱乐部对投票的秘密性问题，1991 年时对在籍的大学生进行了一次调查，结果显示，有 42.1% 的大学生相信投票不是秘密的。③这足以说明这个问题的存在并不是捕风捉影。

虽然说政府在处理选票的程序上，在法理上完全站得住脚，但如果因为选票上存有编号，使约有接近一半的人在心理上存有

---

① 新加坡选举局网站：http//www.eld.gov.sg，浏览日期：1 Oct., 2009.
② Straits Times, 18 Jan., P.47, 1997.
③ Demos, 国立大学民主社会主义俱乐部会刊, Volume V No.1, Sept., 1991.

恐惧感，这个制度本身就有检讨的必要。如果说编号的目的是为了在发生纠纷时，可以用来统计票数，以防止任何在票数及选票上的作弊行为，作者认为要达到这个目的的方法不是只有在选票上编号一项选择而已。

二、分区计票决定组屋翻新优先秩序

另一项选举程序引起人们对投票秘密性产生怀疑的是，1997 年大选时，政府宣布组屋翻新将与大选的结果挂钩。换句话说，在大选中支持人民行动党的组屋区，将会优先获得翻新的机会。为了达到这个目的，政府修改了国会选举法令，允许分散计票中心，并按选区的组屋分布分区，分开计算选票。时任国家发展部长的林勋强解释说："当我们在决定屋龄与屋况相同条件组屋区的翻新时，国会议员将给那些支持率高的分区优先进行。"①

对于政府的做法，《海峡时报》专栏作者彭玉珠（Pang Gek Choo）说："人们之所以感到恐惧，是因为假如国会议员可以找出某个分区的支持度，那么投票就不再是秘密了。"②国民团结党候选人黄伟南医生（Dr.Wong Wee Nam）说："分散选票计算的做法，在广义上说，它使投票不再是秘密了。"③维

---

① Straits Times, Pg.46, 18 Jan., 1997.
② 同注 1。
③ 同注 1。

文医生(Dr.Vivian Balakrishnan)在接受《海峡时报》的访问时说:"选民本应无私与无畏地去投票,这种做法让我们失去了匿名性,及对投票产生了恐惧感,我们现在却是两种情况都具备了。"[1]

人们对分区计票的做法所产生的疑虑,不是没有理由的。这是因为新加坡选区的划分,是在每个选区中再细分为几个分区,以组屋区为例,一般一个分区包含了几个组屋的邻里,选民人数大约在 5000 至 6000 人。这些邻里与居民委员会的分区划分大约一致。根据作者的经验,如果按照分区来计票,政党的代理人在监票时,就可以一目了然地知道每一个组屋邻区对各党的支持率。因为计票员在计票时先将不同政党的得票分开,任何人只要一看桌面上按政党分开的选票堆,就可以粗略地推算出它的支持率。

因此,从选票上的编号到分区计票的方法,使人们相信执政党可以从选票上,找出个人或所居住地区的投票意愿。选举的秘密性原则已经荡然无存。因此,作者认为要实现一个公正与公平的选举制度,政府实在有必要检讨选票上的系列号,及以分区计票作为组屋翻新优先根据的做法,以消除人民的疑虑与担心,让人民可以根据自己的意愿,无畏无惧地去投票。

---

[1] Straits Times, Pg.46, 18 Jan., 1997.

第四节
新加坡特有的制度——集选区制

新加坡的国会选举制度，有一个非常独特的集选区制度（Group Representation Constituency），中国学者孙景峰称集选区制度是新加坡独有的特产。[①]自1988年首次在当年的大选中实行以来，已有25年历史，并经历了6次国会选举。这个制度的设立，根据人民行动党政府的说法是要"确保一个多元种族的国会"。[②]但学者有不同的看法。穆达立教授认为："这是一种政治机制，用来阻碍反对党的发展及为了保障政权的一种手段。[③]"学者特里梅万（Tremewan）则认为是："人民行动党政府用来阻止不断下降的得票率的一种手段。"[④]本节就是要探讨人民行动党政府实行集选区的真正目的，是否如它所说是为了保障少数民族在国会中的议席，还是如学者们所说是保障政权的手段？这个制度的实行情况及它对新加坡的选举政治、选举文化，尤其是对反对党产生了什么样的影响？

① 孙景峰，《新加坡人民行动党执政形态研究》，北京：人民出版社，第147页，2005年。
② Straits Times, 17 Aug., 1987.
③ Hussin Mutalib, "Parties and Politics—A Study of Opposition Parties and The PAP in Singapore", Pg.216, 2003.
④ Christopher Tremewan, "The Political Economy of Social Control in Singapore", Pg.164, 1994.

一、集选区只是为保障少数族群的席位？

人民行动党在 1984 年大选的三年后提出集选区制度的建议，开始时是说管理市镇会的需要，让几个选区合组成一个市镇会。后来又将重点放在为了确保少数民族在国会中的代表。

集选区制度的概念是由时任总理的李光耀在 1987 年的国庆群众大会中首次提出的，他说："集选区制度的建议可以保障在国会中少数民族的代表，尤其是马来民族的代表，可以继续在国会中存在。"他又说："从 1980 年与 1984 年的大选中，我们可以看出人民希望选出有能力，同时能说华语或方言的议员。"[1]接着，时任副总理的吴作栋在国会辩论集选区时说："近年来，人们的投票态度有种族主义倾向。在一个以华族占多数的国家里，如不尽早采取措施来纠正这个倾向，少数民族最终会发现，他们在国会中的代表是不足够的。"[2]

政府提出设立集选区的目的，明显是要在一个以 3 人为一组（后来增加到 3 至 6 个）的选区中包含一个少数民族，这样一来选民将可以选择一个包含少数民族的团队，避开了种族的选择。

国会中的少数民族代表数目，是否已如政府所说的受到种族主义倾向的威胁，我们可以从以下三个方面来探讨：

首先，从实行集选区制度之前国会中的议员的种族构成来看，在国会中少数民族的代表是否与种族比例相同？学者柯受田（Jon

① Martin Perry, Lily Kong & Brenda Yeoh, "Singapore A Developmental City State", England: John Wiley & Sons, Pg.75, 1997.
② Straits Times, 12 Jan., 1988.

S.T. Quah）研究指出，少数民族在国会的比例虽不能完全符合新加坡人口的比例，但差别非常小。在实行集选区后，这种情况基本上也没有改变。此外，自 1968 年大选以来，由人民行动党提出的少数民族候选人都全部当选。[①]

由新加坡东协人权机制工作小组（Working Group for an ASEAN Human Rights Mechanism，Singapore，简称 MARUAH）在 2013 年发表的研究报告中也证实了这一点，[②]并以表 4.4 为证：

表 4.4　国会中少数民族议员所占比例（1984—2011）

选举年	少数民族议员人数	国会议员总人数	占议员总人数的百分比（%）
1980	18	73	24.00
1984	16	79	20.25
1988	16	81	19.75
1991	17	81	20.99
1997	19	83	22.89
2001	22	84	26.19
2006	23	84	27.38
2011	24	87	27.59

资料来源：新加坡东协人权机制工作组报告

从表 4.4 中我们可以清楚地看到，在集选区制度实施前的两次大选（1980 年与 1984 年）中，少数民族在国会中的平均百分比是 22.13%，而实行了集选区后的六次大选（1988 年到 2011 年），平均百分比则为 24.13%，少数民族在国会中的百分比只增加了不显著的两个百分点。

其次，我们再从人民行动党之前所派出的少数民族候选人的

---

① Quah, S.T.Jon, 'Singapore in 1997-Political Reforms, Control and Economic Recovery', in "Southeast Asian Affair 1998", Singapore: Institute of Southeast Asian Studies, Pg.236, 1998.
② 研究报告可参阅新加坡东协官方网站。

得票率看，他们在与人民行动党华族候选人竞选时，是否面对更激烈的竞争？作者根据 1972 年至 1984 年中的四次大选结果资料分析，人民行动党华族候选人的平均得票率，只比其他少数民族候选人的平均得票率略微高出约 4%。这是因为候选人所代表的政党，候选人的学历、工作职位与社会地位、他在选区的工作成绩与对手的实力等，都是选民做选择的因素。人民行动党所派出的华族候选人，都是在社会上具有高学历与优越社会地位的精英。因此，得票率稍高是理所当然的事。

最后，我们再以人民行动党的少数民族候选人的表现来看，他们以高票击败反对党的华族候选人的情况时有发生。如在 1988 年，人民行动党的候选人阿都拉（Abdullah Tarmugi）在实乞纳单选区中就以 73.73% 的多数票击败工人党华族候选人张东山（Chong Tung Shang）。由此可见，少数民族候选人也可击败占人口大多数的反对党华族候选人。另一方面，人民行动党的华族候选人在面对优秀的少数民族反对党候选人时，得票率也会低于人民行动党候选人的平均得票率。而人民行动党在独立后失去的第一个议席，就是华族候选人败给少数民族的。

因此，集选区实施之前，我们无法从选举的结果中证明选民的投票行为具有明显的种族倾向。在实施集选区制后，国会中种族分配的情况也没有明显差异。因此，与其说集选区制度的实施没有达到它原来的目的，不如说这种情况的出现，与人们对种族的投票态度并没有直接关联。

在集选区制度实施前后，无法看出国会里有种族分配的变化。因此，我们再从人民的投票态度上做比较。投票的态度可以从投票的结果中看出，人们的思维态度可以用按照科学方法的民意调查来印证。

　　一个由南洋理工大学拉惹勒南国际研究学院（S.Rajaratnam School of International Studies）研究员所进行的民意调查指出："有94％与91％接受调查的华族，愿意接受印族与马来族的人出任总理。而接受印族与马来族出任国会议员的人数则高达97％与96％。"报告书在结论中说："新加坡的种族与宗教和谐始终非常稳固，种族与宗教的因素并没有在选举中扮演重要的角色。"[1]因此，从这个调查中所得到的讯息，无法证明人民在投票行为中会有种族主义倾向。

　　这个民意调查报告发表后，人们质疑集选制席设立的根据。《海峡时报》专栏记者 Zuraidah Ibrahim 指出："这项研究证实了种族偏见的因素不如当政者所说的那么严重。政府是以种族偏见的理由而提出这个制度，认为少数民族无法根据自己的实力来赢得议席，除非他们的议席获得保证，及华人沙文主义者可以轻易地击败一个多元种族的政党。"[2]

　　这个调查的结果打破了人们一直以来都认为是理所当然的种族主义倾向的存在，提出这个理由实行集选区制度的执政党人民行动党没有对这个调查结果做出公开回应与反驳。

　　因此，不论是集选区制度实施前后国会里种族构成的变化，还是权威机构所做的民意调查结果，都无法证实集选区

[1] Yolada Chin and Norman Vasu, "Multiculturalism in Singapore: The Ties that Bind and Blind", Pg.33-34, 网站：http://dr.ntu.edu.sg/bitstream/handle/10220/4290/rsisc116-07.pdf？sequence=2, 浏览日期：31 Aug., 2007.
[2] Straits Times, 17 Nov., 2007.

制度实施的种族因素。由台湾"暨南大学"翁俊桔所作的一篇学术论文，为集选区实施的目的做出了一个很好的结论，他说："集选区制度的推行，没有达到人民行动党所标榜的理想，反而比较支持反对党的论调，亦即它是人民行动党维持政权的利器。"[①]

作者认为，新加坡作为一个多元种族、多元文化与多元宗教的社会，如果说种族问题并不存在，那是一种自欺欺人的说法。不过，这个问题是否已被加以扩大与政治化，成为实行集选区制度的主要理由？执政者实行集选区的真正目的与意图又是什么呢？

澳大利亚政治学者 Garry Rodan 认为："新加坡从 1966 年至 1981 年的 15 年里，国会大选对威权政府并不会造成任何挑战，但 20 世纪 80 年代以后，得票率不断下降，虽然不致到改变政权的地步，但引起人民行动党领导层的关切。这是因为人民行动党政府一直以来，都是以国会大选的得票率作为得到人民委托的一个重要指标，选举已成为政治体系中的一部分，并有可能让他们付出政治代价。因此，政府对政治制度，包括选举程序，做出种种改革。同时，也对新加坡的一党专政做出意识形态上的调整。"[②]

新加坡政治学者柯受田（Jon S.T.Quah）认为："集选区

①翁俊桔，《新加坡集选区制度之研究：治术或治道》，论文提要页，台湾"暨南大学"东亚研究所硕士论文，2000 年。
② Garry Rodan, 'State-Society Relations and Political Opposition in Singapore', in Garry Rodan（eds.）, "Political Oppositions in Industrializing Asia", Pg.63, 1996.

制度是人民行动党对 1984 年大选结果所做出的反应。" [1]Garry
Rodan 则认为: "这是因为人民行动党是要从制度根本上来确保
它的统治地位, 人民行动党对安顺区补选的失败做出了过激的
反应, 不仅使惹耶勒南 (反对党议员) 在国会内外遭到恶劣的
对待, 政府部长也对年轻人认为国会中应有反对党的想法, 不
断做出不同的反驳, 担心年轻的选民希望国会中有更多的反对
党的效应发酵。" [2]

　　因此, 从以上分析可以看出, 人民行动党实行集选区的目的
已很明显, 并不如当初所声称的只是为了确保国会中有少数民族
代表那么单纯。

二、加大集选区以发挥最大效果

　　自 1988 年实行集选区制度以来, 不论在人数构成、国会中
的席数, 还是选区的划分上, 在每次大选时都做出重大的更改。
根据作者的观察, 修改的目的主要是应付政治情势不断改变的需
要, 使集选区制度在政权维护上能达到最大的效果。

　　首先是在人数的构成方面, 集选区由最初的 3 人一组, 增
加到 5 至 6 人一组。议席的数目也从最初 1988 年占总议席数的

① Quah, S.T. Jon, 'Singapore in 1997—Political Reforms, Control and Economic
Recovery', In "Southeast Asian Affair 1998", Pg.233, 1998.
② Garry Rodan, 'State-Society Relations and Political Opposition in Singapore',
In Garry Rodan (eds.), "Political Oppositions in Industrializing Asia", Pg.70,
1996.

48.15 %，增加到 2006 年的 89.29 %。尽管政府在开始时曾做出保证，集选区的数目不会超过总议席的 50 %。[①]

作者认为，集选区制度在实施过程中频频更改，是为了使它能够达到最大效果，以增加反对党当选的难度。这种完善制度的结果，使反对党尽管得票率在每次大选中都有增加，却无法取得更多的席位，或赢得集选区的议席。一直到 23 年后的 2011 年大选，也是集选区实施后的第六次大选时才攻破一个集选区。因为集选区的扩大，使反对党因缺乏人才与资金，一直无法参加全部的选区而放弃，使人民行动党不劳而获的席位不断增加。一直到 2011 年大选，政府决定减少集选区人数，增加单选区，同时反对党在人才资源上也取得突破，才有机会攻破一个集选区。

表 4.5 列明了集选区自实施以来在人数与议席百分比上的变动情况。集选区的议席占国会总议席百分比不断上升，2006 年是 89.29%，一直到 2011 年选举制度改革后才回落到 86.20%，仍远比原来承诺的 50% 高出了许多。

表 4.5　集选区在人数与议席百分比的变动情况

选举年	3 人集选区	4 人集选区	5 人集选区	6 人集选区	总数	占国会总议席百分比
1988	13	—	—	—	13	48.15%
1991	—	15	—	—	15	74.07%
1997	—	5	6	4	15	89.16%
2001	—	—	9	5	14	89.29%
2006	—	—	9	5	14	89.29%
2011	—	2	11	2	15	86.20%

资料来源：作者根据选举局资料自制

① Hussin Mutalib, "Parties and Politics—A Study of Opposition Parties and the PAP in Singapore", Pg.338, 2003.

集选区制度的实施更为选区划分的工作提供了很大的便利。尤其是政府在实行了分区计票制度后，充分掌握了各个分区的支持度，使他们在选区划分上有更大的操作空间。这也使反对党在集选区获胜的机会更加渺茫。尤其是一些集选区在大选中赢得高得票率后，在下一次的大选中就被分割掉。如友诺士集选区（1991年）及静山集选区（1997年）。

一个有趣的现象是集选区的名称由于选区划分而不断改变。到今天为止，仍保留与1988年创立时相同的只有四个（阿裕尼、马林百列、三巴旺与淡宾尼），但所辖范围已不尽相同。其他的都已改名换姓，或因合并而取新名如碧山—大巴窑，或因疆界重点改变如西海岸、蔡厝港等，可见集选区制为选区划分提供了更大的便利。

集选区实施了25年，已经成为新加坡选举制度的主要支柱。虽然在开始的20年成功地将反对党围堵在外，但在2011年大选时，反对党以破釜沉舟的决心取得突破，攻下一个集选区。这个结果不禁让人提出疑问，在下一次大选时，人民行动党是否会一如既往地由部长领军每个集选区？在大选时，一直被执政党认为是战无不胜，令反对党一直无法攻破的集选区，尤其是原阿裕尼的三位强人部长与一位潜能部长都已相继退出政坛，人民行动党是否会再选派部长，以硬碰硬对垒工人党，参加一个不确定结果的大选？或以选区划分的形式把阿裕尼从选区中划掉？无论采取哪一种方式，都会出现使人民行动党受到伤害的两难局面。答案恐怕要等到下一次大选时才能揭晓！

三、集选区制让反对党雪上加霜

政治学者特里梅万（Tremewan）说："在相对多数决制的选举制度下，集选区是人民行动党政府为了提高反对党进入国会的门槛而设计的。""为了保护人民行动党，避免人们将选票转向支持反对党的一种设计。"[1]这个制度到底对反对党产生了怎样的影响，我们将从以下几个方面来加以论述：

（1）集选区改变了选举的操作模式

反对党由于规模小，因此只能以领导人的个人素质与魅力作为号召。但在集选区制度下，扩大的选区规模使这种优势尽失。相反，人民行动党却以重量级部长坐镇集选区团队，通过部长的声望与魅力，为他们团队的新人增加优势。前总理吴作栋就承认，2006年大选中的24位新人都是在集选区部长的庇佑下才当选的，这些作为新手的新候选人，在集选区的团队中才能有更大机会获胜。[2]相反，反对党领导人的魅力在扩大的选区中被分散掉了。

（2）便于选区划分，分散反对党的选票

集选区使变更选区的规模与范围变得非常容易，通过取消、分解或合并的方式，使反对党无法累积支持率，而失去经营与当选的机会。根据穆达立的研究，1988年大选时，人民行动党将反对党得票率最高的13个选区中的11个并入其他集选区，成

① Christopher Tremewan, "The Political Economy of Social Control in Singapore", London: Macmillan Press, Pg.167, 1994.
② Straits Times, 27 June, 2006.

为人民行动党的安全选区。同时，将其中两个单选区分解掉。1991年、1997年与2001年大选时，人民行动党也采用了相同的策略。[①]因此，赵心树对集选区的公平性有如下评论："在公平对待各政党，特别是小党，进一步减少选区划分权的影响这两方面，集选区还做得不够，走得不够远。集选区制仍然为选区划分者保留了过大的权力，'赢者通吃'的影子也挥之不去，变成了'赢者多吃'。"[②]

因此，学者特里梅万（Tremewan）认为集选区制度与杰利蝾螈（Gerrymander）的做法，实现了将反对党选票分散的真正目的。他以1988年的选举结果为例来说明。在这次大选中，反对党在15个单选区中的得票率都超40％。如果没有集选区制，反对党的席位将大大地增加。[③]他的这个观点可以从1991年大选的结果中得到佐证。由于受到集选区不会超过一半的保证的限制，执政党无法将三个反对党高票选区（即武吉甘柏、义顺中与后港）在1988年大选时及时划入集选区，反对党因此有机会在这三区中，在累积原有支持者的基础上获胜。这就促使人民行动党政府在接下来的三次大选中进行更大的修改，也把集选区总数不会超过一半的保证抛到九霄云外。正如政治评论员达·库尼亚（Da Cunha）所说："人民行动党政府将会竭尽所能，减少一切可以

① Hussin Mutalib, "Parties and Politics-A Study of Opposition Parties and the PAP in Singapore", Singapore: Eastern University Press, Pg.337, 2003.
② 赵心树，《选举的困境——民选制度及宪政改革批判》，成都：四川人民出版社，第269页，2003年。
③ Tremewan Christopher, "The Political Economy of Social Control in Singapore", London: Macmillan Press, Pg.168, 1994.

预见的事情发生。"①

因此，集选区的设立让人民行动党政府，很方便地利用选区划分的权力，使选区重新排列与组合，以达到对它最有利的效果。

（3）根据"大数原理"，集选区制不利于反对党

政治评论员达·库尼亚（Da Cunha）认为，集选区是一把单刃剑，只会对获得大多数得票率的政党有利，这就是数学理论中所谓的大数原理（Law of Large Numbers）。根据大数原理，在集选区中，多数选民会投票给有机会赢得大多数议席的政党。②为了说明这个理论的作用，我们以过去四次大选（1991—2006 年）的结果来说明。

从表 4.6 中可以看出，人民行动党在单选区中的得票率与集选区的得票率的差异，从 1991 年的 2.97% 增加到 2006 年的 11.97%。相反，反对党的得票率，单选区与集选区的得票率逐年下降，同时期单选区下降率只有 3.33%，但在集选区则大幅度下降了 12.33%。由此可见，大数原理在集选区制中的确起了作用。

表 4.6　单选区与集选区得票率的差异比

选举年	行动党单选区	反对党单选区	行动党集选区	反对党集选区
1991	59.55 %	40.45 %	62.52 %	37.48 %
1997	61.38 %	38.63 %	66.27 %	33.73 %
2001	71.54 %	28.46 %	76.93 %	23.05 %
2006	62.88 %	37.12 %	74.85 %	25.15 %

资料来源：作者根据选举局资料自制。

① Derek Da Cunha, "The Price of Victory: The 1991 Singapore General Election and Beyond", Singapore: Institute of Southeast Asian studies, Pg.16, 1997.
② 同注 1，第 15 页。

　　穆达立则认为集选区制是一把双刃剑。持有这种看法的人认为，反对党只要在一个集选区获胜，就能一次性获得5至6个席位，反对党也可以利用"名人效应"来增加获选的机会。[1]反对党的确在 1988 年、1991 年及 1997 年大选时，使用"名人效应"以重量级人物组成团队，希望能得到双刃剑效果。这些团队仅以微差败北，但引起了政府对这些候选人的反击行动。在接下来的两次大选中，反对党都无法找到重量级的候选人，一直到 2011 年大选才又有转机。

　　一个典型的例子是 1997 年大选，在静山集选区的选举中，工人党重量级的人物惹耶勒南联合著名律师邓亮洪组成一个强大团队，挑战人民行动党。双方旗鼓相当，根据选前预测，反对党将有可能取胜。但是，据达·库尼亚（Da Cunha）说：在选举前的 24 小时，由于总理、两位副总理及国务资政大力辅选，并对两位主要的反对党候选人大肆攻击，使选情逆转，人民行动党最终以 54.82％的得票率险胜。[2]

　　这些选区在过后都被分散或取消，而反对党的重量级领导人如邓亮洪与惹耶勒南，不是在大选后逃亡到国外，就是被起诉或判破产。因此有人质疑，2006 年大选中，工人党取得 43.91% 得票率的阿裕尼集选区，是否会如友诺士与静山区一样，在下一次大选时消失。[3]令人意外的是，阿裕尼集选区并没有消失，只做了

[1] Hussin Mutalib, "Parties and Politics—A Study of Opposition Parties and the PAP in Singapore", Singapore: Eastern University Press, Pg.338, 2003.
[2] Derek Da Cunha, "The Price of Victory: The 1991 Singapore General Election and Beyond", Singapore: Institute of Southeast Asian studies, Pg39, 1997.
[3] Straits Times, 12 May., 2006.

很小的修改，使工人党有机会在 2011 年的大选中，通过累积的支持取得重大突破。这也可以用来说明，工人党在上回大选中所累积的战果在这次大选中发挥了作用。

人民行动党对双刃剑的说法当然不敢掉以轻心，因此采取各种手段，对付有威胁性的反对党候选人。工人党的邓亮洪在他的回忆录中说："造成很少人要出来竞选，以免倾家破产，自己和家人及亲友都受到连累。"[①]难怪杨丽慧（Yeo Lay Hwee）会这么说："自 1959 年以来，人民行动党就从不间断地利用权力，来阻止反对党的成长。"[②]

（4）集选区制限制了少数民族政党的参选权

新加坡合法注册的政党中，有六个是以种族或宗教为基础的政党，如新华党、马来民族机构、新加坡马来人协会、回教阵线、新加坡国大党、新加坡印度人阵线，[③]根据集选区制度的种族配合要求，这些单一种族的政党除了可以参加仅有的六个单选区外，均无法组队参与集选区的竞选。除非与其他非种族与宗教性的政党合作，组成一个新的政党，或以其他政党名义参选。这是因为选举法令规定参加集选区竞选的团队，必须同属一个政党。因此，集选区制无形中剥夺了这些政党以自己的名义参选的机会，这是不公平的，因为它们都是合法注册的政党。一种制度如果不能让所有合法的政党参与所有选区的竞选，无形中等于剥夺了他们的

①邓亮洪，《与李光耀较量——新加坡异见者邓亮洪回忆录》，第 112 页，2000 年。
②Yeo Lay Hwee, 'Electoral Politics in Singapore', in Aurel Croissant, Gabriele Bruns and Matei John（eds.）, "Electoral Politics in Southeast and East Asia", Pg.212, 2002.
③Lam, Dana, "Wild Days of Being-GE 2006 walking the line with the Opposition", Singapore: Ethos Books, 2000.

政治权力。

另一方面，集选区制度设立的主要目的，是要确保一个多元种族的国会，及少数民族在国会中有适当的代表，但因为这个制度而受到限制的，偏偏是这些少数民族所组成的政党。

因此，马来民族机构在它的党报 *Utusan* 上说："集选区制度的目的，是人民行动党政府强制马来民族机构与其他政党合并，并通过这种手段让马来族人抛弃马来民族机构，并转而支持人民行动党。"[1]马来民族机构的担心不是没有道理的。

马来民族机构在集选区制度实行后受到的影响最大。它在集选区实施前的三次大选（1976、1980 与 1984）中的平均得票率是 28%，但在自集选区实施后的两次大选（1988 与 1991）中，它的平均得票率下降到只有 16.75%。根据 Zubaidah 的分析，这是由于"马来民族机构不能对马来人所关心的问题提出他们的看法，因此他们的得票率减少了"。[2]当然得票率的减少可能还有其他原因。

自 1997 年大选单选区减少后，马来民族机构就无法再单独参选。它的党员只好在民主党的旗帜下参加了这两届大选，从 2006 年起则以民主联盟的旗帜参选。

集选区实施的目的原本是要确保国会中有马来人的代表（最初的说法，后来扩大为所有少数民族），但是最后使马来族的政党无法在这个制度下参选，而必须委屈地在其他政党的旗帜下参选。因此，如果这个制度是为了要让少数民族在国会中能有按人

---

[1] Utusan, April/May, 1988, P.1.

[2] Zubaidah Ibrahim, "Managing Race in Also about Confidence", Pg.79, 2008.

口比例的代表，这样的结果应不会是集选区制度的初衷。

（5）集选区使不战而胜选区增多

集选区自 1988 年实施后，选区规模不断扩大，使反对党无法找到足够的人才来组成团队参选。[1]另一方面，柯受田（Joh S.T.Quah）认为，由于集选区规模的扩大，参选按金也相应提高。参选按金从 1972 年时的每名 500 新元，增加到 2006 年的 1.5 万新元，是最初的 30 倍。一个政党参加一个 4 人的集选区，就需要按金 6 万新元；在一个更大的 6 人选区，就要 9 万新元。[2]许林珠与黄玉琳（Gillian Koh and Ooi Giok Ling）认为，这对人力与财力都相对缺乏的反对党是一个沉重的负担。这就使反对党采取了选择性参选的策略，放弃了其他选区，使人民行动党不战而胜选区的数目不断增加。[3]

作者根据历届选举资料所做的统计发现，在集选区实行前的七次选举（1959—1984 年）中，人民行动党不战而胜的选区，每次大选平均是 14 个选区。而在 1988 年实行集选区后的 5 次选举，不战而胜的选区则增加到每次 38 个，增加了约两倍。由于不战而胜的选区增加，无法投票的选民逐年增加了许多。自 1991 年以后，因选区没有竞选而无法投票的选民数，达到选民总数的 54.4% 之多，令许多选民尤其是年轻选民感到不满。因此特里梅

① Open Singapore Center, "Elections in Singapore: Are They Free and Fair", Pg.16–17, 2000.
② Quah, S.T. Jon, 'Singapore in 1997—Political Reforms, Control and Economic Recovery', In "Southeast Asian Affair 1998", Singapore: Institute of Southeast Asian Studies, Pg.236, 1998.
③ Koh, Gillian & Ooi Giok Ling, 'Singapore a Home, a Nation', In "Southeast Asian Studies 2002", Pg.271, 2002.

万（Tremewan）认为："在一个自由民主的国家里，有这么多没有对手的选举，是一种反常的现象。"①另一方面，有这么高比例的选民无法投票，也使各政党之间的得票率不能正确地反映真正的得票率，因为没有参加投票的选民的投票意向无法通过选票显示，让人质疑执政党的真正得票率。

必须说明的是，这种不战而胜席位增加的原因，除了实行集选区外，反对党采用补选策略，使人民行动党不劳而获的选区增加，也难辞其咎。

作者认为，集选区制的实行与扩大集选区的规模，增加选举的按金数目等措施，大大地提高了参选的门槛。频繁的选区划分与延迟公布选区划分，也使反对党穷于应付，只好放弃部分选区的参选。学者许林珠与黄玉琳（Gillian Koh and Ooi Giok Ling）认为，这些原因使"缺少人力与财力的小政党，或无法与其他政党达成联盟的政党，无法参与所有选区的竞选"。②这就造成了不战而胜的选区数目不断地增加。

四、集选区制加剧席票失衡

集选区制除了对反对党产生了种种不利的影响外，对执政党与新加坡的选举文化也产生了一定的影响与作用，这些影响包括：

---

① Christopher Tremewan, "The Political Economy of Social Control in Singapore", London: Macmillan Press, Pg.186, 1994.
② Koh, Gillian & Ooi Giok Ling, 'Singapore a Home, a Nation', In "Southeast Asian Studies 2002", Pg.271, 2002.

（1）扩大选区规模，淡化与降低了选区的影响力

集选区规模的不断扩大，使选民对选区内的个别问题与不满事件消灭于无形或冲淡了它的影响力。根据达·库尼亚（Da Cunha）的说法，这是因为"在单选区中，选民认为他的一票能起到举足轻重的作用，但在集选区中，一人一票的作用就显得渺小，因为他的一票只是十万选票中的一张。因此，新加坡人民认为他们在 20 世纪 80 年代或 90 年代初，比今天对政治有更大的决定权"。[1]

选区内如果发生了任何不满事件，往往对反对党有利，这是因为反对党可以充分利用它来影响选情。李光耀在这方面最有深刻的体会与经验，他说："反对党的候选人每次大选通常能获得约三成的选票，支持者都是对现状不满者。"[2]因此，集选区制规模扩大，可以使某些个别问题弱化，甚至消灭于无形，大大地降低这方面的影响力。

（2）集选区制与新加坡的政治发展

上文中，作者分析了集选区制如何限制了反对党的生存与发展，尤其是扩大的集选区，使人民行动党连续三次大选（1991、1997 与 2001）在提名日就获得了执政权。在 2006 年的大选中，也在提名日就获得 37 席，只差 6 席就可执政。因此集选区的存在，就可确保人民行动党在大选中不会轻易失去它的执政权。在 1988 年集选区实施以来的 20 多年里，只有工人党有能力获得一

① Derek Da Cunha, "The Price of Victory: The 1991 Singapore General Election and Beyond", Pg.14, 1997.
②《联合早报》，2005 年 10 月 24 日。

个集选区的议席，这就可以证明集选区制度对执政党的有利作用。

得票率与得席率不成比例，一直是新加坡选举制度的最大问题，集选区制的实行使这个问题更加恶化。从过去五次大选的比较中可以看出，集选区的席票比与单选区的席票比的偏差，高出近15%。集选区制度使席票不成比例的不平等现象更加明显和突出。

另一方面，政府实行集选区的目的，是为了保障少数民族在国会中有代表。中国台湾学者游清鑫认为："利用选区来保障少数族群的利益的做法是否真能达到目标的问题，在美国的讨论中并没有具体的结论。"[1]因此目前要讨论这个结果尚言之过早，但这个制度在新加坡实行的结果使席票不成比例的情况严重化却是事实。席票比是选民平等的重要指标，在一人一票、票票等值的选举原则下，任何一个政党得百分之多少的选票，就该得百分之多少的议席，因此席票比恒等于一。当政党席票比高于一，其选民就超值，反之其选民就贬值。在比例代表制下，这个原则可以充分得到体现。但在"赢者通吃"的选举制度下，情况就不是如此。集选区制度的实行，无疑使这种不平等现象雪上加霜。

---

[1] 游清鑫，《如何评估选区重划的政治效果》，载黄纪、游清鑫（编）《如何评估选制变迁：方法论的探讨》，第35页，2008年。

第五节
鱼目混珠，满足选民要反对党的愿望

从 1968 年至 1980 年的四次大选，人民行动党对选举制度几乎没有做出重大改变，保留了单选区与相对多数决制的选举制度。

自从 1981 年国会中开始有反对党之后，执政党为了阻止发酵作用进一步发展，设立了一连串新的辅助制度或修改目前的法令，来抑制与满足人们的愿望。这包括非选区议员制（1981 年）、修改国会特权法令（1986 年）、设立国会委员会（1987 年）、官委议员制（1989 年），及实行组屋翻新与预算盈余的分配（1990年）等措施。

另一方面，采取种种措施对付反对党的议员，使他们无法有效地执行任务，借此降低他们的作用、功能及形象。1984 年大选后，反对党议员增加到两位，使人民行动党意识到反对党议员的当选并不是偶然的。因此单单通过垄断选举资源的办法及各种措施，已不足以阻挡这种趋势。必须采取其他一系列辅助措施与办法，对付已在国会中的反对党，使人民不会对反对党的作用存有任何幻想。

一、议会体制的多元化

人民行动党意识到人民对国会中没有反对党来制衡政府的担忧，尤其是随着经济的发展，社会中的中产阶级人数逐年增加。反对党在每次大选中得票率的增加，显示了人民要求国会中有更多反对党议员的声浪也越来越高。因此，人民行动党首先要在国会体制上下工夫，使人民一方面可以在国会中听到反对与不同的声音，另一方面，又不会增加国会中反对党议员的人数。这样一来，人民行动党的政权不但不会动摇，国会中的反对声音也不会使人民行动党难以应付。

因此，政府为了缓和人民越来越强烈的愿望，决定增加国会中国会议员的种类。过去只有民选议员，后来增加了非选区议员及官委议员两种，使议员的种类从过去只有一种增加到三种。

开始时，非选区议员只有3位，并且随着反对党议员人数的增加而骤减，这是要确保反对党的人数保持在极小的范围内。另一方面，官委议员是执政党议员的委员会小心遴选的，以确保他们是温顺的，在提出反对意见时会符合国家的体制，既能满足人民要在国会中听到反对的声音，又能有效地应付。

另一方面，为了让国人听到反对声音，政府又设立国会委员，用执政党的议员来扮演反对党的角色。让人民可以听到更多经过"处理"的反对声音，来满足人民的愿望。

二、非选区议员是次等议员吗？

李光耀曾经指出："把反对党摒于国会门外，以使我们可以把全部精力放在重要的目标上，这将不符合新加坡 20 世纪 80 年代的利益，目前的情形已经不同了，今天的选民有 60% 的年纪不超过 40 岁。年轻人相信，有了一个反对党向一个强硬的政府施加压力和进行威逼，就会得到更多的利益。"[1]

他在 1984 年 7 月 24 日的国会上提出非选区议员的法案时说：政府提出这个法案的原因有三个：

（1）自从安顺区国会议员在 1981 年 12 月进入国会以来，有反对党在国会里，会使年轻的部长和议员从应付反对党的过程中获益。

（2）可以用来教育那些未曾经历过 20 世纪 50 年代和 60 年代、对反对党的角色存有幻想的年轻一代选民：反对党能够有什么作为？

（3）国会中的反对党将会报告一些渎职或舞弊的行为，可以消除人们对政府企图掩饰过错的猜疑。[2]

在这个制度下，为了确保国会中有反对党的代表，在每次大选中，如果当选的反对党达不到最低数目，落选中得票率最高的反对党将选为非选区议员，以凑足规定的数目。目前法令规定的最低人数是 3 名，不过这数目以后会增加到 6 名。2009 年，总理在国会上提出政治改革，又将非选区议员增加到 9 名。因此

---

① 《李光耀 40 年政论选》，联合早报，第 183 页，1993 年。
② 同注 1，第 190 页。

如果在每一次大选后，国会中完全没有反对党当选，国会里就会有9名非选区议员；如果国会里已有9名或超过9名反对党议员，这个法案就不生效。

非选区议员具有民选议员的一切权利、特权与职责，不过对宪法修正案、拨款法案或附加拨款法案、货币法或对政府的不信任动议等提案，则没有投票权。

反对党在法案提出时是持反对态度，工人党认为："这个建议是想要越过现有的反对党，制造出一个顺服反对党的花招，很明显是一种蒙骗人民的手段。"[1]另一主要反对党民主党则认为有了这个机制，人民行动党是要那些想投票给反对党进入国会的选民，现在不需要再投票给反对党候选人，民主党不会接受非选区议员的职位。[2]反对党反对非选区议员制度是可以理解的。政治学者特里梅万（Tremewan）也提出尖锐的批评，他说："通过这种宪法的手段，人民行动党不仅要控制所有国会内的议员，它还要控制那些有信誉的竞争对手，以维护它的政权与政权的合法性。"[3]

由于反对党反对这个制度，1984年大选后，有两位反对党候选人当选，按规定只能有一位非选区议员，但工人党得票率最高与次高的统一阵线候选人都拒绝接受，使这个制度无法启动。[4]1988年大选时，只有一名反对党候选人当选，按规定可有2

① Straits Times, April, 1997.
② Business Times, 22 Aug., 1984.
③ Christopher Tremewan, "The Political Economy of Social Control in Singapore", London: Macmillan Press, Pg.168, 1994.
④ Hussin Mutalib, "Parties and Politics—A Study of Opposition Parties and the PAP in Singapore", Singapore: Eastern University Press, Pg.327, 2003.

名非选区议员，工人党在友诺士集选区以高票落选，可派出 2 人出任，但因为有资格受委的二人之一的萧添寿被政府以逃税提控逃亡海外，只有一名李绍祖受委，他因此成了新加坡国会史上第一位非选区议员。[1]

工人党在开始时坚决反对非选区议员制，但在这次改变了想法，认为对反对党有利，却没有提出任何令人信服的理由。1997年大选时，工人党候选人再次受委出任非选区议员时，它的秘书长惹耶勒南在接受任命时却说，如果不受委，将对静山区的选民不公平，[2]这与他同工人党在开始时强烈批评的姿态有很大改变。相信是反对党在经过几次大选后都无法取得突破，只好退而求其次，接受他们自己宣称的"二等议员"来进入国会。

在接下来的 2001 年大选，非选区议员由国民团结党秘书长谢镜丰担任；2006 年由工人党主席林瑞莲担任；2011 年由工人党的严燕松、余振忠与人民党的罗文丽担任。自 1984 年实施的非选区议员制 25 年以来，前后只有 9 位非选区议员。因此，如果说这个制度是为了要保证国会中永远有反对党存在，来反映人民行动党未能代表的那部分选民的愿望，从数目上来看是远远不够的。这样做，是为了保证人民行动党的统治地位，用选举法规的形式将反对党阻挡在门外，同时又将反对党以"次等议员"的身份纳入国会体系中，以满足一部分选民要求国会中应有反对党的愿望，既能达到满足部分选民的政治愿望，又增加了人民行动

---

[1] Hussin Mutalib, "Parties and Politics-A Study of Opposition Parties and the PAP in Singapore", Singapore: Eastern University Press, Pg.328, 2003.
[2] Straits Times, 1 Nov., 1997.

党执政的合法性，同时又有力地减缓了人民支持反对党势头的增长，有效地降低了反对党扩大它的政治影响力的机会，这种说法可能较符合执政党实行这个制度的原意。

非选区议员制度的设立，在规定人数方面微不足道，还将它与反对党议员人数挂钩，这本身就有凑数的性质，在实际人数上也起不了作用。即使如此，他们在国会中也受到了不公平的待遇。曾担任非选区议员的惹耶勒南就曾在国会辩论中说："我代表静山区选民向政府部门投诉，却得不到回应。"时任内政部长的黄根成在答复时说："非选区议员并不能代表选区或选民，因此不能期望政府会回复，这个政策自 1992 年就已实行。"[①]这个回答大大地削弱了人们对非选区议员的期望。

非选区议员既不能代表他高票落选的选区，也不能代表选民提出申诉，更不能在重要议题上如宪法修正案与对政府的不信任案时投票，只能在国会辩论时批评政府的政策，其作用是非常有限的。有些人以为以高票落选的反对党非选区议员，在担任非选区议员的表现与曝光率，将有助他在下一次大选时当选的机会，但从谢镜丰的例子来看，他在后来的大选中落选，似乎无法证实这一点；另一位曾担任非选区议员的工人党主席林瑞莲则以集选区团队在阿裕尼中选；其他两位曾经担任非选区议员的李绍祖与惹耶勒南，则没有证实的机会。因此，非选区议员制除了满足人民行动党的意图外，对反对党可以说是坏处多于好处的一种制度设计。

---

① Straits Times, 12 July, 1997.

三、官委议员—— 一个过渡性的制度?

官委议员的制度是人民行动党政府在提出非选区议员制度五年后，在 1989 年提出的另一个有关议会代表的改革制度。时任副总理的吴作栋在提出这个法案时说："为了进一步加强我们的政治系统，让新加坡人民有更多政治参与的机会，改进我们的共识管理方式，听取不同的意见及包容有建设性的异议。"①

穆达立认为："由于政府在提出非选区议员制时遭到反对党的抵制，无法在 1984 年大选后实行。因此，政府又迫不及待地推出官委议员制，因为这个制度不需要反对党的配合。另一方面，由新加坡政策研究所进行的一个调查指出，有四成受访的人民希望有机会对政府的政策提出意见与看法。"②因此人民行动党又推出官委议员的制度，一方面向反对党施压，使他们接受非选区议员制；另一方面则要顺应人民的要求，以避免这些人在下次大选时投反对党的票。③

政府在这么短的时间内就推出两种反映民情声音的不同制度，显然是非选区议员的制度在遭到抵制后，无法达到它原来的目的。同时，政府又感到人民要求不同声音的压力刻不容缓，而这些压力主要是来自受过较高教育，但又不喜欢参加政党或基层组织的中产阶级人士。因此，又推出另一种层次的"反对"声音。

① Straits times, 30 Nov., Pg.18, 1989.
② Hussin Mutalib, "Parties and Politics-A Study of Opposition Parties and the PAP in Singapore", Singapore: Eastern University Press, Pg.303, 2003.
③同注 2，第 348 页。

　　由于官委议员是一种较高层次的声音，在遴选与构成方面与非选区议员有以下几个方面的不同：

　　（1）官委议员必须不属于任何政党与党派，因此不需要通过任何选举，就可获得委任。

　　（2）官委议员必须在某个专业领域方面有特殊专长，或做出突出贡献及具有声望的人士。因此，能在国会辩论时提供较高层次的、专业的和不同的意见，丰富辩论的内容。

　　（3）官委议员的遴选是由国会成立的一个遴选委员会选出，主席由议长担任，委员是国会议员。参加遴选者只需有六名提议者推荐，提交给委员会即可。

　　这个建议在提出后受到反对党的批评。反对党的意见主要可以归纳为以下三点：

　　（1）这是一个不民主的做法，它让没有参加过选举的人进入国会。

　　（2）这是人民行动党的阴谋，目的是要防止反对党的兴起，尤其是提出这个制度的时间点，正当反对党势力兴起的时候。

　　（3）这些官委议员并不是完全独立的，因为他们主要是由人民行动党的议员选出的。[1]

　　作者认为，反对党对官委议员持反对态度是可以理解的，他们的担心也不是没有道理的。令人惊讶的是也有人民行动党的后座议员表示反对，相信他们将可能面对更大的竞争压力。因为官委议员多数是某个领域的专家，并在特定学识领域有专

---

[1] Hussin Mutalib, "Parties and Politics—A Study of Opposition Parties and the PAP in Singapore", Singapore: Eastern University Press, Pg.330, 2003.

门学识，他们提出有关课题时在深度上肯定会更胜一筹。此外，他们不必为选区与选民负责，也不必代表选民提出心声或顾及选民的反应；他们在批评政府时也不受党鞭的约束，可以畅所欲言；或提出议员们受到限制的一些尖锐问题，这将可能使执政党的议员在国会中的表现显得相形失色，这些顾虑也是可以理解的。令人无法理解的是，在一个民选的议会中，竟然还需要官委议员。国会应是人民的代表，因此非民选议员既然不能代表选民，又代表谁呢？专业团体的心声不是也有他们自己的管道吗？

新加坡社会学者蔡明发（Chua Beng Huat）认为："在国会中增加这些议员，引入不同的意见，是希望在政治圈以外，减少异议者的声音，或是认可他们的存在，使这些异议者对执政者做出温顺的反应。这个过程可以称为'罗致异己'。这是因为当政者已不重视意识形态的问题，及在威权政治下的实用主义所形成的结果。"[1]中国学者卢正涛则认为："（官委议员制度）是要阻止在全国享有一定声誉的人加入反对党，壮大反对党的力量，且避免反对党对人民行动党的执政地位提出挑战，是人民行动党政府成功地将民主的因素与威权的因素结合在一起，既要官委议员、非选区议员充当某种意义上的民意代表，又不让他们成为完全的代表。一言以蔽之，官委议员实际上成为人民行动党维持执政地位的工具。"[2]

---

[1] Chua Beng Huat, "Communitarian Ideology and Democracy in Singapore", London: Routledge, Pg.85, 1995.
[2] 卢正涛，《新加坡威权政治研究》，南京：南京大学出版社，第244页，2007年。

官委议员制度自 1990 年实行至今，已经发生了质与量的变化。《联合早报》在社论中指出："在开始时很多人对此制度并不看好，在实行的前十年里，人民始终抱着不很热切的态度。在 1990 年开始时被提名者仅 12 人，但只有 2 人受委。在之后的几届，虽然被提名者略有增加，但都不会超过 20 人。但到 2000 年之后，情况大为改观，2002 年被提名者有 33 人，2004 年又增加到 37 人，2006 年又突破 48 人。除了被提名人数的增加，正式受委人数也从原来的 6 名增加到 9 名。这说明肯定这个制度的人也越来越多，也有越来越多的人愿意挺身而出，接受提名与参与遴选。[1]

提名人数在 2009 年又减少到 46 人，不过在 2011 年达到创了新高的 50 人，令人意外的是 2014 年时又大幅回落到只有 36 人。许多人因此提出疑问，随着反对党议员的增加，这个替代性的官委议员是不是失去了它的作用？

官委议员从 1990 年的 2 名开始，至 2013 年先后担任的人数已达 65 名。1995 年，温长明在国会中以官委议员身份提出并获通过《赡养父母法案》。2008 年，张黎衍（Thio Li_Ann）教授与吕俊旸（Loo Choon Yong）医生在国会中提出，法律应规定，一个集选区如果少数民族或超过一半的议员未选出应举行补选的法案，虽然最终无法获得通过，但在国会中引起激烈的辩论，得到总理与许多人的赞赏。除此之外，并没有很大的影响力与作用。但官委议员制度的成功实行，成功地削弱了反对党的力量。反对党议员从 1991 年高峰时的 4 名，一

---

[1]《联合早报》，第 20 页，2006 年 12 月 29 日。

直维持在只有 2 名，直至 2006 年。这可以解释为有部分选民已满足于国会中有官委议员代为发言，代为监督政府，反对党的存在已不重要。在反对党尚势力薄弱时，任何票源的减少都足以打击反对党的当选。当然反对党本身也难辞其咎。反对党还无法吸引与官委议员一样的专才，在重视资格与精英治国的新加坡，这就更显得相形见绌，人们因此将希望寄托在官委议员身上。另一方面，官委议员多是一些不热衷于政治活动的人士，又经过人民行动党国会议员的审核，那些可能对人民行动党形成威胁的人士早已被排除在外，如后来代表工人党的邓亮洪就是一个例子。[①]

不过，反对党在 2011 年大选中，吸引了许多足以媲美官委议员的人才，工人党又在大选中赢得 6 席及攻破一个集选区，人们又把目光转到反对党的身上。今天，反对党已今非昔比。反对党在国会中已形成一种具有建设性的政治，在国会中不仅与执政党的议员对不同课题有激烈的争辩，对政府的施政也提出激烈的批评。曾任官委议员的 Zulkifli Baharudin 认为，这可能是造成 2014 年提名官委议员人数减少的原因之一。[②]

官委议员的制度使国会里有了不同的声音，满足了执政党阻止更多的反对党进入国会的目的。因此政府于 2009 年在国会通过决议，让官委议员成为常设制度，而不必再由每届国会动议通

① Francis T. Seow（2006），"Beyond Suspicion？ The Singapore Judiciary", New York: Yale University., Pg.44, 2006.
② Tham Yuen-C; Maryam Mokhtar & Rachel Au-Yong, "What next for the NMP Scheme", Straits Times, Pg.D2-3, 24 May, 2014.

过。[1]换句话说，官委议员已正式成为国会制度的一部分，成为国会中三种（民选议员、非选区议员与官委议员）议员之一。随着2014年提名人数的减少，官委议员的前途又引来了人们的关注。新加坡国立大学社会学教授、曾任官委议员的 Paulin Straughan 认为："我们应严肃地考虑官委议员的制度是否还有作用，因为它只是一个过渡性的制度。"[2]

作者认为，一个没有民意基础与不能代表民意的官委议员制度，已完成了它的历史使命与所要扮演的角色，应当成为历史，这能让反对党在国会中茁壮成长起来。

四、国会委员会——执政党议员的角色扮演

人民行动党虽然实行传统的议会民主制度，同时也接受反对党的存在，但并不想国会里有真正意义的反对党，也无法忽视人民希望国会里有反对党，来监督政府的愿望。为了不因人民的这种愿望而使国会中有更多的反对声音，就让自己的后座议员来扮演和担负起反对党的角色，这就是人民行动党成立国会委员会的原因。

国会委员会在 1987 年开始设立，根据政府部门的职能，分别成立了 9 个委员会（自 1989 年起增加到 10 个），并将所有后

---

① 《联合早报》，28 May, 2009.
② Chan Heng Chee, "The PAP and the Structuring of the Political System", in K Singh Sandhu（eds.）（1989）, Management of Success: The Molding of Modern Singapore, Pg.70-88, 1989.

座议员分成 10 组，就不同课题向政府的部长提出质询。陈庆珠教授（Chan Heng chee）认为，这些委员会的主席就坐在后座议员的前排，与反对党领袖俨然形成一个阵线，企图改变人民认为后座议员是政府应声虫的印象。为了达到这个目的，他们甚至在国会表决时对某些课题弃权，以制造出他们是反对党的形象。[①]

但一般人民对国会委员会却存有他们是"做个样子"的看法。吴作栋在接受记者访问时坦承："国会委员会给人一个'不幸'的错误印象，以为他们不是独立的，因为他们来自执政党"。当被问及国会委员会的意义是要显示反对党的存在，与政治制度并无关联时，吴作栋说："我相信人民行动党会继续统治，设立国会委员会是用来确保政府的政策受到审查。[②]政治学者特里梅万（Tremewan）对国会委员会的看法却是负面的，他认为人民行动党只是要达到政治多元化的目的，及满足人民对问责的要求。这个委员会并没有实质意义，政府只是要有一个让自己可以接受与认可的反对声音，却不愿意看到一个真正的、独立的反对党进入国会。[③]政治学者对政府设立这个委员会的目的的质疑是可以理解的。不过从国会辩论的程序与秩序来看，将不同课题分门别类，由不同的小组负责，不但可以节省时间，而且对问题有更深入的辩论，是一个值得称赞的措施。如果将它用来取代反对党，作者

[①] Chan Heng Chee, "The PAP and the Structuring of the Political System", in K Singh Sandhu (eds.), Management of Success: The Molding of Modern Singapore, Pg.70-88, 1989.

[②] Straits Times, Pg.2, 1 July, 1989.

[③] Christopher Tremewan, "The Political Economy of Social Control in Singapore", London: Macmillan Press, Pg.163, 1994.

认为不是人民所愿意接受的制度，毕竟二者的立场不同，影响也会不同。

人民行动党原来希望通过国会委员会的组织，让人民相信国会里已有"反对党"，但人民不会对这个制度寄予厚望，原因是他们不是真正意义上的反对党。因此近年来，人民行动党似乎将这个委员会作为培训新任议员的工具，委任一些新进议员来担任委员会的主席，作为他们进阶更高职位的途径。这种情况在2011年大选后的国会中更为明显，许多国会委员会的主席都由新议员担任。

五、反对党议员"任重道阻"

人民行动党一方面想方设法阻止反对党进入国会，另一方面又对已进入国会的议员设立了种种障碍，延迟或不为他们提供方便。还修改国会特权法，使反对党议员在严厉的法律下战战兢兢，如履薄冰，不能越雷池半步。因此，对反对党议员采取了种种在法律范围内许可的策略与措施。

在对付反对党议员的种种措施与做法方面，学者特里梅万（Tremewan）举了以下几个例子：

（1）延误批准反对党议员在自己的选区内设立办事处的申请。工人党的惹耶勒南在1981年中选时，等了八个月，而民主党的詹时中等了约一年。

（2）所有党报的出版准证必须每年更新，举行任何集会必须获得警方的准证,但申请准证时往往无法确定、费时及不获批准。

(3)对反对党领袖进行政治性的刑事指控,如滥用基金、非法集会或诽谤的诉讼等。这些指控主要针对反对党的重要领袖,目的是使他们陷入穷困与犯有刑事罪名。

(4)反对党议员与反对党往往无法从公务人员手中获得所需的资料,导致他们在批评政府的政策或提出替代政策时,因资料缺乏而无法对有关政策做出有力的反驳而陷入困境。

(5)内部安全局人员对反对党的负责人进行监控,甚至怀疑有内部安全局人员渗入反对党内活动。

(6)利用政府控制的媒体,对反对党发生的芝麻小事或丑闻进行大肆渲染,破坏反对党在公众中的形象。

(7)不许反对党国会议员担任基层组织的顾问,及使用民众俱乐部的设施。①

特里梅万(Tremewan)提出的反对党议员面对的阻碍,很好地总结了目前反对党的处境,但有些指责纯属猜疑,缺少证据支持,如派内部安全人员监控与渗透,并不能提供有效证据来证明。

此外,反对党议员或负责人也要面对和遵守严厉的法规。曾代表国民团结党与工人党参选的 Gomez James 认为以下三条法律限制了反对党在言论上的自由与流通,是最为重要与影响深远的,这三条法律是:

---

① Tremewan Christopher, "The Political Economy of Social Control in Singapore", London: Macmillan Press, Pg.164, 1994.

（1）《公共娱乐与集会法令》（2000）（Public Entertainments and Meetings Act（2000）

（2）《诽谤法》（1957，1990）（Defamation Act 1957，1990）

（3）《国会特权法》（1962，2000）Parliament（Privilege，Immunities and Power Act，1962，2000）

这三条法令经常用来限制反对党与选民直接沟通的机会。[①]因为根据《公共娱乐与集会法令》，反对党议员就是在自己的选区内做公开演讲，每次也必须申请准证。相反，人民行动党的议员，作为顾问则可在基层组织集会下获得豁免。根据政府的解释，所有公开演讲都必须事前申请警方的准证，但政府赞助者除外，国会议员如果出席人协基层组织的集会，不需要申请准证。[②]

反对党议员在自己的选区内演讲被判罚款的例子，有原工人党的秘书长惹耶勒南，他在 1986 年安顺选区的一个中元节庆祝宴会上发表演说，但内容与中元节无关，按照法令他必须申请准证，因此被判违反法令罚款 800 新元。

反对党人因违反《公共娱乐与集会法令》而被判罪的例子还有：

（1）民主党的徐顺全被控于 1998 年 12 月 29 日在莱佛士坊公开演讲，没申请准证，判罚款 1400 新元。

（2）民主党的徐顺全与黄汉照被控于 1999 年 5 月 1 日在莱佛士坊公开演讲，没申请准证，徐顺全被判罚款 2600 新元，黄

① Gomez James，'Rest ricting Free Speech: The Impact on Opposition Parties in Singapore'，in "The Copenhagen Journal of Asian Studies"，Vol23，Pg.105-131，2006.
② Straits Times，18 Nov.，2000.

汉照罚款 2400 新元（2 人以坐牢 12 天代替罚款）。

（3）徐顺全被控于 2002 年 2 月 15 日在芳林公园的演说者角落演讲时涉及种族与宗教问题，被判罚款 3000 新元。这是因为演说者角落禁止任何涉及种族与宗教问题。

（4）徐顺全与 Gundhi Ambalam 于 2002 年 5 月 1 日在总统府前进行非法集会，徐顺全被判罚款 4000 新元（以坐牢 5 周代替），而 Gundhi Ambalam 则罚款 3000 新元。[1]

法律虽然规定必须申请准证，但是，如果反对党议员按规定申请准证却往往被拒。如 1999 年，詹时中申请在党的宴会上发表演说的准证被拒，只允许他有 10 分钟时间致感谢词，因此他将演讲稿付印分发给出席宴会者。[2]詹时中因此在国会中两次提出询问，但内政部告诉他，公开的政治集会不会被批准，因为这种公开演讲有可能因煽动造成治安问题。[3]

因此，Gomez James 认为："这种性质的限制，导致反对党的衰弱与无法挑战执政党，使政党间的竞争保持在非常低的水平上。"[4]

反对党的当选议员除了要面对种种阻碍及在言论自由与沟通上的限制，甚至在自己的选区内植树也不获批准。现为人民党秘书长的詹时中就在自己的选区内遭遇过这样的难题。

[1] Gomez James, 'Restricting Free Speech: The Impact on Opposition Parties in Singapore', in "The Copenhagen Journal of Asian studies", Vol.23, Pg.111, 2006.
[2]同注 1，第 110 页。
[3] Straits Times, 18 Nov., 2000.
[4]同注 1，第 128 页。

大选小故事：

詹时中要在选区内种树的艰辛路

詹时中在 1984 年大选中，与工人党的惹耶勒南成为自独立以来国会中的反对党议员。他当选后面对许多困难，令人想不到的是，政府连一棵树都不让他在自己的选区内栽种。这事他不仅在国会中多次提出，甚至在连任了 25 年后的 2009 年还在国会中讲述了这个故事。据说当他讲这个故事时，国会中还有人当作笑话笑出声来。

詹时中在成为议员后，一直在组屋的底层空地进行接见民众的工作。等了约一年后，1986 年才获批准设立一个议员办事处。为了纪念办事处的设立，他要求在办事处旁种一棵称为"Sterculia Nobilis"的树，但没有获得有关当局的批准，理由是他的选区内已有足够的树。但他不接受这个理由，还是把树栽种了。

但 12 天后这棵树被拔掉了。根据建屋发展局的解释，这棵树没有被批准种植，并造成阻碍与侵权，建屋局还准备采取法律行动对付民主党。

之后詹时中在记者会上说，他在早上 10 点半收到建屋局亲递的信件，但在一小时后树就被拔掉了。他责问建屋局是否有权阻止议员去做有益于人民的事，并指责政府是要阻止与限制反对党为人民做有益的事。

2004 年，詹时中再次面临不准种树的困难。因此他在 2005 年国会拨款委员会辩论总理开支预算时向国会申诉说，他虽身为议员，却没有权利在自己的选区内种树。半年前，他应居民的要求在通往地铁站的走道旁种树以遮阴，他的申请被否决了，但该区的公民咨询委员会却获准可以这么做。

为此，时任内政部长的黄根成与詹时中在会上发生了一场精彩的舌战：

黄根成回答说："要种树的土地，政府已发'临时占用准证'给波东巴西公民咨询委员会使用。因此，詹时中如要在这里种树，就得向波东巴西公民咨询委员会申请，不过詹时中没有这么做。"

詹时中反问道："难道有人能阻止议员履行他的法律义务？"

黄根成回答说："当他做的事情不合法时，他应该被阻止。詹时中身为波东巴西区的议员，如果他要在非自己管辖的土地上办事，这将不获准。"

詹时中问道："如果公民咨询委员会有权这么做，而议员没有，那还不如直接让基层组织来管理选区，又何必举行大选来选出议员？"

黄根成没有直接回答，只重复说土地已在"临时占用准证"下拨给公民咨询委员会，因此委员会有权在土地上种树。他也指责詹时中知道公民咨询委员会有计划种树，故意提早申请。

2009年，詹时中又在国会辩论政府施政方针时，重提他在选区内种棵树的坎坷故事，他所提的是他经历的许多不成功的尝试种树的故事之一。他说，他很想在波东巴西区办事处外的空地上种一棵名叫"七姐妹"的树，他写信向部长申请，但国家公园局回信拒绝。他再写信给部长，这次由建屋发展局回复的信中说，那里的土壤不适合种植，拒绝了他的申请。

詹时中不顾一切地把树苗种下，岂料就在当天晚上，这棵"七姐妹"被人连根拔起，并将它丢弃在他的办事处门外。他心有不甘，又找来一个大花盆，将树种在花盆里。当幼苗逐渐茁壮成长并开花时，又有人将漂白水倒入盆中，那棵"七姐妹"最后还是枯萎死了。

詹时中栽树的故事说明了反对党所面对的困难，不要说重大问题不能处理，就连种一棵树这样的芝麻小事也不获批准。

六、修改国会特权法 ——反对党如履薄冰

人民行动党政府要使反对党议员在国会中不能为所欲为，以免干扰国会的议程与秩序。同时要让国人知道反对党不是他们所想象的，可以如一些外国的国会议员一样，滥用监督之名使政府难堪或阻碍国会程序的进行。尤其是 1984 年，国会里有了 2 名反对党议员后，他们可以在国会中提出动议，这是因为任何动议必须有附议者才能提出，反对党议员在国会中的效能因此提高了。人民行动党政府必须采取行动使他们就范，不能让他们为所欲为，或以任何行动干扰议会程序，影响国会的效率与政府的效率。

过去曾发生有国会议员滥用特权与程序的事件，使国会浪费了许多时间。如 1957 年，马绍尔（David Marshall）在辩论宪法提案时在国会连续发言六个小时。1961 年，时为社会主义阵线议员的李绍祖曾经在国会中发言超过七个小时，直到第二天凌晨

4点才停止。^①因此，新加坡国会常规中包含了严格限制国会议员发言时间的规定，如议员在发言、回答问题时不可超过30分钟，在做提案时不可超过一小时等。这些规定可以限制议员用发言来拖延议会时间。

国会特权法使议员在发言时更为谨慎，不能畅所欲言否则违规。虽然如此，反对党议员惹耶勒南进入国会后，在1982年就被送交国会特权委员会，他因向国会道歉而免被罚。^②1986年，他又因指责警方非法拘捕他的选民，但没有声明与案件有利害关系（他当时是这位选民的代表律师），因而违反特权法而被送交特权委员会，^③

除了当选国会议员受国会特权法约束外，非议员也可能被指控。1996年11月，就有4位民主党的中委徐顺全、黄汉照、关汝经与古那南（S.Kunalan）被控蔑视国会，指责他们在国会特选委员会供证时，发伪誓、有意误导、搪塞与行为不当。^④起因是民主党指责政府在1989年的医药开支是27%，但1990年时只有5%，当被传召到特选委员会供证时，他们重复了这些指责。虽然之后承认是打字错误，应为25%，而不是5%。徐顺全在委员会上说，人都有可能犯错误，因此呈上错误的报告。^⑤他们分别被罚款5000新元到25000新元不等。^⑥

---

① Chan Heng Chee, A Sensation of Independence, Singapore: Oxford University Press, Pg.239 & 255, 2001.
② Chan Heng Chee, "A Sensation of Independence", Pg.239 & 255, 2001.
③ Chris Lydgate, "Lee's Law-How Singapore Crushes Dissent.", Pg.110-114, 2003.
④ 同注1，第160页。
⑤ Straits times, 1 Nov., 1996.
⑥ Gomez James, ' Restricting Free Speech: The Impact on Opposition Partied in Singapore', in "The Copenhagen Journal of Asian studies", Vol.23, Pg.124-125, 2006.

特里梅万（Tremewan）认为，1984 年以前，人民行动党政府主要是以刑法来对付当时唯一的反对党议员惹耶勒南。但用刑法或诽谤诉讼的方法使惹耶勒南失去议席，不但费时且程序繁杂，使他有机会可以在国会中继续暴露政府与指摘政府。为了尽快使他闭口，人民行动党决定从国会特权保护法律着手，并修改现有法令的不足。[1]

国会特权法令只在国会中辩论了六个小时就获通过。法令修改后提高了违反特权议员的罚款，从原来的 1000 新元大幅度提高到 50,000 新元。同时，如果国会议员被证实有不诚实行为、滥用特权或蔑视国会，国会有权监禁他，直到任期届满为止。[2]

在修改国会特权法的同时，政府也提出宪法修正案，不允许违反国会特权法者寻求律师的协助。同时也取消了必须在逮捕后 48 个小时内送交法院审判的一般刑事法的规定。因此，修改后的法律对违犯者的处罚可以说等同单独与禁见的监禁。此外，违犯国会特权法者的国会议席也将自动空缺。

时任外交部长的丹那巴南（S.Dhanabalan）在国会辩论这一法案时说：这个法案的目的并不是要压制民主，而是在我们的特殊环境下，能让国会正常地运作。在新加坡，有些机构如国会、法院等是不能让人任意羞辱的。[3]

政治学者特里梅万（Tremewan）认为，法令的修改旨在使

[1] Christopher Tremewan, "The Political Economy of Social Control in Singapore", London: Macmillan Press, Pg.164, 1994.
[2] Far Eastern Economic Review, 4 Sept., Pg.12-13, 1986.
[3] Far Eastern Economic Review, 8 Jan., Pg.55, 1987.

人民行动党有权让它不喜欢的议员闭口，因为这个严厉的法律会让他们失去议席。①这个法案通过一个月后，人民行动党政府用这个法案来制裁反对党议员惹耶勒南。他被判处一个月监禁，罚款5000新元，同时失去了国会议员的资格。由于被判罚款5000新元，他同时也失去了参加大选的资格，不能在五年内参加大选。因此，卢正涛认为："人民行动党修改宪法与国会法令，完全为了在新的形势下，继续保持政府对国会控制的需要。如此一来，即使国会里有反对党议员，反对党在国会中依然不能发挥监督政府的作用，政府对国会负责徒具虚名。"②

第六节
住房政治与分享政治

　　人民行动党为了巩固它的政权，不使民生问题拖垮它的得票率，因此对任何可能会影响得票率的问题，无不采取预防策略，以确保这些问题不会构成选举课题，并在另一方面给它的得票率加分。在这方面有住房问题的政治化，避免种族政治的发生及与

① Christopher Tremewan, "The Political Economy of Social Control in Singapore", Pg.165, 1994.
②卢正涛，《新加坡威权政治研究》，南京：南京大学出版社，第206页，2007年。

民分享经济成果等，现分述如下：

一、住房问题成了政治资本

　　住房问题成为选举的政治课题由来已久。20 世纪 50 年代时，新加坡的住房短缺非常严重，加上战后人口迅速增加，已经成为一个急需解决的民生问题。当时主政的劳工阵线政府认识到住房问题将成为政治上的难题，因此成立了改良信托局，准备每年建 2000 间住房来解决严重的屋荒问题，却不能实现这个承诺。当时，人民行动党便以这个问题作为竞选课题来争取选票，据戴庆龄（Tai Ching Ling）博士说："当时在反对党一方的人民行动党，利用这个课题攻击劳工阵线政府没有效率，并以住房与教育是现政府或未来政府所面对的两大问题，要求联盟政府下台。"①

　　1959 年大选，住房问题果然成了所有政党所关注的焦点课题，宋培军与张秋霞认为：人民行动党作为一个参选全部议席的政党，更不会放过这个机会，将住房问题作为竞选纲领的第一条。一方面批评联盟政府的无能，另一方面又提出一个全面的住屋政策与计划。并承诺在当选后将展开全面的建屋计划，为低收入者提供廉价的住屋。②

----

① Tai Ching Ling, "Housing Policy and High-rise Living: A Study of Singapore Public Housing", Pg.106, 1988.

②宋培军、张秋霞，《新加坡"住房问题政治化"现象析论》，载《中国社会科学院青年学术》，第二期，第 712 页，2007 年。

人民行动党凭着它的住房计划，及在 1957 年管理市议会的良好表现与效率，取得压倒性的胜利，赢得 51 个席位中的 43 个。相反，由林有福领导的联盟由于无法实现它的建屋计划的承诺，遭到惨败，只赢得 4 个席位，这可以说是新加坡住房政治化的开始。

人民行动党在上台后，实现了它的承诺，在执政的四年内就已为 20% 的人口提供了政府组屋。因此宋培军与张秋霞认为："它虽然在执政期间遭到在 1961 年的两次补选（指芳林补选与安顺补选）失利，及与左翼分道扬镳的打击，但人民行动党深知通过建屋的政绩来赢取支持，最大限度利用它的建屋成就，为 1963 年的大选服务。因此在 1963 年的大选时，人民行动党大力宣传它的建屋成就，强调政府在短短的四年内，就解决了几十年才能解决的难题。"[1]虽然面对社会主义阵线强烈的竞争，但还是赢得了 51 个席位中的 37 席，再度执政。[2]

1968 年后的四届大选，人民行动党一党独大，组屋问题已不如之前迫切，但人民行动党不敢放慢步伐，继续为人民提供优良的组屋，赢得人民的继续支持。令人意想不到的是，组屋的提供已缓和了住房的需求，但组屋的价格问题又在 1981 年补选中成为一个竞选的课题。在 2001 年大选中，组屋的供应与价格更是成了一个主要的竞选课题。人们认为屋价的高涨已使人民负担不起，政府放慢组屋的兴建更使这个问题尖锐化，尤其是年轻的国人由于结婚要拥有自己的第一间组屋时。他们责怪政府允许太

①宋培军、张秋霞，《新加坡住房问题政治化现象析论》，载《中国社会科学院青年学术》，第二期，第 714 页，2007 年。
②《南洋商报》，1963 年 9 月 3 日。

多新移民涌入，造成组屋价格高涨与供应不足。政府虽然否认了这种指责，但在大选后努力解决这个问题。

二、组屋翻新先看选举结果

人民行动党在 1981 年的安顺补选中失利，其中一个原因是组屋价格的飞涨，涨幅从 38% 至 100% 不等。再加上新加坡港务局的员工因码头的扩建必须搬离现有组屋，但不能优先分配组屋而产生不满，人民行动党因此失去了这次补选。政府认识到组屋问题是人民最关注的切身问题之一，自己因组屋问题而上台，可能也会被组屋问题拖垮，因此希望通过对现有组屋的翻新来控制人民的投票倾向。

政府在 1989 年 7 月宣布，要将现有在 20 世纪六七十年代兴建的组屋进行翻新，以贯彻政府与民分享经济成长所带来的财政盈余的利益，并提高组屋的价值。

组屋翻新除了让组屋改头换面，使它与新的组屋区缩小差距外，也要使旧组屋区内有更多年轻的居民，不使旧组屋区因年轻人的减少而成为老化的贫民窟。除了这些社会与经济的原因外，组屋翻新计划也包含了政治的因素，作为争取组屋居民的工具。

1991 年大选时，反对党采用补选策略，是自 1963 年以来赢得反对党议席最多的一次。人民行动党因此在 1997 年大选时，采用地方政府策略来对抗补选策略。所谓地方政府策略就是要各区的选民为他们自己的选择立下"赌注"。吴作栋说："如果不让他们立下'赌注'及有所改变，选民就不会认真投票。如果有了'赌注'，他们将会认真地投票。"①为此，人民行动党还向全体选民发出告选民书，明确说明选举与组屋挂钩的决定。②这种做法，根据何启良（Ho Khai Leong）教授的看法，这是"企图使选民对人民行动党的候选人做出明智的选择"。③

三、组屋按族群比例分配

除了组屋翻新问题政治化，人民行动党政府也要改变自殖民地时代起，各种族之间就有的为求自保而聚居的习惯。为了防止种族政治的产生，政府在 1989 年 2 月 16 日宣布：政府将在组屋区采取种族比例的规定，每栋组屋的种族可分配比例是：华人不得超过 87%，马来人不得超过 25%，印度人及其他不得超过 1%。但以组屋邻区计，则各减少三个百分点。④蔡明发（Chua Beng Huat）说："实际上政府为了防范马来人的聚居，建屋发展局之前已将马来族在组屋区内的比例限制在 20 % 以内。"⑤时任社会发展部长的丹那巴南在国会中说："有两个组屋区的种族

---

① Straits Times, 24 Dec., 1996.

② Sunday Times, 29 Dec., 1996.

③ Ho Khai Leong, 'Political Consolidation in Singapore-Connecting the Party, the Government and the Expecting State', in Chong Terence (eds.), "Management of Success-Singapore Revisited", Pg.57, 2010.

④ Straits Times, 17 Feb., 1989.

⑤ Chua Beng Huat, "Communitarian Ideology and Democracy in Singapore", London: Routledge, Pg.348-349, 1995.

聚居趋势，如果不加以处理，将会对我们社会的种族融合产生重大影响。如果不采取限制措施，在十年之后，马来人在勿洛新镇将占 43%，而在红山组屋区华人将占 93.1%。"①

反对党指摘政府的做法怀有政治目的，民主党认为这个政策的实行，反映了人民行动党在失去马来人支持后，担心在马来人占 35% 的选区失去议席。穆达立认为："这个规定实际上对马来民族机构的影响最大，因为如果他们以马来人的利益作为竞选课题，必然会受到区内另外 87% 华人的质疑。如果没有这个种族比例的限制，在十年后当勿洛选区的马来人选民人数达到 40% 时，马来民族机构将很有可能在这个选区中赢得议席。"②这个种族比例的政策除了受到反对党的质疑，人民行动党内也有不同的声音。人民行动党创党元老之一的前副总理拉惹勒南批评说："在我们的宪法中规定在每一个选区都必须是华人 75%、马来人 15% 及印度人 7%，这是很愚蠢及危险的，我认为这是一个错误的政策。因为一旦成为新加坡人，就应该没有种族的区别。"③

李光耀在 2007 年为这个政策辩护，他在接受《白衣人》(*Men in White*) 作者访问时说："种族分配比例是为了确保少数民族能够融入社会主流，这个政策也协助反对恐怖主义，使他们无法在这个小岛内生存。"④

---

① Straits Times, 31 Jan., 1989.
② Hussin Mutalib, "Parties and Politics-A Study of Opposition Parties and the PAP in Singapore", Pg.214, 2003.
③ Sonny Yap, Richard Lim & Leong Weng Kam, "Men in White: The untold story of Singapore's Ruling Political Party", Pg.608, 2009.
④同注 3，第 608-609 页。

一个由学者进行的研究，批评这项政策无法形成种族的真正融合，只能达到表面上的和谐。[1]作者认为，这个政策的确可以抑制种族政治的滋长，种族性的政党或想搞种族问题的政党，无法用种族主义的课题而在选举中占有一席之地。但它的坏处是会使少数民族认为已被边缘化，或与自己的同族疏离。正如学者所指出的，无法达到真正种族融合的目的。

四、分发政府津贴 / 股票总在大选前

自 1990 年起，人民行动党政府就通过填补公积金户头，使人民分享政府的财政预算盈余。一方面是那些年长的公民，因为过去公积金缴纳率较低，没有足够的公积金养老或作为医疗保健储蓄之用，另一方面也协助他们购买私营化政府公司的股票，所谓的"拥股填补计划"（SOTUS）。1993 年与 1995 年，政府两次实行公积金填补计划。1996 年第三次实行时，每人的公积金填补了 500 新元，政府共花费了 4.8 亿新元。在分发的次年，即举行 1997 年大选。在 1997 年大选之前，政府进行了一连串的"给钱"动作，不禁让人想到人民行动党在 1991 年时失去 4 个议席的挫折，而这次挫折的原因之一是低收入民众普遍存在着不满情绪。

2001 年大选前夕，政府又故技重施，分发 11.3 亿新元的经济配套，包括发放"新新加坡股票"及水电杂费回扣，作为人民

---

① Straits Times, 5 Feb., 1994

分享预算的盈余。对于政府的做法，孙景峰认为："对争取选民支持人民行动党，产生了一些效果。人民行动党通过'新新加坡股票'及其他方式，获得广大选民对执政党的支持，并影响了他们的投票方向。"①反对党因此指责政府以物质利益来收买选票，希望新加坡人民不要投反对党的票。②《联合早报》媒体评论员李慧玲批评这是以物质利益来收买选票，希望新加坡人民不要投票给反对党。她说："不管新新加坡股票和整个舒缓民困的配套，是不是如一些人所说的，人民行动党有意派出的大选前的'礼物'，但它确实可能在这次的选举中发挥作用，提醒人们这个政府掌握的资源和应付问题的良好记录。"③

人民行动党在这次大选中的得票率大幅上升了 10.31%，这是自 1968 年以来的最高得票率，一举扭转了过去几次得票率一直下降的趋势。这次的股票派送与回扣，是否从中起了催化作用？没有直接的答案，但人们都心里有数。不过在这时发生的及被扩大宣传的恐怖主义活动与威胁，与反对党本身发生的内部斗争问题，对人民行动党得票率上升也起了一定的作用。因此，如果只以股票派送与回扣作为得票率上升的原因，难免显得过于武断。

2006 年大选前，人民行动党又故技重施，在大选前的三个月，宣布发放 2.6 亿新元的所谓增长配套，使全体人民分享预算的盈余，每个选民都可获得 400 新元至 1000 新元不等，年长与贫困

---

① 孙景峰，《新加坡人民行动党执政形态研究》，北京：人民出版社，第 154 页，2005 年。
② Straits Times, 3 Nov., 2001.
③《联合早报》，2001 年 11 月 8 日。

者按居所情况分配得更多。这个配套计划在 2 月宣布,但延迟到 5 月初才发出,刚好是在大选举行前的几天。反对党因此指责政府的做法是在收买选票,社会发展、青年及体育部长维文医生反驳说:"就算没有大选,我们也会这么做,只要是我们认为应该做的,我们就会去做。"①

《海峡时报》评论员蔡美芬(Chua Mui Hoong)说:"在选举前分发花红,将成为未来大选时的一项措施。这是因为政府的任期是五年,他们会在大选前发出相当数目的盈余,这些盈余如果不发出,将会存入国家的储备金,留给下一任政府使用。因此,为什么不在大选前花掉?"②这个似是而非的评论,很明显地说明了新加坡媒体的立场。但很难令人信服,因为下一任政府仍旧是人民行动党,难道人民行动党有其他打算,不想继续执政?这种在大选之前分发好处给选民的做法,只是在分配预算盈余?这种每次在大选之前分发好处的做法,难道与大选并没有直接关联?对大选成绩不会产生影响?

内阁资政李光耀就曾以赢得所有大选,作为反驳他是独裁者及威权政权的理由。③但外国政治学者特里梅万(Tremewan)反驳说:"正确地说,人民行动党能够在选举中取胜,正是在一个经过改造的社会里,严厉的威权政治所产生的结果…… 因此,选举行为与结果只是支撑了这个政权的合法性。"④

---

① Straits Times, 22 April, 2006.
② Straits Times, 22 April, 2006.
③ Strait Times, 11 Nov., 1989.
④ Christopher Tremewan, "The Political Economy of Social Control in Singapore", London: Macmillan Press, Pg.181, 1994.

人民行动党能够维持它的一党独大的统治地位，长达 50 年之久，很显然与它能同时维持一个高效、廉洁的政府，并在经济发展上取得非凡的成就，并由此获得人民真正的支持是分不开的。但是新加坡的反对党一直认为，他们能够获得支持，是玩弄选举制度，及用内部安全法令来压制反对党活动的结果。[1]我们在这一章里，从技术层面的角度，分析了新加坡的选举制度，对反对党不利的各种制度规定，如相对多数决制、选票号码、分区计票等；以及各种控制在政府手中的选举资源与权力，如选区划分、集选区制度，及种种削弱反对党的功能与作用的做法，如非选区议员制、官委议员制、国会委员会等；此外，修改国会议员持权法令，使一个国会委员会就能决定由人民选出的当选议员失去他的议席。这些选举技术的应用，能够使一党独大的情况巩固到无法动摇。

另一方面，政府也通过对于种族聚居的政策，阻止了种族政治的成长。这种做法对种族政治的发展起了阻遏的作用，但长期的种族融合则必须以其他的政策来实现。

此外，政府也借助分享财政盈余的名义，20 世纪 90 年代起在每次大选之前分发。人民在分享财政盈余之余，难免会产生感激之情及报恩的行为，如果说它没有政治目的，很难令人信服。政治学者何启良说：批评者指责人民行动党利用国家资源来为执政党买票，但政府不承认。"[2]

---

① Yeo Lay Hwee, 'Electoral Politics in Singapore', in Aurel Croissant, Gabriele Bruns and Matei John (eds.), "Electoral Politics in Southeast and East Asia", Pg.213-214, 2002.

② Ho Khai Leong, 'Campaigning for the Future', in "Southeast Asian Affairs 2007", Pg.298, 2007.

总之，人民行动党在技术层面上，全面地操纵了选举政治，使反对党无法改变目前的政治形态，一直无法以选举的方式来增强在国会中的地位，只能作为民主政治的一个陪衬，不能发挥反对党应扮演的角色与任务。

另一方面，当我们在讨论人民行动党政府设立了种种障碍，使反对党无法获得更多议席的同时，我们也不应忽视反对党本身的问题。在每个人都想当领导的心态下，新加坡的反对党就出现了小党多、人力与物力实力相对薄弱的情况，很容易就会被实力强大的人民行动党所击败。因此，我们可以说，反对党无法形成气候，除了政府所设的种种障碍外，反对党本身的问题也是主要的因素。

第七节
比较新加坡选举制度

新加坡的选举制度，是不是一个特殊的制度？使人民行动党可以一直一党独大，它与世界上其他民主国家的选举制度有什么不同？可以通过比较各个国家的选举制度，来分析它们的异同。虽然说选举制度主要有三种类型，但世界上的选举制度的分支种类繁多、五花八门，加上各国的历史背景与文化各异，要做一个全面的比较，本身就是一个很大的课题。因此，我们选择了几个具有较相似历史背景，同时政治发展过程也类似的东亚与东南亚国家来做类比，以分析它们之间的异同。

一、与其他国家的选举制度比一比

Aurel Croissan 在他的研究中选择了柬埔寨、韩国、印度尼西亚、马来西亚、菲律宾与泰国。在这些国家中以菲律宾的选举经验最丰富，早在 1907 年就开始举行选举，而新加坡是最迟与举行选举次数最少的一个。[1]

在进行比较之前，先将这些国家所采用的选举制度与选举概况略做介绍：

柬埔寨是东南亚的古老国家之一，自 1863 年起成为法国的殖民地，直到 1953 年独立。根据选举法第 5 条规定，它是采用比例代表制的民主原则。这是柬埔寨的领袖们认识到相对多数原则不起作用，才采取了比例代表制。

韩国在 1910 年受日本强占统治，直到 1945 年日本在世界第二次大战失败后独立。首次民主选举在 1948 年举行，到目前为止共经历了 16 届国会选举。它采用的是小选区制与比例代表制并用的制度，以小选区制为主、比例代表制为辅。

印度尼西亚在 1596 年为荷兰人所统治，直到 1949 年获得

[1] Aurel Croissant, Gabriel Bruns & Matei John, "Electoral Politics In Southeast and East Asia: A Comparative Perspective", Pg.321-368, 2002.

独立。它在 1955 年举行第一次大选，这次选举是在 1999 年之前最民主的一次。选举是按照比例代表制进行的，采用的是分区制的支持者和按比例分配代表制的支持者之间的一种混合制。

马来西亚在 1915 年受英国全面控制后，成为英国的殖民地，直到 1957 年才获得独立。它在 1959 年举行独立后的第一次大选，选举制度是继承自英国的相对多数决制的"赢者全拿"。从自由投票和准确计票的情况看，马来西亚的选举通常被认为是自由的。但近年发生的虚假选票及一些不法行为，使选举的自由度受到了质疑。

菲律宾遭受西班牙 330 年的殖民统治，又接受美国长达 46 年的殖民统治，美国人在 1946 年授予菲律宾政治独立，使其成为一个独立的国家。政党比例代表制是菲律宾代议制民主的一个重要特征，菲律宾的选举被认为是自由与公正的（除了在 1972 年至 1986 年军法统治时期外），但不是一个清廉的选举。

泰国是东南亚国家中唯一没有经历殖民地统治的国家，因此是一个不受殖民地历史遗产影响的国家。它的众议院选举分为两部分，一个是以单独选区为基础的选举，一个是以全国范围内的政党为基础的选举，但候选人不能同时参加两个选举。可以说是一个混合型的选举制度。

这些国家有以下几个共同点与差异：

（1）它们都曾经是西方列强的殖民地（除泰国外），这些西方列强都是实行民主体制的国家，它们包括美国、英国、法国、荷兰、西班牙等。在这漫长的统治过程中，它们都向殖民地灌输了西方民主选举的意识。

（2）它们都是东南亚国家联盟（或称东盟）的成员（除韩国外），这个组织旨在促进会员国之间的合作与发展。自 1967 年成立至今，在促进区域合作方面，取得了长足的发展，但在政治发展上是各走其道。

（3）这些国家同样呈现出多样性，每个统计数字都说明了部分问题。人口从印尼的 2.4 亿到新加坡的 540 万，人均国民生产总值从新加坡的 30,000 美元到柬埔寨的 260 美元，人类发展指数从新加坡的 24 到柬埔寨的 137。从经济来看，这些国家之间形成了明显的鸿沟。在政治制度上也呈现出两种不同的政治体制：马来西亚、新加坡、柬埔寨是半民主制，泰国、菲律宾、印尼与韩国等被列为实行民主制的国家。[①]

（4）在这七个国家中，有五个实行混合比例代表制，它们分别属于美、法、荷兰与西班牙的前殖民地（除泰国外），目的是要使它们的国民议会或立法议会中有来自各个方面的代表。两个实行相对多数决制的国家都是前英国的殖民地，其中之一的新加坡更是从 1988 年起增加了集选区制。

二、衡量选举制度的要素与其政治影响

实行不同的选举制度，可能产生不同的政治影响，但实行相同的选举制度，并不一定能保证有相同的政治影响。因此，必须

---

①芬斯顿（主编）、张锡镇等（译），《东南亚政府与政治》，北京：北京大学出版社，2007 年。

先对选举制度所产生的政治效果做进一步的检查。首先是找出这个制度，如何促进或阻碍了它的代表性与民主的制度，及如何去整合人民，使它成为一个政治团体，以组成国民议会或立法议会。使政府能够进行立法与统治的工作。

（一）衡量选举制度的要素

根据 Croissant 的看法，要衡量选举制度的功能，必须达到以下三个基本要求：

（1）选举的结果必须能代表选民的政治意愿，因此选举制度必须能充分地代表社会上各种不同的、多数人的利益与政治任务，更重要的是选举制度，要能促进当选政党的代表性。

（2）选举的结果必须能团结人民，一个能团结人民的选举制度能促进一个有凝聚力政党的出现及国会的统合，而不仅仅是促进个人或一个独立代表的出现。

（3）选举制度必须能够形成一个强大、稳定与有统治能力的政府。因此，选举制度对促进政治民主与一个有统治力的政府来说，是一个重要机制。①

（二）选举制度与政治后果

不同的选举制度能产生不同的政治后果，这包括它的代表性、政党的整合，及政府的统治力等。本书就根据这三个政治后果，对新加坡的选举制度与这些国家的选举制度进行比较。

（1）代表性（Representative）

一个选举制度是否能促进民主制度的发展，在很大程度上，

---

① Aurel Croissant, Gabriel Bruns & Matei John, "Electoral Politics in Southeast and East Asia: A Comparative Perspective", Pg.328, 2002.

要看它的失衡指数（Unbalanced Index）。失衡指数指的是得席率与得票率的差别，最常用的失衡指数是由 Arend Lijphart[1]倡立的。他是以两个最大政党在每次选举中的平均得票与得席来做比较。根据他的失衡指数计算法，这七个国家的失衡指数如表 4.7 所示。

表 4.7 失衡指数程度的比较

国　家	选举年	选举次数	失衡指数的平均数	最近选举的失衡指数
柬埔寨	1993—1998	2	5.42	7.30
韩　国	1988—2000	4	7.00	8.25
印　尼	1999	1	2.25	2.25
马来西亚	1955—1999	11	14.75	10.25
菲律宾	1989—2001	5	4.46	2.60
新加坡	1955—1999	11	22.44	22.80
泰　国	1992—2001	4	2.70	6.04

资料来源：Aurel Croissant（2002, P.329）. [2]

从表 4.7 中可以看出，这七个国家的失衡指数差别很大，从最低的印尼的 2.25 到最高的新加坡的 22.44，其中印尼、菲律宾与泰国是属于低失衡指数国家，柬埔寨与韩国属中等失衡指数国家，而马来西亚与新加坡属高失衡指数国家。从这个指数中我们可以看出，不同的选举制度下的选举规则是造成各国代表性不同的原因。实行比例代表制或混合代表制的国家，失衡指数一般比较低或属中等。唯有两个最高失衡指数的国家，是实行相对多数决制的新加坡与马来西亚。其中以新加坡的失衡

---

[1] Arend Lijphart, "Democracies: Patterns of Majoritarian and Consensus Government in Twenty-One Countries", pg.163, 1984.

[2] Aurel Croissant, Gabriel Bruns & Matei John, "Electoral Politics In Southeast and East Asia: A Comparative Perspective", Pg.321-368, 2002.

指数最高，是其他五个国家平均失衡指数的五倍。Croissant
认为这是因为一党独大，及由一个特别强大的政党过度代表
所造成的。[①]

在这些国家中，泰国与菲律宾在采用了混合代表制与比
例代表制后，大大改善了它的不均衡指数。相反，"新加坡
在采用了集选区制度后，票席不均衡指数从1984年大选的
22.05%，上升到1988年大选的26.15%。这是因为选民是针对
一组候选人投票，只要得到相对多数就能赢取所有的席位，这
对执政党有利，尤其是集选区的数目不断扩大，对执政党更加
有利。"[②]

（2）政党制度的整合（Party System Fragmentation）

选举制度不仅对政治体制产生影响，同时也会对一个国家的
政党体系产生重大影响。一般来说，实行相对多数决制的国家，
会产生一党或两党制，而实行比例代表制的国家，则会产生
多数党的体制。根据杜弗杰（Maurice Duverger）的社会学法
则（Sociological Law），相对多数决制倾向于两党制；相反，
比例代表制与二轮投票则会产生多党制。这是因为相对多数
决制的"机械效应"，两大党的代表性处在极度的不均衡下，
因为他们很容易失去选票，但在"心理因素"下，则会赢回选票。
这是因为有些选民认为，如果他们继续将选票投给第三党，
将是浪费的，就会转而将选票投给两大政党之一。同样的道理，

---

① Aurel Croissant, Gabriel Bruns & Matei John, "Electoral Politics in Southeast and
East Asia: A Comparative Perspective", Pg.331, 2002.
②同注1。

有些政客也不愿意浪费他们的政治资本去参加第三党，而是加入大的政党来增加自己当选的机会。在这种情况下，小的政党就会慢慢地减少，最终形成两党制的局面。[①]

我们可以用有效的政党数及国会中有效的政党数，来衡量选举制度对一个国家政党系统的影响。根据意大利学者 G. 萨托利（Giovanni Sartori）有效政党数的计算方法，我们可以将这七个国家的政党体系，大致归纳为以下三种不同的类型：

第一种类型的国家，有高度分裂的政党体系与多党制的国家，如印度尼西亚、菲律宾与泰国。

第二种类型的国家，有中度分裂的政党体系与多党制的国家，如韩国。

第三种类型的国家，有低度分裂的政党体系与少党制的国家，如柬埔寨、马来西亚与新加坡。

虽然在这七个比较的国家中，新加坡被列为低度分裂型与少党制的国家，但并不等于说新加坡的政党数目很少，而是指新加坡是一个一党独大的威权政党体制的国家。目前，新加坡实际上存在的政党数共有 28 个之多，但绝大多数名存实亡，能进入国会的反对党仅有区区的 2 个，反对党议员也只有少数的几位，因此有效政党数在这七个国家中反而是最低的，比同样是实行相对多数当选决制的马来西亚还低了约三分之一。

根据杜弗杰法则（Duverger's law），实行相对多数决制的国

---

① Maurice Duverger, "Political Parties: Their Organization and Activity in the Modern state", New York: Wiley, Pg.226, 1966.

家倾向于产生二党制。[①]但新加坡并没有出现所谓的二党制的情况。根据谢复生教授的解释："所谓两党竞争，并不是必然地指只有两个政党存在，而是指在大多数情况下，在选区层次皆呈现两大政党（未必是相同的党）对抗的局面。"[②]新加坡的情况正是如此，所谓的两党是指执政的人民行动党及反对党两党竞争的局面。

（3）统治能力（Governability）

一个国家有效政党的数目，政党的二极化程度，对政府的参与程度，及国会与政府间的关系，对一个政府的稳定性与效能，及它的持续性都有重大影响。

大多数政治学者认为，在东南亚这个区域的国家中，那些属于低政党分裂型的国家，都是统治能力较好的国家，这些国家不仅在政治上非常稳定，社会与经济发展也比较好，但它们并不一定是最民主的国家。新加坡是属于有效政党最少的国家，也是被列为半民主的国家。它之所以被列为半民主，根据杨丽慧的分析，因为新加坡的政治体制是介于一党独大与威权政党体系之间。这是因为它的席票失衡指数很高，及由一党过度代表与反对党受到歧视。[③]

很明显，由一个强大的政党统治的国家所组织的政府，不必

---

① Maurice Duverger, "Political Parties: Their Organization and Activity in the Modern state", Pg.226, 1966.

②谢复生，《政党比例代表制》，台湾：理论与政策杂志社，第18页，1992年。

③ Yeo Lay Hwee, 'Electoral Politics in Singapore', in Aurel Croissant, Gabriele Bruns and Matei John (eds.), "Electoral Politics in Southeast and East Asia", Pg.204, 2002.

浪费太多的时间在政党政治上，因此有更多的时间可以专注于政府的统治，从而加强它的统治能力，新加坡就是一个最好的例子。新加坡的经济发展成就不仅为东南亚之冠，在亚洲也仅次于日本，这与它的高度统治能力是分不开的。由于自独立以来都是一党独大，人民行动党掌控了执政机制的核心，包括立法、司法和行政体系的作用与影响，使人民行动党与立法、司法和行政体系构成了一个有效控制新加坡社会的完整系统。加上反对党与各反对势力已被边缘化，它进行任何计划都不会受到阻碍与反对。在有效统治下，它的人均国民生产总值从 1959 年开始执政时的每人 443 美元，增加到 2009 年的 37597 美元，在 50 年中增加了约 84 倍。如果没有一个高度安定、高效率及有持续性的政府是没法办到的。

一个国家的选举制度，对政党在政府中的参与程度所产生的影响，可以用产生人为多数的能力来衡量。所谓人为的多数是指一个政党得票少而得席多，这与得票多与得席多的自然多数相比，是完全不同的。而自然的少数则是指没有一个政党在得票率与得席率方面赢得多数。新加坡与马来西亚是实行相对多数决制的两个国家，由此产生了百分之百的一党赢得多数。柬埔寨实行的是比例代表制的国家，在两次选举中只有一次是人为多数。但实行比例代表制的印度尼西亚及实行混合制的韩国与菲律宾（1998—2000 年）及泰国（2001 年）只能产生自然的少数。

单单从一党多数，不论是人为多数或赢得多数，都不能确保一个稳定与有效率的政府，因为还要考虑内阁任期的时间。在内阁任期内，基本上与在国会中所占的大多数席位一致（除菲律宾外），新加坡与马来西亚在所比较的六个国家中（柬埔寨没有资料）名列前两名，其他则排在它们之后。内阁任期越长，对一个政府来说更有时间实行它的长期计划与政策，对它的统治能力更加有利。

三、失衡指数遥遥领先各国

比较了新加坡与其他六个国家之后，我们对新加坡的选举制度又得到什么启示？

新加坡在代表性与国会中有效政党方面都忝为末席，这与新加坡在其他方面的世界排名优先情况并不相符。在代表性方面，新加坡在失衡指数方面的严重失衡情况，已使人们对执政党在国会中的代表性产生了疑问。造成新加坡严重失衡的因素之一，就是它的选举制度是采用相对多数决制。因此，要纠正这种严重失衡的情况，解决办法之一是修改目前的制度。比例代表制或混合式的比例代表制，也许能解决或缓和目前的情况。印度尼西亚与泰国便是在采用比例代表制后纠正了国会中票席不平衡的现象。这种现象除了造成代表性的不公平外，对政党政治也产生了一定的作用与影响。因此，要使新加坡的反对党有更平衡的发展，票席不平衡现象应优先解决。

在政党的整合方面，新加坡实际上并不缺少政党，新加坡注册的政党有28个之多，以人口的比例来计算，并不比其他国家少。但在国会中有效政党的数量方面，在所比较的七个国家中又是名列末席。这主要是一党独大的结果。新加坡的反对党数目虽多，但无法在大选中赢得足够的席位，尽管在得票率方面的表现不俗。要改变这种情况，除了要改变选举制度外，还必须消除其他各种对反对党形成的障碍，以及各种垄断选举资源的策略与政策，形成一个公平与自由的竞争局面，才能使反对党有一个发展的机会与平台。

新加坡政党政治并非如目前的平静状态，事实上，在1968年以前，新加坡政党的活跃程度并不亚于东亚与东南亚各国。但在1968年社会主义阵线退出国会选举后，以及政府采取"冷藏行动"逮捕了反对党的主要领导人后，情势就开始逆转，加上执政党在1984年后实行了种种策略性的政策打击反对党，新加坡的政党政治便形成了目前的情况，反对党根本无法与执政党争一日长短。

在统治力方面，由于新加坡一党独大，新加坡政府的统治力是在所有比较的国家中最突出的一个。新加坡也因此在过去的50年中，在经济发展与改变人民生活水平方面取得了非常好的成绩。人民行动党认为，这是因为没有反对党的干扰。因此，如果国会中有了反对党，是否会拖慢新加坡的发展步伐？作者认为并没有证据可以证明这一点，其他国家的经济情况比新加坡逊色，并不能说是因为他们的国会中有反对党，因为在所比较的国家中，也有经济发展比较快的国家，如韩国。因此，认为反对党的存在会造成统治能力不足，是不能成立和缺乏说服力的。

从以上所做的比较中，我们清楚地认识到新加坡的选举制度在这七个国家中，无论在失衡指数还是有效政党数量方面都无法令人满意，但在有效统治力上取得了很好的成绩。因此，只有改革目前的相对多数决制，以及检讨目前执政党在战略层面与技术层面上实行的各种政策，才能在国会的构成上反映人民的真正意愿。

新加坡特色
的选举制度

第五章

改革选举制度，让它更公平与民主

　　改革目前的选举制度，使它在席票的比例上更加公平与民主，这对新加坡未来的民主政治发展有利。另一方面，更大的政治开放空间，除了可以回应社会上渐强的制衡权力的要求，也能使执政党得到更大的认知基础与更高的威望。

"新加坡的选举从形式上看，每5年一次的大选是人民行动党获得执政地位的唯一合法渠道，但从实质上来讲，大选已异化为对人民行动党执政地位的确认仪式，人民行动党只在获得选票的比例和获得的席位数上有差别，而获胜这一质的结果在大选前已经昭然若揭。"[1]这是同济大学教授孙景峰对新加坡选举的精辟看法。暨南大学教授占美柏对选举是否民主也有发人深省的言论，他说："新加坡的选举，在形式上具有西方的民主外壳，具有完备的自由选举程序，但执政党与政府却在事实上主宰了政治的整个过程，政治完全是受控的。"[2]

　　如果我们从新加坡独立后所举行的11次大选（1968—2011年）的结果来看，人民行动党除了每战必胜外，还几乎囊括了所有议席，反对党只能获得区区几个议席。因此从得席率看，两位学者的观察可说是正确的。但如果从得票率来看，人民行动党的得票率，从1980年时的77.66%高点，逐届往下降到1991年的

①孙景峰，《新加坡人民行动党执政形态研究》，北京：人民出版社，第143-144页，2005年。
②占美柏，《威权政治下的宪法权威——二战后东亚国家的政治体制转型》，载《东南亚研究》第1期，第63-65页，2005年。

60.97% 的最低点，随后呈现波浪式的起伏，经过 20 年后又降到 60.14% 的低点，但始终保持在 60% 以上绝对多数的水平。虽然如此，它的得席率总在 93.1% 以上，更不用说它牢固的执政地位。

许多人因此提出疑问，新加坡的选举制度与选举政治是自由与公平的吗？

第一节
改进选举制度缺陷

一、制度的缺陷还是选举政治操作？

在探讨新加坡的选举制度与选举政治时，我们提出了假设，在完成探讨后，验证了我们提出的两个假设。

假设之一是新加坡的选举制度所采用的选举公式——相对多数决制，是形成人民行动党一党独大的主要因素。

过去举行的 11 次大选的结果，证实了新加坡选举的得票率与得席率存在着严重的比例性偏差，这个偏差是源自在殖民地时期就实行的将选票转换成议席的方式——相对多数决制。这个制度本身最令人诟病的就是它往往造成严重的议席与得票率的"比例性偏差"。在比较了实行相同选举制度的国家后，发现新加坡

在比例性偏差方面是所有国家中最高的。根据李帕特（Lijphart）
指数计算方法[①]，新加坡在过去（1955 年到 1999 年）大选的比
例性偏差的平均指数是 22.44，在 1988 年实行集选区后增加到
26.15。比同样实行威权政治及选举制度的马来西亚（平均指数
10.25）高出 1 倍有余。与实行混合制的菲律宾（平均指数 2.6）
比较则高出约 9 倍之多。这个比例性偏差的结果，使约有四成
的人民在国会中没有按比例性的代表，使国会中的执政党能一
党独大。

　　这种严重偏差的结果，除了给人民行动党在席次的分配上
过多的"红利"外，正如诺瑞斯（Pippa Norris）所说的："在
缺少商议和妥协的情况下，就会出现'选举的独裁'。"[②]此外，
这种制度也倾向于使获胜的政党能够扩大它在得票率上的影响
力。除了得票率无法切实地反映在得席率上，也使得都是小党
的新加坡反对党很难赢得议席。这就说明了为什么新加坡的反
对党虽然在过去的 11 次大选中都能获得三至四成的得票率，
在国会中却只能获得不成比例与极少的席次，成不了气候。

　　研究也证实，选举制度中的相对多数决制，并不完全是人民
行动党在过去 50 年中，一直取得一党独大的唯一原因。这是因
为在所有实行相同制度的国家，如英国、美国、加拿大、新西兰、
印度与巴基斯坦等，都没有出现如此强大与长久的一党独大政权。
因此，选举制度的相对多数决制只是人民行动党一党独大的始作

① Lijphart 指数的计算是以两大党或一个最大党的比例性偏差现象来计算。
② Pippa Norris, 'Choosing Electoral System: Proportional, Majoritarian and Mixed
System', in "International Political Science Review", Vol.8 No3, Pg.297-312, 1997.

佣者，因为人民行动党在取得政权后，除了极力发展国家的经济与建设外，也实行威权统治，实施了许多巩固政权的选举策略，使自己一直屹立不倒。

假设之二是人民行动党在一党独大的统治下，实施了对各种选举资源的垄断，削弱了反对党，使之无法与自己抗争，只能作为陪衬。

人民行动党的领导人，从历届选举的得票率上，清楚地知道一党独大的情况不会永远存在。因此，在 1981 年安顺区补选失利，反对党取得突破第一次进入国会后，就意识到一党独大地位将会面临更大的考验，开始对选举制度的改革与选举政治的操控。1984 年大选后，在得票率继续呈起伏性的整体下降的情况下，人民行动党政府实施了许多创新的选举策略，目的是要使反对党在得票率持续上升的情况下，无法获得更多的议席，从而影响它一党独大的地位。

在战略层面上，人民行动党政府有计划地进行控制与垄断选举资源的策略，如人才资源的包揽、媒体的控制、公民团体、基层组织及职工会组织的垄断，使反对党在选举资源极度缺乏的情况下，无法与人民行动党在平等的基础上进行公平竞争。人民在别无选择的情况下，让人民行动党继续执政。

在技术层面上，人民行动党进行各种选举技术的创新，如实行对小党极为不利的集选区制度；引进非选区议员与官委议员制度来满足国人希望在国会中有不同声音与制衡力量的愿望；以及利用现行没有独立的选举委员会的缺陷所赋予的绝对权力，如给选票加上编号，使人对投票的秘密性生疑而产生恐惧感；利用选区重新划分的方法来分散与减少反对党的支持率，使反对党当选的概率减到最低；将分区计票法与组屋翻新计划挂钩，进行投票利益的输送。这些策略使人民行动党在大选中处于绝对优势与支配的地位。

因此，我们可以得出这样的结论，新加坡的选举制度，除了在制度上对反对党不利外，人民行动党实施的种种选举战略与技术的操作，使反对党尽管在得票率上取得进展，却无法在选举中获得更多席位，更不用说动摇人民行动党的执政地位了。另一方面，由于无法获得席位及受到各种抑制，所有反对党都成了小而衰弱的政党。

二、改进制度缺陷让它更加公平与自由

新加坡所实施的选举制度与选举政治，不仅在制度上有利于执政党，同时在选举政治上也对反对党形成一道很大的屏障。因此，要改变目前的制度有利于执政党的情况，实现一个更自由与公平的选举，首先必须对选举制度进行改革，消除得席率与得票率的比例性偏差，然后进行政策上的开放，消除障碍，消除人们对政治的恐惧与冷漠，促进民主政治的发展。

因此，作者提出以下三个改革新加坡选举制度与选举政治的建议。

（一）相对多数决双选区制，降低席票失衡

相对多数决制选举制度，最大的问题便是得票率与得席率上的巨大偏差。李帕特（Lijphart）认为："有超过三分之二议会的过半数，是在相对多数决制度下人为所造成的。因此选举制度的改革趋势，是朝向更具比例代表性的方向演变。"[①]

选举制度改革的重点，是建议中的新制度是否具有同等比例性的要求。李帕特认为："所有相对多数决制都使小政党，要获得代表权变得相当的困难。因为它们必须要在选区中赢得绝对多数或相对多数的选票，使这个制度倾向于有利于大党。因此，实行一个能符合得票率与得席率比例性的制度，才能改变目前比率性偏差的缺点。"[②]新加坡目前所有的反对党都是一些小政党。在比例代表选举制度下，比例性愈高表示大党愈难获得超额席次；相对的，小党愈有保障，制度也愈显得公平。

要进行新加坡选举制度的改革，并不能简单地从另外两种中去选择替换，因为李帕特对 27 个国家进行实证研究后，认为选举制度的五个维度，无法完全解释比例代表性的所有变化，最多是解释了三分之二的变化，这是因为有效门槛这个决定性变量的定义，是以一系列极端假设为基础的。此外，许多选举制度以外的政治因素，都对比例代表性的结果产生

---

① 阿伦·李帕特（著）、谢岳（译），《选举制度与政党制度——1945—1990 年 27 个国家的实证研究》，上海：上海人民出版社，第 132 页，2008 年。
② 同注 1，第 19-20 页。

影响。[1]

选择一个适合新加坡的选举制度并不简单，新加坡的执政党目前并没有改变选举制度的意愿。人民行动党的第一任总理李光耀曾公开批评比例代表制的缺点。[2]第二任总理吴作栋也在国会中明确拒绝了反对党要求实行比例制的提议。他说："比例代表制的实行会危害种族和谐，在英联邦国家中也没有实行这种制度。"[3]因此，要执政党选择实行比例代表制的可能性不大。

另一个可供选择的是混合型的比例代表制。由于混合制开始于 20 世纪 90 年代，历史尚浅，分支形态也很多，结果还在考验中，目前尚未形成一个为大家所认同的统一制度。虽然已有约 30 个国家采用，但考虑到新加坡政治的脆弱性与多元种族和多元文化的背景，要完全彻底地实行一个全新制度的可能性也不大。

作者注意到，人民行动党政府在 2010 年 4 月提出了选举制度改革，其中一项是要让新加坡有一个强大且具有支配性的政府。[4]因为一个强政府是高效能政府所应具备的条件。

政治学者李帕特在对 27 个国家的选举制度进行研究后，提出了对三种选举制度改革的五个典型机制，其中一个机制是实行双选区制。他认为："相对多数决制的规则，具有产生

①阿伦·李帕特（著）、谢岳（译），《选举制度与政党制度——1945—1990 年 27 个国家的实证研究》，上海：上海人民出版社，第 132 页，2008 年。

②《李光耀 40 年政论集》，联合早报，第 195 页，1993 年。

③ Parliament of Singapore, "Parliamentary Debates Official Report", Vol 57, Pg.406-409, 1992.

④《联合早报》，2010 年 4 月 28 日。

议会过半数的强烈倾向。但却并不是绝对的。解决这个问题的方法，便是建立一个拥有充分调整议席的全国性上层选区，使相对多数的选票转换成过半数的议会议席。比如说最低的 60% 的议席，然后剩余的议席便可以按比例分配给其他政党。这就可以确保创造过半数，及一个清晰的议会两党制。"[1]

这个相对多数决的双选区制，具有比例代表制所具备的优点，但对相对多数决制来说，更重要的一个优点是，以全国为单一选区的上层选区，可以避免选区名额分配不当与选区划分不公的问题。同时，也能让一些衰弱的小党节省许多选举资源，以及减少资源的浪费等。在这个制度下实行两票制，一票投给候选人，以相对多数决制计算，选出不超过 60% 的席位；另一票投给参选政党，按得票率计算分配另外的 40% 的席位。

作者因此建议，新加坡可以探讨实行相对多数决的双选区制。在这个建议下，一个政党或联盟政党可以获得议会中最低的 60% 的议席，剩余的议席便可以按比例分配给其他政党（包括获得 60% 议席的政党）。另一方面，为了减少一些偏激小党的成立与在议会中有过多的小党，在制度中也可以加入法定门槛的设定。如德国所实行的制度，任何参选的政党如不能达到有效得票率的百分之五，将无法得到任何议席。这样就可以减少比例代表制小党林立的弊端。

---

[1]阿伦·李帕特（著）、谢岳（译），《选举制度与政党制度——1945—1990 年 27 个国家的实证研究》，上海：上海人民出版社，第 134-137 页，2008 年。

根据这个建议的制度，结合 2011 年大选结果的资料，假设各政党的得票率与个人得票率相等，[1]人民行动党应得 69 席，反对党将能获得 18 个席位（包括当选的 6 席），其中最大反对党工人党得 12 席，国民团结党 6 席。有了这个数目的议席的反对党，将会有机会发展为势力较为强大的政党。

另一方面，在国会中作为替代反对党的非选区议员与官委议员，在国会中有了相当人数的反对党议员后，便成了没有必要的制度。此外，为了让少数民族在国会中有代表的集选区制也成为没有必要存在的制度。为了保障少数民族的席位，可按人口比例，在全国上层选区中有按比例的代表。这样一来，人民在大选中投票所要表达的意愿，就可在国会议席分配中得到公平的反映。

（二）设立独立选举机构，保障公正的选举

选举作为一个重要的制度，关系到人民的权益与国家的发展，必须由一个完全独立、不受任何人左右的机构来主持，设立一个公正独立的选举委员会，是朝向一个自由与公平的选举最重要的第一步。这是因为目前为新加坡主持选举的选举局是隶属于总理公署的一个部门，受执政党总理的指挥与管辖。人们难免会质疑它的独立性，尽管这种怀疑有时是出于一种猜测。

新加坡是世界上少数没有独立选举委员会的国家之一，也是英联邦国家中唯一没有选举委员会的国家。[2]因此，设立一个受到宪法保障的独立选举委员会，是进行选举制度改革的第一步。一

---

①根据 2011 年大选结果，各政党的得票率是人民行动党得 60.14%，工人党得 12.82%，国民团结党得 12.04%，民主党得 4.83%，民主党得票率少于 5%，不应分得议席。

② Open Singapore Center, "Election in Singapore-Are they free and Fair？", Singapore: Open Singapore Center, Pg.27, 2000.

个独立的选举委员会，除了可以确保选举不会受到执政党的操纵外，还可以推动选举制度的改革，使人民对选举委员会的独立性不会产生怀疑，从而推进国家民主化的进程。

选举委员会应具有以下职能与权限：

（1）确保在国会宣布解散后，有看守政府的职责和权力，如禁止利用项目拨款行贿选民，禁止执政党僭用国家资源进行竞选活动，确保公务员在竞选活动中的中立等。

（2）处理政党的注册、财政廉洁与透明度，以及执行选举期间费用的规定与检查。

（3）处理选民名册与选民注册的程序。确保有一个正确的选民名册，使执政党不能利用选民名册的便利进行选举舞弊。

（4）做出选区划分的限期与方法。向所有政党与选民公开选区划分的过程与根据，并在选区划分后公布，让所有政党至少有六个月的准备期。

（5）确保国会在宣布解散日起、候选人在提名完成后，与投票日期之间的距离最短不能少于三周，使各政党有充分的竞选期。

（6）处理在选举期间所有违反选举规定的投诉与处理。确保各参选政党的投诉都能得到公平的对待。

（7）确保所有选民在竞选期间能获得完整与正确的信息，所有参选政党与候选人都能公平利用媒体向选民发布信息，并通过委员会定期组织和发布政党与候选人的信息，并确保媒体不受垄断，公正无私地报道，以及有权惩罚不遵守规定与偏袒的媒体。

（8）确保一个组织完善的选举程序与过程，及个人投票与选举的秘密性。使人民可以无所畏惧地投票，不会因为投了不同政党的票而受到报复。

这个委员会应是常设的。根据宪法的规定，受宪法保障，它的主席与主要决策人员的薪酬与任免，只能由国会决定，并至少需要四分之三的议员投票赞成才能通过。同时，在选举前的一年内不能变动，以确保国会中的超大党不能利用绝对多数的权力在大选之前更换委员会，以达到控制委员会的目的。

2005年，非选区议员谢镜丰曾在国会中建议成立一个独立的选举委员会，向国际机构展示新加坡有一个公正与自由的选举制。黄根成代表总理回答时说："新加坡已有一个公正与自由的选举制度，我相信谢镜丰也支持这样的看法，否则他根本不会在这里出现。"①但作者无法认同这种说法，由一个独立的、非党派的选举委员会来进行选举制度的制定与执行选举的操作，对自由与公正的选举是非常有必要的。

（三）开放政治空间，让人民积极参与政治活动

新加坡威权统治的结果，已使新加坡人民形成一种"谨慎心态"的政治文化，反对党或称它为一种"恐惧心态"。穆达立（Mutalib）教授认为："这种心态的形成是源于内部安全法令的实施，在选票上的系列编号，及执政党政府对反对党候选人的所做惩罚性行为，使人以为参与反对党活动就是得罪了人民行动党。"②这种"恐惧心态"的具体表现是，新加坡人民对政治的冷漠与不关心，这

---

① 《联合早报》，2005年3月3日。
② Hussin Mutalib, "Parties and Politics—A Study of Opposition Parties and the PAP in Singapore", Singapore university Press, Pg.353-354, 2003.

就是所谓的"政治冷漠症"，这种心态对新加坡政治的发展非常不利，尤其是反对党的政治发展。因此，作为执政党的人民行动党政府，有必要采取行动以消除人民的"谨慎心态"或"恐惧心态"。只有这样，才能促成政治社会的开放及有一个自由的选举。

另一方面，由于人民行动党几乎垄断了所有竞选资源，如人才资源、公民团体、基层组织与工会组织，因此，要达到一个更民主与平等的社会，政府有必要停止垄断所有竞选资源，并给予适度的开放，以激发人民的政治参与热情。

我们深信，政治空间的适度开放，加上垄断资源的松动，一个更和谐社会的产生，将使新加坡成为一个更加民主的国家。

第二节
一党独大还能走多远？

一、后李光耀时代的政治形态

2011 年大选中，人民行动党遭受了挫折，自 1968 年大选后，第一次失去六个国会议席及一个集选区，得票率也是历史的最低点。大选后，建国总理李光耀与第二任总理吴作栋宣布退出内阁。在新的形势下，由以李显龙为首的第三代领袖掌舵，许多人因此认为新加坡已进入后李光耀时代。

　　李显龙总理称，2011年大选是政治上的分水岭，紧接着大选后的两次补选失利，以及由政府认可的前副总理参加总统选举，面对激烈的竞争，只得到约三分之一强选票的惨胜，说明了大选的后续形势更加严峻。

　　政府了解到形势的严峻，几位引起大选课题造成民众不满的资深部长不再连任；对这些课题做出补救措施，缓和民众的情绪；展开全国对话会，加强与民沟通。这些措施能否满足人们的要求与愿望，只有到下一次大选时才能知晓。

　　我们可以从1991年大选之后的三次大选的成绩得到一点启示。1991年大选，人民行动党也取得历来最低的得票率60.97%及失去4个议席，与2011大选的结果相似。政府经过大选后的政策检讨及所进行的安抚与政策调整，使接下来的大选得票率迅速回升到64.98%的水平，并收回2个失去的议席，当然其中也有反对党分裂的因素。这符合前公务员首长严崇涛所说的："2011年大选是政府政策失误所致。"[1]符合民意的政策调整可以挽回民心，赢回选民手中的一票。人民行动党在下一届大选中的表现能否回升，还是继续下跌？关键在于对政策失误的调整是否符合人民的期望。

　　2011年大选后的政府任期已过大半，后李光耀时期的政治形态又有什么重大变化？根据作者的观察基本上是萧规曹随，执政党在基本政策上没有多大变化。以李显龙为首的第三代领导集体紧随前两代的步伐，这些新的领导也是由上一代领导选拔与培

----

①严崇涛著、张志斌译，《2011年新加坡大选：国家治理的教训》，载《新加坡成功的奥秘——一位首席公务员的沉思》，北京：人民出版社，第96-97页，2012年。

训的，因此形成了政策的延续。

为应对造成大选票源流失的问题，如建屋、交通、医药、外劳与低收入者的困境，新一代领导人的确做了不少补救工作，但被认为是在压力下的"损害控制"，与前两代领导人的做法基本上没有什么不同。不过，在表现的方法上较注重与民众沟通的技巧，因为2011年大选的结果被认为是在与民众的沟通上出现了问题。

在政府的核心政策上，目前还看不出执政党方面有什么让步的空间，他们当然希望一党独大的情况继续下去。例如被反对党认为造成人们恐惧心态与对付反对党的《内部安全法令》，断然拒绝人们要求解除的呼吁；又如对上次大选造成影响的网络媒体，实行了新的管制措施；对反对党管理的市镇会进行抹黑打击，借以打击他们的威信。许多人都悲观地认为什么都不会改变，而所谓新常态的口号，只不过是旧常态的一种伪装。

大选后的种种作为是安抚民心的一种手段与损害控制的操作，在接下来的两至三年内，下一届大选之前也会进行一些大动作来收买民心。其中之一是在2015年时，会充分利用新加坡建国50周年大肆庆祝，来宣扬人民行动党在过去50年的种种成就与功绩，以激起人民对人民行动党的感激与支持，这对拥有很大票源的牛轻人与年长者会产生一定的作用。另一方面也会通过经济利益输送的方法，使中等收入、低收入与年长者可以获得经济利益，例如，2014年2月，由总理宣布的建国一代配套便是一个例子。这样一来，在2016年大选时（可能提早），就会赢得一些中间选民的选票，人民行动党就会获得比 2011 年时更好的得票率，正如 1997 年大选时的情况一样。

二、一党独大还能走多远

人民行动党的领导知道在民主体制下，一个政党不可能永远执政，李光耀就曾说："总有一天人民会说让我们试试换个政府吧，因为人民行动党的素质在下滑，或者反对党派出与人民行动党旗鼓相当的团队，所以选民会说，让我们试试另个一党吧。那一天迟早会来临。"[1]

2011 年大选的结果让许多人燃起了希望，以为这是政治的分水岭，将会给未来的政治形态带来改变。反对党将会有更大的作为？一党独大的形态将可能被打破？这些看法是否正确，我们必须根据以下三个方面来考虑：

第一，反对党的实力是否继续在增强？在讨论选举政治的同时，不能不对新加坡现有反对党的形态与发展加以关注，这是因为反对党的强大与衰弱会对选举政治产生直接的影响。新加坡的反对党在偏颇不公、半民主的竞争环境下，已经成为一个弱势的团体。反对党之所以能在 2011 年大选中有良好表现，主要归功于两个方面：一是政府政策的失误，造成民怨较大；二是反对党能吸引更多有良好资历的候选人。反对党是否能够继续吸引具有影响力与社会地位的强人加入是关键。

[1] 韩福光等，《李光耀：新加坡赖以生存的硬道理》，新加坡：海峡时报，第 62 页，2012 年。

令人不太乐观的是，主要反对党如民主党、人民党与国民团结党在2011年大选时一些有实力的候选人中，许多是对政府政策不满的异议者，他们在参与大选后，不是退出、退隐就是转换政党，极少数能留下来继续耕耘，争取在下一届大选有更好的成绩。这三个政党最近改选的中委名单中，一些有实力的候选人基本榜上无名，使反对党的候选人处于一种不稳定与不确定的状态，这种反反复复的情况让选民很难有信心认可和继续支持他们。

第二，目前的反对党都是一些小政党，在未来几年内要组织与合并成一个强大反对党的可能性非常小。如果单靠这些实力弱的反对党各自努力，很难对现状做出更大的改变。看来，只有工人党这个目前唯一在国会中取得7席的反对党，在大选后连续两次取得补选的胜利，同时又吸收了一些有实力的新人加入，如果能够不发生党争与变故，按照目前务实的政策与方针，很有希望更上一层楼。虽然有些激进人士批评工人党在制衡政府的工作上还做得不够，在应对执政党上显得不够强硬与相对低调，让他们有些失望，但工人党毕竟是反对党，在人力与物力上还无法与强大的执政党抗衡。如果它能在下一次大选中争取多得到几个席位，将会巩固它的实力与再向前挺进。其他几个反对党如果能取得席位，将是额外的红利。因此，根据作者的推测，反对党有机会在下一届大选中取得比2011年时更好的成绩，但这对人民行动党的执政地位不会造成影响，一党独大将会继续存在，这种情况在未来的几届大选中将会重现。

第三，目前有利于人民行动党的体制与选举制度仍在实施，如集选区制度、选区划分、各种垄断与资源的控制及《内部安全法令》等都会使选举产生变数。而且，执政党为了维护政权推出新的政策的可能性也不可低估。此外，在下一次大选中将会有相当数量新公民的选票，他们的动向也会对选举结果产生决定性的影响。这些对执政党有利的体制，保障了执政党可以继续立于不败之地。

目前多数决制的选举制度如果没有改变，仍旧会给人民行动党在席次的分配上过多的红利，使得席率与得票率存在着严重的比例性偏差。因此，如果执政党保留旧有的制度，反对党将会继续受到因制度缺陷产生的席票偏差的影响，不能获得公平的得席率。

人民行动党一直以来都是以精英治国作为统治手段。在精英主义下，一般的人民一直被认为是平庸的，应该接受他们的领导，因此经常向人民宣传一旦反对党取得政权会毁了新加坡，这种"世界末日"式的警告已深入人心。德国学者史蒂文·奥特曼（Stephan Ortman）认为，这种警告让人民相信国家是脆弱的，不容有出差错的机会，害怕做出任何改变从而"祸国殃民"。[1]美国芝加哥大学政治学者丹·司雷特（Dan Slater）也认为威权政体的延续关键在社会上不同的精英是否有着共同的恐惧，害怕社会稳定不能维持，因此愿意让国家有更大的权力来主持大局。[2]这种社会恐惧心理正是新加坡威权政治的核心支柱，也是人民行动党一直能够维系政权屹立不倒的主要原因。

第三，新加坡的政治环境对选举结果也有一定的影响，一个开放的环境能让每个人表达自己的意见，更可以无所畏惧地做自

---

① Ortmann, "Managed Crisis Legitimacy and the National Treat in Singapore", Pg.62, 2009.
② Dan Slater, "Ordering Power Contentious Politics and Authoritarian Leviathans in Southeast Asia", New York: Cambridge University Press, Pg.319, 2010.

己的选择。因此，只要有一个更加开放的政治环境，并逐渐加强它的实力，使政治更加多元化。同时让人不会产生畏惧，可以自由地从更多的选择中，做出自己的选择。

人们对 2011 年大选后的情势有不同的评估。史蒂文·奥特曼（Stephan Ortman）认为，大选后出现了根本的变化，新加坡开始进入一个有实质的竞争（Competitive Authoritarian Regime）阶段，过去那种不公平的竞争已开始逐渐消失，各种共同的恐惧正在慢慢淡化。[1]但也有人不认同这种说法，从执政者拒绝放弃令人畏惧的《内部安全法令》、加强对网络的控制及对付网络博客，及在大选后二次补选中对反对党人的继续抹黑等种种作为来看，一个更开放的政治环境还是需要等待的，实质的竞争仍旧在起跑线上等待。

人民行动党政府通过专注于经济的发展，赢得了政权与人民的支持，并且延续了半个世纪的政权，但在过程中却为社会问政的崛起制造了诱因与条件。因为提倡知识经济、发展资讯科技与向海外扩展，这些与世界接轨的做法使人民的眼界大开；知识不断的扩张刺激了人们的思考，开始对国家的发展与目标的设定及方法，有了不同的想法与要求。这就是亨廷顿所谓执政的困境（Perpetunl Performance Dilemma），[2]执政的困境给人民行动党带来了巨大的挑战，不过只要处理得法，通过更开放的政治空间，增加与民协商的管道，可以继续得到人部分人民的认同与支持。

---

[1] Stephan Ortmann, 'Singapore: Authoritarian but Newly Competitive' In "Journal of Democracy", Vol 22 No.4, Pg.153-164, Oct., 2011.
[2] 邝健铭，《善治与民主不相容？以新加坡为例》，载《当代评论》第 4 期，2013 年。

正如丹·司雷特（Dan Slater）所说："凭着过去亮丽的政绩，新加坡执政党不难在竞争加剧的情况下继续赢得执政。"①

执政的人民行动党身为既得利益者，当然也会费尽心思维系与保护它的既得利益，并且会在各个方面继续去巩固这些结构。被认为是人民行动党第四代领导团队之一的陈振声部长，在2013年的干部党员大会上就说："我们决不能让步，无论是实体公共空间还是网络空间。"这是因为他们知道垄断主流媒体已不足够，社交媒体的崛起已打破了主流媒体的垄断，因此媒体管理局推出一系列不利于社交媒体发展的措施与新的规定。可见执政党在巩固政权上是不遗余力的。

除非新加坡的选举进行改革，使选举制度更加自由与公平，否则就有可能形成一种恶性循环。更大的政治开放空间对新加坡更为有利，因为更开放的政治可以回应社会上逐渐加强的制衡权力的要求，使执政党从中得到新的认受基础与获得更高威望，这对新加坡的治理更加有利。②

没有一个选举制度是完美的，最重要的是，任何一种选举制度都必须有配套措施来约束政治行为者之间的关系。一项成功的政治改革，如果光靠选举制度的改变是不够的，但选举制度的改革是所有政治改革的第一步，因为一个公平与自由的选举能够创造一个更加和谐的社会。如果本书能促成选举制度与选举政治的改革，它的目的就已达成。

---

① Dan Slater, "Strong State Democratization in Malaysia and Singapore", in "Journal of Democracy", Vol.23 No 2, Pg.19-33, 2012.
②同注1。

附录一

历届大选人民行动党得席率与得票率比较

选举年	议席总数	当选议席	得票率（%）	得席率（%）	席票比（%）
1959	51	43	54.08	81.31	1.50
1963	51	37	46.93	72.55	1.45
1968	58	58	86.72	100.00	1.15
1972	65	65	70.43	100.00	1.42
1976	69	69	74.09	100.00	1.35
1980	75	75	77.66	100.00	1.29
1984	79	77	64.83	97.47	1.50
1988	81	80	63.17	98.77	1.56
1991	81	77	60.97	95.06	1.56
1997	83	81	64.98	97.59	1.50
2001	84	82	75.29	97.62	1.30
2006	84	82	66.60	97.62	1.47
2011	87	81	60.14	93.10	1.55

附录二

历届大选反对党得票率与得席率比较

选举年	议席总数	当选议席	得票率（％）	得席率（％）	票席比（％）
1959	51	8	45.92	15.69	0.34
1963	51	14	50.07	27.45	0.55
1968	58	0	13.28	0	0
1972	65	0	29.57	0	0
1976	69	0	25.91	0	0
1980	75	0	22.34	0	0
1984	79	2	35.17	2.53	0.07
1988	81	1	36.83	1.23	0.03
1991	81	4	39.03	4.94	0.13
1997	83	2	35.02	2.41	0.07
2001	84	2	24.71	2.38	0.10
2006	84	2	33.40	2.38	0.07
2011	87	6	39.86	6.90	0.17

附录三

新加坡主要政治人物

李光耀	新加坡第一任总理（1959—1990年），1990年让位于吴作栋后出任资政、内阁资政，2001年大选后退出内阁。他是人民行动党创党人之一，任秘书长长达38年（至1992年）。自1955起就任国会议员长达60年。
吴作栋	新加坡第二任总理（1990—2004年），并从1992年起出任人民行动党秘书长（1992—2004年），2004年让位于李显龙，担任国务资政，2011年大选后退出内阁，担任荣誉资政。
李显龙	新加坡第三任总理（2004年至今，是第一任总理李光耀的长子，2004年起担任人民行动党秘书长，出任总理已10年。
张志贤	现任副总理、内政部长兼国安统筹部长，也是人民行动党第二副秘书长，被认为是人民行动党第二代领导人之一。
黄根成	原副总理兼内政部长，2011年大选后不再担任部长，在任副总理时也是人民协会副主席，掌管基层组织事务。
陈庆炎	现任新加坡总统，原为执政党副总理，2011年退出内阁，竞选民选总统一职。
刘程强	反对党工人党秘书长（1991年至今），1991年起当选为后港区国会议员，连任四届后于2011年转战阿裕尼集选区，第一次为反对党夺得集选区议席。
詹时中	现任反对党人民党秘书长，1984年担任波东巴西区议员，连任六届议员共达26年，2011年转战碧山集选区失败。他原为民主党创党人，后因与自己引荐的徐顺全发生路线争议，于1996年退出后加入人民党。
徐顺全	反对党民主党秘书长，原为新加坡国立大学讲师。1992年加入民主党一年后，詹时中因不满中委会不同意谴责徐顺全的绝食行为而辞职，徐顺全出任秘书长至今。他因向执政党做出种种抗争而知名。
惹耶勒南（J.B. Jeyaretnam）	原工人党秘书长（1971—2001年），1981年突破垄断，在补选时成为国会中第一位反对党议员。1984年再次当选，1997年任非选区议员。2001年退出工人党创组革新党，2008年因心脏病辞世。
李绍祖医生	原社会主义阵线主席，原为人民行动党议员，1961年因新马合并问题与行动党决裂被开除。后与左翼人士创立社会主义阵线，1988年解散加入工人党，以高票落选，成为第一个非选区议员。

参考文献

1. 阿历佐西（著）；顾效龄，苏瑞烽（合译）.创造奇迹的新加坡，台湾：管理出版社，1985.

2. 蔡学仪.单一选区两票制新解（第二版），台北：五南图书出版股份有限公司，2009.

3. 常征.新加坡：权威主义还是精英民主，东南亚研究（4），2005.

4. 陈鸿瑜.东南亚政府与政治，台湾：翰芦图书有限公司，2006.

5. 陈烈甫.李光耀统治下的新加坡，台湾："商务印书馆"，1985.

6. 陈新民.反腐镜鉴的新加坡法治主义——一个东方版的法治国家，北京：法律出版社，2009.

7. 陈岳，陈翠华.新加坡奠基人——李光耀，台湾：克宁出版社，1995.

8. 邓亮洪.与李光耀较量——新加坡异见者邓亮洪回忆录，2000.

9. 冯仲汉.拉惹勒南回忆录，新加坡：新明日报有限公司，1991.

10. 傅树介，陈国防，孔莉莎.新加坡1963年的冷藏行动50周年纪念，马来西亚：略资讯研究中心、人民历史中心，2013.

11. 傅树介，陈仁贵，许赓猷（著）；高波（译）.华惹时代风云——马大社会主义俱乐部对当代新马政治的影响，马来西亚：略资讯研究中心，2010.

12. 高奇琦，李路曲. 新加坡公民社会组织的兴起与治理中的合作网络，东南亚研究（5），2004.

13. 顾长永. 新加坡蜕变四十年，台北：五南图书出版股份有限公司，2006.

14. 郭俊麟. 新加坡的政治领袖与政治领导，台湾：生智文化事业公司，1998.

15. 韩福光（等）. 李光耀观天下，新加坡海峡时报，2014.

16. 韩福光（等）. 李光耀：新加坡赖以生存的硬道理，新加坡海峡时报，2012.

17. 韩福光（等）. 李光耀治国之钥，台湾：台湾天下远见出版股份有艰公司，1999.

18. 何惜微. 2001年新加坡大选—— 一场闭门的开放交流。圆切线（4），2002.

19. 洪镰德. 新加坡学，台湾：扬智文化事业股份有限公司，1994.

20. 侯健. 新加坡的法治模式及其价值基础，东南亚研究（4），2004.

21. 胡盛仪，陈小京，田穗生. 中外选举制度比较，北京：商务印书馆，2005.

22. 黄纪，游清鑫. 如何评估选制变迁：方法论的探讨，台北：五南图书出版股份有限公司，2008.

23. 黄明来. 一党独大——日本和马来西亚政党政治的比较，马来西亚：大将出版社，2003.

24. 黄锐波，吕元礼. 新加坡"托管式民主"分析，东南亚纵横（6），2004.

25. 黄庭康. 比较霸权——战后新加坡及香港的华文学校政治，台北：群学出版有限公司，2008.

26. 金志聿. 网站策略与绩效之研究——以竞选网站为例，木出版之硕士论文，台湾中原大学，2004.

27. 邝健铭. 善治与民主不相容？以新加坡为例，载《当代评论》（4），2013.

28. 李光耀. 李光耀回忆录：1923—1965，新加坡：联合早报出版，1998.

29. 李光耀. 李光耀回忆录：1965—2000，新加坡：联合早报出版，2000.

30. 李济时. 浅析新加坡人民行动党与国会的关系，东南亚纵横（7），2008.

31. 李路曲. 文化、政治与腐败——关于亨廷顿论新加坡有效治理腐败原因的一点质疑，东南亚研究（1），2005.

32. 李路曲. 新加坡人民行动党政府的社会控制方式，东南亚研究（4），2006.

33. 李文. 新加坡人民行动党的执政模式及其借鉴意义，当代亚太（5），2005.

34. 联合早报. 李光耀40年政论选，新加坡：新加坡报业控股华文报集团，1993.

35. 梁世武. 单一选区两票制，台湾：商务印书馆，2009.

36. 梁志明. 当代东南亚国家政治民主化的进程与发展趋势考察，北京：北京大学亚洲太平洋研究所，2003.

37. 廖丹. 试论新加坡宪法的特点，东南亚纵横（5），2004.

38. 林任君. 我们的七十年华文报大事记——新加坡主要华文报简史，新加坡：新加坡报业控股有限公司，1993.

39. 刘培栋. 新加坡华语文与新加坡政治，东南亚纵横（8），2005.

40. 卢西恩·W.派伊（著）；刘笑盈，于向东，董敏（译）. 东南亚政治制度，桂林：广西人民出版社，1993.

41. 卢正涛. 新加坡威权政治研究，南京：南京大学出版社，2007.

42. 吕元礼，黄锐波，邱全东. 鱼尾狮的政治学——新加坡政党的治国之道，南昌：江西人民出版社，2007.

43. 吕元礼. 新加坡人民行动党执政模式分析，东南亚研究（1），2005.

44. 罗兆强. 末日风云——新加坡饭没了李，香港：德艺出版社，2009.

45. 潘永强 编. 旧政权新政府——马来西亚2004年大选与政治走

向，马来西亚：大将出版社，2004.

46. 潘永强. 马华政治散论，马来西亚：燧人氏事业，2005.

47. 人民行动党. 人民行动党1954—1984，新加坡：人民行动党中委会，1984.

48. 人民行动党. 人民行动党1954—1979，新加坡：人民行动党中委会，1979.

49. 宋培军，张秋霞. 新加坡"住房问题政治化"现象析论，中国社会科学院青年学术（2），2007.

50. 肖长华，胡庆亮. 论新加坡政治体制的成因，东南亚纵横（12），2005.

51. 萧功秦. 新加坡的选举权威主义及其启示，2006.网址：news，163.com，浏览日期：2009年6月29日.

52. 孙传炜. 借鉴亚洲区域政治转型经验——谈新加坡政治转型中所面对的压力，圆切线（1）.

53. 孙和声，唐南发（编）. 风云五十年——马来西亚政党政治，马来西亚：燧人氏事业，2007.

54. 孙景峰，满振刚. 人民行动党与新加坡司法体系，东南亚纵横（12），2004.

55. 孙景峰. 新加坡立法体系与人民行动党，南洋问题研究（4），2005.

56. 孙景峰. 新加坡人民行动党执政形态研究，北京：北京人民出版社，2005.

57. 覃敏健. 新加坡威权政治：特征，基础及其走向.东南亚纵横（5），2008.

58. 田村庆子（著），吴昆鸿（译）. 超管理国家——新加坡，台北：东初国际股份有限公司，1993.

59. 王景云. 新加坡思想政治教育社会化途径探析及其启示，东南亚纵横（4），2008.

60. 王瑞贺. 新加坡国会，北京：华夏出版社，2002.

61. 王业立. 比较选举制度（第五版），台北：五南图书出版股份有限公司，2008.

62. 王子昌. 新加坡强政府与好政府，东南亚纵横（6），2003.

63. 王靖华. 新加坡对大众传媒的法律管制，东南亚纵横（2），2005.

64. 翁俊桔，戴万平. 新加坡的族群政策分析：新制度论的观点，台湾：中台学报（17），2004.

65. 翁俊桔. 新加坡集选区制度之研究：治术或治道？（未出版之硕士论文），台湾：台湾"国立"暨国际大学东南亚研究所，2000.

66. 吴成林，陈之中. 新加坡人民行动党执政文化论略，东南亚纵横（8），2007.

67. 吴辉. 政党制度与政治稳定——东南亚经验的研究，北京：世界知识出版社，2005.

68. 吴铭璿. 新加坡威权政治与司法诉讼实践，2009台湾政治学会年会与学术研论文，网站：http//:tpsa.hcuEdu.tw/ezcatfiles/b083/limg/img/1186/E3－2pcf，16/ 2009，浏览日期：2013年1月1日.

69. 谢复生. 政党比例代表制，台北：理论与政策杂志社，1992.

70. 谢志淼. 新加坡的政治，东南亚研究（第1卷，第4期），1972.

71. 亚洲自由选举网络. 2006年新加坡国会大选选举研究团初步观察与建议，网址：http//：www.anfrel.org，浏览日期：2006年5月7日。

72. 严崇涛（著）；张志斌（译）. 新加坡成功的奥秘——一位首席公务员的沉思，北京：人民出版社，2012.

73. 严海兵. 选举操纵的技术与实践——以选区划分为例，《华中科技大学学报》（第23卷，第4期），2009.

74. 叶添博，林耀辉，梁荣锦. 白衣人——新加坡执政党秘辛，新加坡：新加坡报业控股有限公司，2013.

75. 游保生，林崇椰（编）. 新加坡25年的发展，新加坡南洋星洲联合早报出版，1984.

76. 游清鑫. 如何评估选区重划的政治效果，刊于黄纪，游清鑫（编）. 如何评估选制变迁：方法论的探讨，台北：五南图书出版股份有限公司，2008.

77. 曾昭程. 如同置喙的阅读断想——从圆切线论坛笔录反思新

加坡大选，圆切线（4），2002.

78. 占美柏. 威权政治下的宪法权威——二战后东亚国家的政治体制转型，东南亚研究（3），2005.

79. 张明亮. "新加坡之谜"的新解读——新加坡人民行动党执政形态研究述评，东南亚研究（6），2005.

80. 张世荧. 选举研究——制度与行为研究，台北：新文京开发出版股份有限公司，2005.

81. 张素兰、刘月玲（著）；徐汉光译. 狮爪逃生——新加坡政治流亡者思辨集，2013.

82. 张挺. 新加坡人民行动党执政制度的文化特色——基于民主和法制的视角，东南亚纵横（6），2008.

83. 张佑丞. 选举制度与结果的比例性偏差——以台湾立法委员选举制度为例（1992—2008年）（未出版之硕士论文），台湾政治大学国家发展研究所，2009.

84. 赵大生. 论新加坡人民行动党的治国理念，东南亚纵横（4），2004.

85. 赵大生. 论新加坡现体制与议会民主、法治的兼容关系，东南亚纵横（6），2003.

86. 赵心树. 选举的困境——民选制度及宪政改革批判，成都：四川人民出版社，2003.

87. 赵振祥（编）. 东南亚华文传媒研究，北京：世界知识出版社，2007.

88. 赵振祥（编）. 新加坡人民行动党的治国理念与报业，东南亚华文传媒研究，2007.

89. 周加李. 民主在东南亚的前提条件和发展趋势，东南亚研究（6），2004.

90. 周伟立. 探讨新加坡1950—1960年的激进左派：他们是不是共产党的阴谋. 圆切线（6），2003.